El largo viaje

OTROS LIBROS DEL AUTOR

Un vagabundo de los mares del Sur

Cabo de Hornos a la vela

Tamata y la alianza

Las fotografías que ilustran esta obra fueron tomadas por el autor durante la travesía, mediante un disparador especial.

La edición original de esta obra ha sido publicada por ARTHAUD, París, con el título LA LONGUE ROUTE. La primera edición española fue publicada en 1976 por Editorial Juventud en la colección Viajes y Expediciones.

Provença, 101 - 08029 Barcelona
info@editorialjuventud.es
www.editorialjuventud.es

Todas las fotografías del libro provienen de la colección Moitessier.

Traducción de Miguel Coll
Revisión de José Lozano Brea por Babyl Traducciones, 2020

ISBN 978-84-261-4596-3

DL B 5161-2021
Núm. de edición de E. J.: 13.995

Impreso en España - *Printed in Spain*
Alfara B3 Comunicació, Les Franqueses del Vallès

BERNARD MOITESSIER

El largo viaje

Prólogo de Julio Villar

JUVENTUD

Primera vuelta al mundo

Segunda navegación

El viaje del Joshua

El conjunto de las singladuras representa una vuelta y media al mundo.

Prólogo

PRÓLOGO

Un último bordo ya en aguas tranquilas y apunté hacia el ketch rojo amarrado en un lugar apartado del muelle. Mientras avanzaba lentamente las casas fueron creciendo, así como los árboles y los detalles de la ciudad se hicieron más visibles. Preparé el fondeo y las amarras, y coloqué las defensas. Luego arrié el foque y seguí avanzando solo con la mayor, la brisa era muy suave y me permitía maniobrar con una vela. Cuando fondeaba, un chinchorro se acercó a *Mistral.* Estaba llegando a Tahití. Mi escala duraría varios meses. Tenía que trabajar. Los navegantes solitarios también necesitan dinero.

Joshua, Ophélie, Mistral, Kantreidi, Plumbely y alguno más formaban un entramado de mástiles que al atardecer, cuando el sol se ocultaba detrás de la isla de Moorea, se recortaban en el cielo. Era ese el momento en el que los amigos nos reuníamos en un descampado cercano en donde improvisábamos una merienda a la que cada uno llevaba alguna cosa. Era como un intercambio de recetas, cada una de un país distinto. Muchas veces preparábamos un «poisson cru» marinando trozos de dorado o de bonito en leche de coco o zumo de lima.

¡Cuánta gente! ¡Y qué distinta! Entre todos formábamos una familia a la que la vida sonreía. Todos habíamos llegado allá desde muy lejos, por eso nuestra conversación tenía tantos acentos diferentes. Cada uno tenía su historia, los unos porque nacieron en un país de brumas, los otros porque nacieron en un país de sol, pero todos marcados por infancias, escuelas, trabajo, colores o músicas dispares. Las veladas eran largas, la noche tibia. Nadie tenía prisa.

Pasaron las semanas y los meses, cada uno ocupado en sus cosas, unos trabajaban en tierra, yo lo hacía en el mar, otros ponían su barco a punto para seguir el viaje. Bernard escribía este libro que ahora tienes en las manos. Durante el día, de la cabina de *Joshua* amarrado a una distancia prudencial de tierra, se escapaba, atenuado, el ruido de su máquina de escribir, el tambucho estaba entornado para que nadie le molestara. Para Bernard, recién llegado de su gran viaje, escribir era sagrado y lo hacía con absoluta disciplina. A veces, algún despistado se acercaba al muelle y gritaba: «*Monsieur* Moitessier! *Monsieur* Moitessier!».

Pero el tambucho no se abría, o, a lo sumo solo se levantaba unos dedos para que Bernard pudiera ver quién era el intruso, pero las más de las veces, la rendija se cerraba, y volvía a oírse el tecleado de la máquina, una Underwood creo recordar. El libro avanzaba a página diaria.

Creo que fui una de las primeras personas que leyó el borrador de este libro, antes incluso que su editor. Pues Moitessier me pasaba las hojas escritas conforme el trabajo avanzaba. Luego me pedía mi opinión. Esa muestra de confianza me emocionaba, pues yo era solo un chaval recién llegado al mar tras haber sufrido un accidente de montaña. En cuanto a la escritura, mi experiencia se limitaba a las cartas que escribía a mi familia y a mis amigos.

En uno de los capítulos, cuyo título en la versión original

francesa viene en castellano, Bernard me consultó para ver si la redacción era correcta. Así salió «Muchos pocos hacen un mucho».

Fueron meses intensos. La vida se movía alrededor, Papeete era bullicioso. De vez en cuando llegaba un barco, casi siempre un viejo conocido de escalas anteriores; en aquellos tiempos éramos cuatro gatos los que viajábamos así, con todo el tiempo del mundo y casi sin dinero, y las Islas de la Sociedad eran el lugar perfecto para esperar a que pasara la época de los ciclones en el Pacífico oeste. Eran tiempos felices, todavía no había empezado la modernidad. La inmensa mayoría de las islas estaban intocadas.

Poco a poco me encontré rodeado de marinos de verdad; yo, que solo era un principiante. Y me adoptaron, adoptaron al muchacho aquel que venía en un barco tan pequeño.

En Tahití descubrí la grandeza de los «grandes», que no era otra que su sencillez y su humildad y es que, en medio de un temporal, un hombre solo no es más que un pajarillo asustado y aterido con todas sus plumas mojadas. En la soledad del mar no se escuchan aplausos ni elogios. Tampoco es el lugar apropiado para vanidades y apariencias.

En aquel ambiente festivo fui descubriendo a Bernard, un Bernard que solo conocían sus amigos más cercanos. Así descubrí sus detalles, sus silencios, su socarronería, aquella alegría que escapaba de sus ojos de felino, sus palabras pausadas, precisas y maduras. En el fondo, Bernard era un exquisito que disfrutaba con las pequeñas cosas que la vida nos regala cada día.

«Julio! *Je t'invite au cinema!*». Y nos fuimos al cine a ver *Los cañones de Navarone.* Bernard quería saber si las escenas de escalada por los muros de aquel fuerte eran de verdad, si estaban dobladas, si aquello era posible. En realidad, aquella invitación no era más que un pretexto para compartir una tarde divertida. Después del cine nos fuimos a cenar al chino.

Moitessier diseñó mi timón automático, un aparato sencillo, sólido y eficaz que a partir de entonces me cambió la vida. Me lo soldaron en un astillero de la Marina francesa asentado en el mismo puerto de Papeete, y yo, solo tuve que pintarlo. Lo probamos saliendo a navegar Bernard, Klaus Albermann y yo. Aquel día *Mistral* disfrutó de una tripulación de lujo.

Escribo estas líneas envuelto en un torbellino de recuerdos. Han pasado más de 50 años, y las imágenes de mi paso por Tahití permanecen intactas. Cuando repaso mi estancia en aquel puerto siempre aparece la figura de Bernard con su sonrisa acogedora y pícara. Los caminos se cruzan de nuevo, a pesar del tiempo, a pesar de que mi amigo ya no está. Nunca hubiese sospechado que algún día pudieran pedirme prologar este libro.

Todo empezó en el año 1968, cuando el periódico *The Sunday Times* de Londres, sabedor que un grupo de navegantes, entre los que se encontraba Bernard Moitessier, proyectaban un viaje en solitario y sin escalas alrededor del mundo, propuso organizar una regata en la que participarían todos ellos. Nunca se había hecho nada parecido. El periódico, sabiendo que a ninguno de ellos le gustaban las regatas, tuvo la delicadeza de ofrecer algo original y atractivo de modo que cualquier reticencia desapareciera y todos se sintieran libres: sería un viaje entre amigos, y en el más puro estilo inglés, a lo Livingston, a lo Phileas Fogg. La idea parecía sacada de un libro de Julio Verne, yo al menos, así me lo imagino. No había ni que inscribirse. Para eso está la palabra. Todo estaba abierto. Cada barco podía salir cuando quisiera, siempre que fuera entre los meses de junio y octubre de aquel año y desde un puerto inglés. No había otra norma salvo la de llegar al final del viaje al puerto de Plymouth. ¿El barco? Cada uno con el suyo. No importaba ni la eslora... ni el desplazamiento. Naturalmente había que pasar por los tres cabos más temidos de todos los mares: Buena Esperanza, Leeuwin y Hornos. Al final, había un premio, un Globo de oro para el primero que llegara y 5000 libras esterlinas para el barco más veloz. Nueve embarcaciones partieron para esta aventura. Moitessier zarpó el 22 de agosto de 1968. Así empezó este viaje, el más largo que ningún marino había emprendido hasta entonces. Aquí se inició la insólita historia que se narra en este libro; 37.000 millas marinas para llegar... al corazón de un hombre.

Diez meses solo en el mar, entre olas que rompen, borrascas sucesivas, soledades y silencios, solo los ruidos del viento silbando en la jarcia, solo los ruidos del barco al deslizarse sobre las olas o al chocar contra ellas. Vuelta y media a la tierra navegando sin parar, día y noche, lejos de los hombres, sin hablar con nadie, sin sentir su calor, sin pisar tierra, sin acariciar un árbol, sin oler a resina, a humo o a pan tierno, surcando los 40 rugientes allá donde hace frío y todo es inquietante, y a veces sobrecogedor.

Moitessier navega y escribe, tiene un libro de bitácora en el que lleva su diario, pero también tiene cuadernos donde toma notas, apunta recuerdos y describe todo lo que siente. Esto le servirá cuando llegue el momento para componer su libro. Ballenas, albatros, lecturas, dudas, emociones, sinceridad, euforia... se cuelan entre sus páginas mientras el viaje avanza y el relato se va tejiendo lleno de lunas, sembrado de estrellas. El sueño se va cumpliendo, *Joshua* planea por las olas sin descanso, por la popa Europa cada vez está más lejos, por la proa Plymouth todavía lo está más. ¡Qué grande es el mundo! Y ¡qué pequeño es un hombre!

Moitessier no lleva radio. No quiso llevarla aunque se la ofrecieron. Pero piensa en los suyos..., no quiere que se preocupen. Pero ¿qué puede hacer? Nadie sabe dónde está. ¿Soledad absoluta? No lo creo, Bernard tiene muchos amigos que le están acompañando.

La ruta serpentea según los vientos, Moitessier va señalando su posición en la carta con una crucecita marcada con lápiz. Varias veces el temporal lo tumba y le hace meter el palo en el agua, es un *knock-down*, lo más parecido al puñetazo de un boxeador gigante. Otras, el viento cae, y *Joshua* se queda quieto en aguas de nadie: esos días no existen, el tiempo se ha parado. Por la noche, *Joshua* se mueve a oscuras, pero eso no es ningún problema porque allá donde está no hay barcos, ni arrecifes..., a lo sumo, algún iceberg perdido; por allá no se puede ir a ningún sitio, el mundo habitado está muy lejos.

Todos estos ingredientes dan sabor a la lectura y son testimonio de una época. En 1968 la navegación todavía utilizaba los faros, el sextante, el compás, las cartas marinas, el sol y las estrellas. El reloj, indispensable para calcular tu posición, era de cuerda, y por lo tanto impreciso. Las travesías eran largas, igual que las escalas. Eran tiempos valientes, había que estar despierto. Navegar requería experiencia, sentido común y prudencia. Ser marino era oficio de románticos.

El largo viaje y *Un vagabundo de los mares del sur* tuvieron una cálida acogida en Francia, y Moitessier se convirtió en el modelo de un país que buscaba referencias. Que a todos nos gusta encontrar a alguien en quien creer o en quien mirarnos como si fuera nuestro espejo. La vida de Moitessier fascinaba a todos. Su infancia en Indochina, libre y descalzo, ajeno a las normas que dicta la sociedad, sus primeras navegaciones con los pescadores chinos por el golfo de Siam, sus largos vagabundeos con su junco *Marie-Thérèse* por el océano Índico, su naufragio en Chagos, su estancia en Mauricio..., sus años en el Mediterráneo trabajando para pagar su nuevo barco, el *Joshua*..., su travesía desde Tahití hasta Alicante sin escalas pasando el cabo de Hornos en compañía de su mujer Françoise... Todos estos ingredientes, y otros que la gente se inventó, hacían que la figura de Bernard fuera admirada, sobre todo si se la comparaba con la de cualquier otra persona que casi siempre resulta monótona y previsible. En el fondo, Moitessier, que se había formado al aire libre, era un autodidacta, y eso, en un sistema donde imperan las costumbres, era algo fascinante. Crítico con la forma de vida occidental, siempre participó generosamente en movimientos altruistas defendiendo la naturaleza de la agresión humana.

El largo viaje es un canto a la vida, una oda al mar. Moitessier tendría que entrar en la Historia codo con codo con el mismísimo Joshua Slocum del que tomó el nombre para ponerlo a su barco. Este libro, como los de Conrad, es rico en vocablos marinos mezclados íntimamente con la poesía del autor. Resultaría inevitable que no fuera así, un velero es como un instrumento musical; el casco, la jarcia, las velas tienen que estar afinadas para que la música suene bien. Un barco navegando sin parar depende del buen hacer de quien lo lleva. La técnica, el uso del material, el temple, tienen que estar presentes en todo momento; la mar no perdona errores.

Para mí, lo que más vale de este relato es lo que te hace pensar, las sensaciones que te hace sentir. Tanto tiempo en el mar dan para todo lo imaginable, desde lo más cotidiano e intrascendente hasta lo más esencial: la vida concentrada en unos meses y metida en unos cuadernos.

Joshua baja por el Atlántico, de norte a sur, atraviesa las calmas ecuatoriales y remontando el Alisio del sureste se acerca al cabo de Buena Esperanza, luego cruza el Índico dejando lejos a estribor, sin tan siquiera verlas, las islas Crozet y la isla de Amsterdam, pasa por debajo de Tasmania y de Nueva Zelanda y, ya en el Pacífico, arrumba hacia el cabo de Hornos del que solo vislumbra la isla Diego Ramírez, los destellos de un faro, y ya de amanecida, por su aleta y debajo de la luna, la silueta de una costa rocosa. Se dice fácil, Joshua lleva más de cinco meses navegando sin parar.

Este viaje y este libro no serían lo mismo sin su inesperado desenlace, cuando a punto de cerrar el bucle de su vuelta al mundo y faltándole solo remontar el Atlántico para llegar –probablemente vencedor– a Plymouth, decide cambiar su destino dirigiéndose de nuevo hacia Buena Esperanza y las poco amables aguas del hemisferio sur. Después de tantos meses de soledad, Polinesia le atrae más que Europa. El viaje no ha acabado..., acaba de empezar.

Querido Bernard:

Confieso que me está costando escribir este prólogo, demasiadas emociones cuando se remueve el pasado. Siempre que nos aventuramos en la vida de un amigo que no está, nos invade un sentimiento de pudor, cuando no una enorme nostalgia. Quizá me he puesto demasiado trascendente hablando de ti, ya sé lo que estarás pensando: *«Julio, tu exagères!»*. También sé –estoy seguro– que te hubiese gustado que metiese estas notas en una botella o en un velero pequeñito hecho por mí y que las hubiese lanzado al mar como solías hacerlo tú. Los dos sabemos que funcionaba. Pero he preferido esconderlas entre las hojas de tu libro y echarlas a volar. Espero que encontraran su camino.

¿Sabes? todavía recuerdo aquellos paseos que dábamos por el interior de Tahití, remontando arroyos que caían en cascada entre árboles gigantes. Allá descubrí que no solo eras un marino fuera de toda norma sino que también eras un enamorado de la tierra..., de la tierra firme. Estoy seguro que fue en tus largas travesías por los mares del sur donde ese amor había crecido y había madurado. Todo lo que tenía raíces, savia, hojas, corteza, o fruta te era familiar.

Bernard, hombre con alas, raíz en el bosque..., llenaste *Joshua* de tierra y te fuiste a las islas Tuamotu a plantar árboles,

¡qué pocos lo saben! Si por algo te aprecio –por encima de la leyenda que te rodea– es porque nunca perdiste tu inocencia de chaval. Hiciste aquel viaje alrededor del mundo porque no sabías que era imposible. Sacaste adelante aquellos frutales en los atolones coralinos porque no sabías que aquello no se podía hacer más que con una paciencia que había de durar cientos de años..., pero lo hiciste. Sin tan siquiera saberlo, fuiste por la vida regalando sueños, repartiendo ideas, compartiendo miradas. Llevaste las islas de los mares del sur a los que no podían acercarse hasta ellas. Alisio, arco iris, aguacero, borrasca, rompiente, *lagoon*..., playa de sotavento son palabras que viajaron hasta las personas más anónimas dispersas en tierra adentro. Sin hablar de lo que diste a tus amigos para los que tus manos siempre estuvieron llenas. Por todo esto, aquí va mi abrazo más grande..., y más sincero.

P. D.

En la isla de Diego García encontré hace años cuatro árboles de guata, que allá por el Índico los llaman kapoc, nacidos de unas semillas que una mujer encontró en el relleno de un almohadón entre los restos del naufragio de tu *Marie-Thérèse* y que con el tiempo se habían convertido en unos de los ejemplares más altos de la isla.

Fue en el poblado de Punta del Este en casa de una hija de aquella mujer, después de una cena familiar, donde me contaron esta historia –que parece un cuentito... pero no lo es– al tiempo que me regalaban un almohadón de vistosos colores, confeccionado con el fruto de aquellos árboles que el azar había llevado tan misteriosamente hasta allá.

JULIO VILLAR
Donostia, junio 2020

I

El *Joshua* y el *Captain Browne* abarloados en Plymouth.
Bernard Moitessier y Loïck Fougeron se preparan juntos
y se ayudan hasta el último momento.

1

A TODO TRAPO

La estela se estira, blanca y llena de vida de día, luminosa de noche, como una larga cabellera de ensueño y de estrellas. El agua se desliza bajo la carena (*), y gruñe, canta o gime, según el viento, según el cielo, según que el ocaso sea rojo o gris. Es rojo desde hace varios días y el viento runrunea en el aparejo (*), sacude una driza (*), golpeándola a veces contra el palo, se desliza acariciando las velas y prosigue su camino hacia el oeste, hacia la isla de Madeira, en tanto que el *Joshua*, a favor de los alisios, baja hacia el sur a razón de siete nudos (*).

Viento, mar, barco y velas forman un todo compacto y difuso, sin principio ni fin, parte y todo del universo, mi universo, totalmente mío.

Contemplo la puesta de sol, respiro la brisa de alta mar, siento dilatarse todo mi ser y volar mi gozo tan alto, que nada lo puede alcanzar. En cuanto a los otros problemas que a veces me inquietan, no son nada ante la inmensidad de una estela tan cerca del cielo, tan llena del aire del mar que las preocupaciones habituales no pueden perturbar.

(*) El lector encontrará los términos náuticos señalados con (*) en un glosario al final de este libro.

El largo viaje

Antes de salir de Tolón para Plymouth, el *Sunday Times* me había sacado de mis casillas. El periódico había decidido «organizar» una regata de navegantes solitarios alrededor del mundo sin escalas y con una recompensa en metálico. Se concedían dos premios: un globo de oro para el primero en llegar, y cinco mil libras esterlinas para el más rápido. El reglamento era sencillo: sin necesidad de inscribirse oficialmente, los barcos debían salir de un puerto cualquiera de Inglaterra entre el primero de junio y el treinta y uno de octubre y regresar después de haber doblado los cabos de Buena Esperanza, Leeuwin y Hornos.

El *Sunday Times* tuvo esta idea al enterarse de que Bill King y el *Joshua* se preparaban para emprender el largo viaje. Mi viejo camarada Loïck Fougeron preparaba también esta travesía, y habíamos cambiado impresiones en Tolón. Hablamos de aparejos, material, víveres, pesos inútiles, pesos embarazosos pero indispensables, velas ligeras y manejables, o bien más pesadas y sólidas pero más difíciles de plegar en una borrasca de las altas latitudes, aprovechamiento del agua de lluvia, mal tiempo, frío, soledad, cambios de estación, resistencia humana. Únicamente cosas de la mar. Después de salir el anuncio en el *Sunday Times* decidimos ir a Plymouth con nuestros barcos a ver si podíamos, con la ayuda del cielo, conseguir uno de los premios, o tal vez los dos (cosa que estaba permitida), sin que por ello arriesgáramos la pérdida de nuestra libertad, puesto que el reglamento no precisaba que hubiera que dar las gracias. Desde el punto de vista puramente técnico, el viaje a Plymouth constituía de por sí una excelente ocasión de entrenamiento antes de la gran prueba, y nos permitiría detectar las deficiencias y ponerlo todo a punto en aquel puerto.

El viento aguanta firme, el *Joshua* corre veloz, y siento en todo mi ser el aliento del océano que nunca se olvida una vez se ha probado. ¡Qué paz en alta mar! Hace ya tiempo que no me acuerdo de la redacción del *Sunday Times.* De hecho, mi rencor terminó a partir de nuestro primer contacto con Plymouth, pues detrás del *Sunday Times* estaban los hombres de este periódico. Robert, el jefe del equipo, quería a toda costa que embarcase un voluminoso aparato transmisor equipado con baterías y con cargador manual. Nos regalaba uno a mí y otro a Loïck para que le enviásemos dos mensajes por semana. Pero nosotros, en defensa de nuestra tranquilidad y, por tanto, de nuestra seguridad, no queríamos cargar con un trasto voluminoso y molesto. No podíamos estar de acuerdo, pero Robert comprendió el sentido de nuestro viaje y quedamos tan amigos. Steeve, su colaborador en el servicio de prensa, nos atiborró de rollos de fotografía y nos dio, además, un aparato Nikonos japonés, estanco, a cada uno, diciéndonos: «Os doy todo esto sin pediros nada a cambio». Finalmente, Bob, el fotógrafo del *Sunday Times*, me puso al corriente de todos los trucos de su oficio. Él también se lamentaba de que yo prefiriera mi viejo tirachinas a 100 o 150 kg de material de radio, pero comprendió mis razones e incluso me ayudó a encontrar unas buenas gomas y me facilitó pequeños tubos de aluminio donde poder meter los mensajes para lanzarlos sobre el puente de los buques que cruzara. ¡Un buen tirachinas..., eso es mejor que todos los transmisores del mundo! ¡Y cuánto mejor es arreglárselas con las dos manos que Dios nos ha dado y un par de gomas! Por mi parte, procuraré hacerles llegar mensajes y películas; esto les gustará... y a mí también.

Madeira queda ya a mi derecha. Casi 150 millas de promedio diario desde mi salida de Plymouth. Me pregunto por dónde pasarán Bill King y Fougeron. ¿Por la derecha o por la izquierda de Madeira? ¿Por la derecha o por la izquierda de las Canarias? ¿Y más adelante, por la derecha o por la izquierda de las islas de Cabo Verde? Habíamos hablado muchas veces de esta cuestión Loïck, Nigel y yo durante las seis semanas de preparativos en Plymouth, mientras nuestros barcos[1] descansaban en la dársena de esclusas de Milbay Dock. En aquel momento, todos proyectábamos dejar las islas de Cabo Verde por babor (*), teniendo en cuenta que el Pot-au-Noir[2] se estrechaba en principio hacia el oeste. Pero aún no habíamos estudiado este detalle en las *pilots charts*. Ya tendríamos tiempo de hacerlo más tranquilamente, después de la salida. Nos quedaban aún muchos otros pequeños e importantes trabajos que hacer antes de zarpar.

Nigel, retenido algún tiempo por su trabajo, no podía sa-

1. *Captain Browne*, de Loïck Fougeron: cúter de casco de acero de nueve metros de eslora con aparejo de cangreja. Es el antiguo *Hierro* de los Van de Wiele. *Victress*, de Nigel Tetley, un trimarán en contrachapado de unos 12 m de eslora. *Galway Blazer II*, de Bill King, goleta de madera prensada de cerca de 13 m, con un aparejo derivado de los juncos chinos, palos sin obenques, brusca de bao importante, y arrufo acentuado. En total había nueve aspirantes a esta aventura. Personalmente, solo conocía a Bill, Nigel y Loïck, ya que nos reunimos en Plymouth. Algunos habían salido mucho tiempo antes que nosotros, y otros zarparon más tarde, puesto que el lugar y fecha de salida se dejaba al arbitrio de cada uno. De los nueve salidos, únicamente Robin Knox-Johnston ha conseguido volver con su barco a Inglaterra después de haber doblado los tres cabos. Cuando Nigel, con los tres cabos también en su haber, estaba a punto de regresar a Inglaterra, su *Victress* se perdió en el Atlántico. Lo supe pocos días después de la llegada del *Joshua* a Tahití. Crowhurt murió en la mar. Todos los demás tuvieron que detenerse por el camino, unos a causa de graves averías, otros con sus barcos maltrechos por los golpes de mar. Loïck condujo primero su barco desde Bélgica a Casablanca y de allí a Plymouth para tomar la salida.

2. Nombre que dan los franceses a la zona de calmas ecuatoriales donde no corre el viento horizontal y las masas de aire son ascendentes. Es la "región de las calmas" tan temida por los veleros. El cielo está siempre cargado de nubes negras, que descargan a veces en chubascos torrenciales. Los navegantes a vela evitaban acercarse a esta región, y si, por desgracia, se metían en ella se exponían a quedar inmovilizados durante días y semanas. *(N. del T.)*

lir antes de principios de septiembre, mientras que Loïck, Bill King y yo lo haríamos hacia el 15 de agosto. Pero hacía más de diez días que reinaba un fuerte viento del oeste. Bill King, llegado recientemente a Plymouth, terminaba sus últimos preparativos dentro del recinto del arsenal, de difícil acceso al personal civil y además bastante alejado de nuestra dársena. Por ello, sus contactos con el resto del grupo eran escasos, y nosotros estábamos demasiado ocupados en los mil detalles que preceden a una salida a la mar. Después de todo, la espera del cambio de tiempo nos vino muy bien y no dejamos de aprovecharla útilmente.

Uno cree a veces que todo está completamente listo para una gran travesía. Viene después un período de mal tiempo que aconseja permanecer un poco más en el fondeo y es entonces cuando se aprovecha el lado bueno de lo que parecía un contratiempo. Últimas provisiones; últimas visitas a los almacenes para encontrar bolsas de plástico de un modelo que aún no se tiene a bordo; últimas comprobaciones de un aparato fotográfico; compra de una célula de recambio; vuelta a la tienda, pues, bien mirado, necesitamos aquel pequeño magnetófono para tener algo de música; se piensa después en las gomas de recambio para el tirachinas; será necesario también llevar a bordo algunas cámaras de neumáticos usadas para fabricar *sandows* que servirán para limitar los bruscos movimientos de la caña con mar gruesa.

Eso fue lo que ocurrió con la boneta (*) de 25 m², que me tuvo preocupado durante toda la noche y que el señor Clements me confeccionó a la mañana siguiente de un tirón, haciendo que todo su personal se pusiera manos a la obra. Me la trajo a última hora de la tarde. Las ráfagas de lluvia hacían vibrar el aparejo, imposibilitando el probarla, pero el señor Clements me garantizó que no tendría arrugas y que personalmente había comprobado que los ollaos dispuestos a lo largo de la relinga del génova (*) se correspondían exactamente con los de la boneta (*). O.K., confié en él, pues hasta entonces su trabajo había sido perfecto, tanto en reforzar los puños de la escota (*) de todas las velas del *Captain Browne* y del *Joshua* como en coser las fajas de rizos (*) suplementarios.

¡Françoise!... Ven a echarme una mano para arriar en seguida el génova y la boneta a proa... Tanto da, ven como estés; vale más mojarse que dejar que las velas se empapen... Oye, cuando puedas, ve a buscar unas casetes vírgenes, así podré grabar de la radio la música que quiera y también el parte; Loïck me ha dado la idea; se conecta el magnetófono y se pueden volver a escuchar los boletines meteorológicos y compararlos con los de otros días... Cómprame también quince botes pequeños de aperitivos variados, pues me parece que quedé corto con los que trajiste el otro día; tú no estarás aquí para hacerme la gambuza; mira si encuentras otra marca, para variar... ¡Eh, Loïck! Françoise irá a tierra a comprar unas cosas en cuanto deje de llover; si quieres algo, aprovéchalo... O. K., dentro de dos minutos te doy una lista; ¿no quieres un poco de cera para los hilos de vela? Yo tengo demasiada... Envíamela, tengo muy poca. ¿Te interesa este paquete de agujas de velero del número dieciséis? Me costó tanto encontrarlas en Francia que ahora he comprado demasiadas; las del dieciséis son muy caras y las más gruesas rompen las fibras del tergal... Pásamelas. Las más pequeñas que encontré fueron del quince, en Casablanca. Oye, si quieres te doy una caja de bizcochos de Marruecos; son sensacionales; tengo demasiados para el viaje... O. K., Loïck, gracias. Esto me ayudará a variar; mira, yo puedo darte a cambio una caja de galletas de la marina, las llaman "pan de guerra", ya verás, son formidables; no te rías, las hemos tragado durante todo el viaje Tahití-Alicante y al llegar hice un nuevo pedido

El *Joshua* carece de motor: Moitessier lo aleja del muelle a mano.

a Tolón, seis cajas; en serio, te aseguro que son buenas; toma, te paso también una caja de Ovomaltina, tengo mucha, y esto, al menos, sé que te gusta».

Persiste el mal tiempo del oeste. Todo ha vuelto a su lugar. Nuestros barcos tienen mayor flotabilidad aligerados de una buena cantidad de pesos y de materiales inútiles en alta mar, que hemos dejado en casa de un amigo o tirado en los grandes cubos de basura de Millbay Dock.

Por fin podemos respirar tranquilos y distraernos haciendo pequeñas chapuzas, más que por necesidad, para no perder la costumbre. Ahora nos reunimos casi todas las tardes, Nigel, su mujer Evelyn, Françoise, Loïck y yo, en uno de nuestros barcos, haciendo cábalas sobre el viaje, pero sobre todo hablando de «cocina a bordo», pues nuestro instinto nos advertía que la pitanza sería la verdadera clave de todo en cuanto hubiésemos partido.

El jueves 22 de agosto, a las 7 de la mañana, Loïck asoma la cabeza por la escotilla, cosa que también hago yo. Acabamos de escuchar el parte meteorológico.

–¿Lo has oído? ¿Nos vamos?

–¡Ahora mismo! ¡Mañana es viernes!

El parte anuncia vientos favorables para hoy y mañana, pero también niebla. Al cuerno la niebla. Mañana es viernes, y a los marinos no les gusta, ni aun a los menos supersticiosos, hacerse a la mar en viernes. En cuanto a esperar hasta el sábado, ni hablar, el viento podría volver a saltar al oeste. Tal vez estemos un poco locos por querer doblar los tres cabos de una tirada, pero no somos tan tontos como para arriesgarnos deliberadamente a pelarnos de frío en el golfo de Vizcaya con la amenaza de una próxima baja presión. La providencia nos da luz verde y no estamos en viernes; ¡adelante, pues! Bill King tiene todavía algunas cosas que hacer y dice que saldrá pasado mañana, sábado. ¡Vaya!... Tampoco a Bill King le gusta el viernes...

A partir de aquel momento todo sucedió rápidamente. Recuerdo el rostro de Françoise luchando en vano por contener sus lágrimas, y también mi irritación al verla llorar. «¡Pero si nos volveremos a ver muy pronto! –le dije–. ¿Qué son nueve meses en toda una vida? ¡Venga, no hagas que me sienta triste en un momento como este!».

Acuciado por la necesidad de volver a sentir el aliento de alta mar, el *Joshua* y yo era cuanto había en el mundo; el resto no existía, jamás había existido. No se le pregunta a una gaviota domesticada por qué siente de vez en cuando la necesidad de alejarse mar adentro. Se va, eso es todo, y el hecho es tan simple como un rayo de sol, tan normal como el azul del cielo.

¡Todas estas velas al sol después de tanto tiempo! Las tensaré a tope a la primera virada (*), justo después de cruzar el pantalán... crric... los winches (*) de las escotas... el agua murmura sobre la obra viva (*) mientras que el *Joshua* coge inercia y empieza a vivir... Los que no comprenden que un velero es un ser vivo, no entenderán jamás nada de la mar ni de los barcos.

Françoise dejó de llorar. Estaba fascinada por la fuerza y la armonía de este largo casco de color rojo bordeado por una franja negra, deslizándose como un sueño hacia el mar libre, a 7 nudos, bajo sus grandes y blancas alas hinchadas por el viento, lleno de los sueños de un hombre y de los pensamientos de muchos otros. Ella me gritó:

–No sabes hasta qué punto es hermoso, cuídalo bien; te lo devolverá.

Pero Françoise lloró cuando la motora dio media vuelta después de doblar la punta de la escollera, dejándonos solos ante la línea del horizonte.

De pronto, pensé en mis hijos. Habíamos hablado a menudo de este viaje. Me pregunto si conseguí que me comprendieran, en aquellos momentos en que los preparativos técnicos requerían toda mi capacidad física y mental. Pero ahora creo que captaron lo esencial y que sabrán obedecer sus voces interiores sin seguir al rebaño.

Noche de guardia en la bañera (*), ora tumbado, oído alerta; ora sentado, esforzándome en penetrar la oscuridad con la mirada; o de pie, dando los cien pasos para desentumecer mis piernas y escuchar en la noche.

El viento aguanta bien sobre una mar casi llana. La niebla se ha vuelto terriblemente densa y cae en gruesas gotas a lo largo de las botavaras (*). De vez en cuando toco la bocina de niebla, pero no hay respuesta. El *Joshua* corre por el eje del Canal de la Mancha, lejos de las líneas de navegación a igual distancia de Francia que de Inglaterra. Existe cierta tendencia a creer que un barco de vela es fácilmente localizable por el radar, a causa de los obenques (*) metálicos, y que un casco de acero lo es más aún. Esto no es del todo cierto, pues las grandes boyas de hierro, aunque muy elevadas sobre la superficie, están provistas de un reflector de radar. Tengo uno fijo en el tope del palo mayor. El *Joshua* corre casi a 7 nudos en medio de una niebla absoluta. Solo se oye el susurro atenuado del agua sobre la carena. La gran pierna de cordero preparada por Françoise tiene un aspecto sensacional. Estoy bien protegido contra la humedad gracias a mi conjunto chaqueta-pantalón de tejido impermeable acolchado y con capucha suplementaria. Es un material muy resistente, no demasiado pesado, fabricado en Coulange, en la Mayenne. Jean Rivolier, componente de las expediciones polares Paul-Émile Victor, me había cedido tres equipos, rescatados de un incendio que había destruido el depósito de material. Le di uno a Loïck, el cual debe de estar en este momento tocando su bocina de niebla, igual que yo, o escuchando el mensaje de la noche, bien caliente bajo sus ropas forradas. El que yo llevo perteneció probablemente a Paul-Émile Victor (en la espalda lleva, en grandes letras, las iniciales P. E. V.); un pajarito canta encima de la E. y un pez de color rojo hace burbujas desde el interior de la V.

El pajarito dibujado sobre la E. me cuenta seguramente muchas cosas, pues permanezco lúcido y atento, sin la menor fatiga. Los objetos inanimados que han visto y vivido bellas aventuras, parecen emitir radiaciones maravillosas.

Dibujo del autor

Si Paul-Émile Victor se ha preguntado alguna vez dónde diablos ha ido a parar su chaquetón con el pajarito posado sobre la E., espero que no le tenga en cuenta a Jean Rivolier que se lo birlara para dármelo. Espero también que el pececito que hace burbujas en la V. no me traiga mala suerte más tarde, en las altas latitudes.

Viernes 23 de agosto (al día siguiente de la salida): viento del ENE fuerza 3 a 4. Niebla cada vez más densa. He conseguido calcular una recta de altura por la mañana y una meridiana al mediodía, exactamente en medio de unos estratos. Recorridas 150 millas desde Plymouth. Hemos salido, pues,

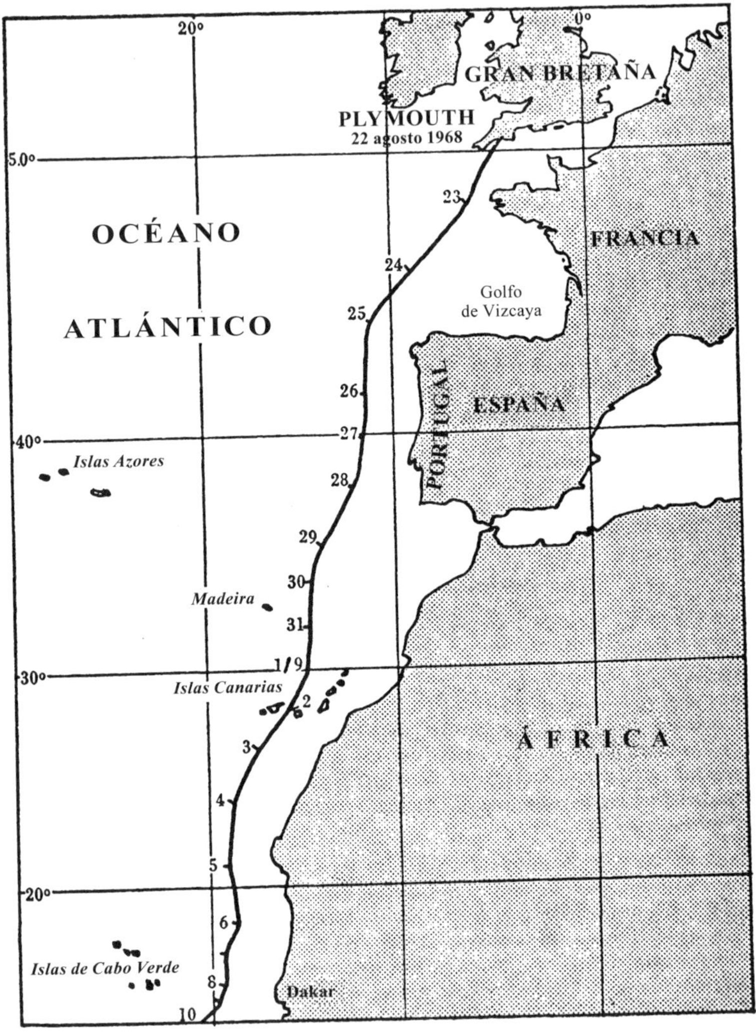

Del 22 de agosto al 10 de septiembre de 1968.

El autor, acostumbrado a ir descalzo,
prepara la vela de proa encima del botalón.

Entre Tolón y Plymouth, última oportunidad para poner a punto el barco. Nótese el cubo para recuperar el agua de lluvia. (Foto de Loïck Fougeron)

del Canal y estamos muy lejos de Ouessant, fuera de las derrotas de los buques.

24 agosto: viento del NNE, fuerza 4, velocidad más de 7 nudos, cielo cubierto, imposible observación del sol por la mañana y tampoco de la meridiana. Mar no muy agitada. Hacia las 15 horas he pillado el sol entre dos nubes, golpe de fortuna que me permite obtener una recta de altura y hallar la situación con la distancia recorrida de la corredera (*) (178 millas, casi 7,5 nudos de media desde ayer tarde).

El *Joshua* está lejos de tierra, apartado de las líneas de navegación; todo va bien, pues, y el viento permanece estable; Loïck debe alegrarse de haber partido el jueves a pesar de la niebla. Creo que más o menos hemos seguido la misma derrota por en medio del Canal de la Mancha, y muy lejos de la isla de Ouessant, para no tener que preocuparnos por los buques.

25 agosto: la niebla que nos ha acompañado desde la salida se levanta por completo a las 9 horas. ¡Formidable! Anoche se veían muchas estrellas, en tanto que el cielo había estado cubierto todo el día, y yo sospechaba que hoy mejoraría. Pero al amanecer me preocupé un poco al ver que la bruma persistía. Ahora el cielo es azul de un horizonte a otro, sin una nube. Después de ese tiempo sucio, esto parece irreal. Recorridas 167 millas desde ayer a mediodía, el viento es estable, la vida es hermosa.

Si Loïck y yo estuviéramos equipados con una emisora de radio, le habría mandado el siguiente mensaje: «Deja de maldecir, pronto te llegará el sol». (El *Joshua*, de mayor eslora que el *Captain Browne*, es más rápido y ha dejado la zona de nieblas antes que Loïck). Y Bill King, ¿dónde estará? La BBC no ha anunciado su salida, o al menos yo no lo he oído por la radio. Lástima que no existan pequeños aparatos como los *walky-talky* de pilas con alcance de 500 a 600 millas, eso nos habría permitido estar en contacto, Loïck, Bill King y yo, cada dos o tres días, hasta que la distancia entre nuestros barcos hubiera sido demasiado grande.

26 agosto: continúa el viento favorable; es una suerte increíble. Recorridas 176 millas en 24 horas. Por la tarde el viento cae un poco, pero el golfo de Vizcaya queda por la popa. El tiempo es excelente, con buena visibilidad. Ningún navío a la vista; estoy lejos de las líneas de navegación, pero tendré que acercarme a ellas para intentar hacer llegar mis noticias al Lloyd's por medio de un mercante.

27 agosto: recorridas solamente 100 millas desde ayer, pues el viento ha bajado. Pero viene en buena dirección, la mar está en calma y el sol calienta. Esto es lo principal. Me gustaría, sin embargo, andar más de prisa; es tan hermoso ver al barco hender la mar... No deja de ser agradable holgazanear sobre cubierta tostándose al sol y escuchando el ruido del agua contra la roda (*). Sin embargo, me gustaría andar más velozmente para coger la buena temporada del océano Índico y sobre todo la del Pacífico, para el paso del cabo de Hornos.

28 agosto: viento siempre bastante flojo; recorridas desde ayer 122 millas. Cruzado con el *Fort Sainte-Catherine* en ruta hacia Gibraltar. Me parece que no han visto mis señales con el espejo. Simultáneamente izaba y arriaba las banderas de señales M. I. K. Si yo he podido leer su nombre, ellos también pueden haber visto mis banderas: ninguna reacción en el puente del navío. (Las banderas M. I. K. significan: «ruego señalen mi situación al Lloyd's».) Llevaré estas tres banderas permanentemente durante todo el viaje, entre los estays del palo mayor. El *Sunday Times* me ha suministrado cuatro juegos de respeto.

29 agosto: ha vuelto el viento, que llena las velas. 166 millas desde ayer, casi 3° ganados en latitud... ¡Esto empieza a tener visos de Trópico y peces voladores! Loïck debe pensar lo mismo en este momento. Espero que no haya tenido dificultades durante los tres primeros días de niebla. Un pequeño mercante... y, ¡bum!..., se terminaron los peces voladores, los alisios y las altas latitudes. Y Bill King, ¿dónde estará? La BBC sigue sin dar noticias.

30 agosto: muy buen tiempo, viento de NE a NNE, fuerza 2... Cruza otro navío, demasiado lejos para atreverme a desviarlo haciéndole señales con el espejo. Se podría enfadar. Solo hago señales ópticas si el barco está suficientemente cerca para que pueda distinguir mis banderas M. I. K. Al mismo tiempo izo y arrío las banderas para llamar su atención sobre mi único deseo: «Comuniquen mi situación al Lloyd's». (Y, entre paréntesis, no me hace falta nada más; gracias, y sobre todo no se acerquen, yo soy muy pequeño y vosotros muy grandes)...

El nombre *Joshua* está pintado en letras negras, destacando claramente sobre el color blanco de la brazola del tambucho. Cuando pinté estas letras de 40 cm de altura, su tamaño me hizo sentir incómodo, pues era terriblemente llamativo. Intenté repintarlo nuevamente de blanco pensando que la vela mayor ya llevaba un número de identificación de gran tamaño que permitiría al Lloyd's saber que se trataba del *Joshua* (número dos). Nigel, con sentido común, me dijo: «No seas tonto: si izas M. I. K. sin que el nombre de *Joshua* esté escrito en letras muy grandes, terminarás por encontrarte un buque abordándote al aproximarse demasiado para preguntarte cómo te llamas. ¡No te lo recomiendo!».

31 agosto: tiempo espléndido, fuerza 2 del NE. La boneta de 25 a 30 m^2 amarrada al pujamen del génova está instalada desde ayer al mediodía, aumentando así la superficie total del génova hasta 60 o 62 m^2. Tira como un caballo, y el *Joshua* corre a más de 5 nudos con esta brisa. Recorridas 111 millas en las últimas 24 horas, aunque la corredera indica 125 millas. Esta diferencia se debe a un notable cambio de rumbo anoche para separarme de la derrota de los buques. Después, hacia las dos de la madrugada, volví a cambiar el rumbo a fin de poder encontrar hoy algún buque e intentar señalar mi situación al Lloyd's.

Françoise escuchaba seguramente los partes meteorológicos desde el primer día de mi salida. Debe de haber estado preocupada por la niebla. Me gustaría tranquilizarla.

1 septiembre: cruza un buque temprano esta mañana. Lo ataco con el espejo y me responde con señales Scott. Me ha comprendido y pasará mi situación al Lloyd's. Françoise sabrá que todo va bien. Estoy contento, pues he empezado el día con buen pie.

Bajo a la cámara, feliz, a terminar de preparar mi café, doy un vistazo por el portillo, y ¿qué es lo que veo?... ¡El barco que vuelve! Después de hacer una gran virada (puedo ver la estela que deja sobre el agua en calma) se me viene encima por la popa. ¡Caramba! Aterrado, veo que me pasa a lo largo a menos de 15 metros como una enorme muralla que se levanta por encima de mis palos. Es un buque enorme, mide mucho más de cien metros de eslora. Cuando el puente llega a mi altura, un oficial me grita con su altavoz: «Comunicaremos su situación al Lloyd's. ¿Necesita usted algo más?».

Hago señales de «no» con la mano porque tengo la garganta seca. Este monstruo no acaba nunca de pasar. He metido toda la caña para apartarme lo más posible, temeroso de que se desvíe un poco y se cargue mis dos palos. Pero el capitán del *Selma Dan* conoce su oficio y tiene buen ojo marinero. Aun así, me empapa un sudor frío y siento flojear mis piernas. A tan corta distancia podía llegar al puente con mi tirachinas, pero no he tenido tiempo de preparar un mensaje. Ni pensar en dárselo a entender, es tan amable que sería capaz de volver. Por hoy basta de emociones. Tengo una sed espantosa. ¡Sé de alguien que no volverá a atacar a los buques con espejos por algún tiempo!

Ayer, el parte de Radio París-Inter anunció fuerte temporal en el Atlántico Norte y el Mediterráneo. ¡Estoy ya lejos! Es tranquilizador estar lejos cuando la cosa está revuelta más al norte. Latitud a mediodía: 30° 19'. El viento es muy flojo, pero los peces voladores llegarán pronto, los dorados también... ¡Esto se siente solo con mirar el cielo y la mar!

Los peces voladores llegan con el alisio del nordeste, encontrado antes de las Canarias. Sopla sin chubascos, salvo una vez entre Gran Canaria y Tenerife que he aguantado varias horas con el tormentín en lugar del génova. En realidad no es un chubasco: es el alisio que sopla con fuerza de 6 a 7 en el freo entre las dos islas.

La media horaria sube día tras día, sobre un mar siempre lleno de sol, a veces con un hermoso arcoíris que juega con la espuma de las olas de proa. Lo filmo, aguantándome en el púlpito del botalón.

La estela se va estirando y estirando. Las Canarias quedan ya por la popa, y tengo las islas de Cabo Verde por estribor (*) y África por babor.

Siempre buen tiempo, pero muy poca brisa. No obstante, la velocidad se mantiene sorprendentemente alta gracias a que el *Joshua* lleva más de 145 m^2 de vela: además de la boneta del génova he colocado un tormentín de 5 m^2 bajo la botavara de la mayor y otro de 7 m^2, ligero, que sirve de segunda trinqueta (*). La mar está en calma, el barco no acusa el menor balanceo, todo este pequeño mundo se porta de maravilla y hace su trabajo aprovechando la menor brisa. Contemplo mi embarcación, que se desliza a unos 7 nudos sobre una mar llana, con el sol en el ocaso. ¡Qué paz! Han pasado ya dos semanas y la media diaria desde Plymouth es de 143 millas.

Los peces voladores, perseguidos por los dorados, planean en grandes bandadas por la proa del barco.

La zona de calmas ecuatoriales, el Pot-au-Noir, está ya relativamente cerca. Se trata de una zona de calmas y de vientos variables, con lluvias y chubascos provocados por el encuentro de dos vientos alisios en los parajes del Ecuador. A la altura de las islas de Cabo Verde, el Pot-au-Noir se extiende aproximadamente desde el paralelo 15° al de 5° N, o sea, alrededor de 600 millas.

Para los grandes veleros de antaño, la zona de calmas ecuatoriales significaba largos y agotadores días maniobrando las pesadas velas cuadras bajo un calor húmedo y un cielo gris, para aprovechar con continuas viradas las más leves variaciones del viento. Para nosotros, los pequeños yates, el Pot-au-Noir no es más que un momento ciertamente enervante que pasar, pero sin más complicaciones, pues las viradas no representan ningún problema, y la zona no tarda en cruzarse. Esto no impide que un marinero deje de adentrarse en la zona de calmas de muy mal talante. Me pregunto por dónde pasarán mis camaradas. Yo no sé aún si pasar las islas de Cabo Verde por la izquierda o por la derecha.

A todo trapo

El *Joshua* se arrastra desde hace varios días que parecen semanas. Cuando el viento cae completamente hace falta cazar (*) a tope y arriar boneta-génova, de 60 m^2, para que no se gasten inútilmente golpeándose en los balanceos contra el estay de la trinqueta. Cada vez que vuelve el viento, casi siempre inestable, izo el génova y regulo las escotas al centímetro, a fin de aprovechar la menor brisa y ganar camino al sur a cualquier precio.

No me alimento bien y noto que pierdo energía. En varias ocasiones he dejado pasar la oportunidad de hacer derrota útil hacia el sur solo porque me sentía desanimado por la lluvia y no deseaba mojarme. No me sentía en forma porque llevaba varios días sin comer como era debido.

Cuando cae la lluvia, ni siquiera es útil. En un viaje tan largo, cada gota de agua dulce caída del cielo es un gran regalo. Pero he salido de Plymouth con la suficiente para llegar hasta Nueva Zelanda, y desde aquí a Tasmania tendré al menos diez ocasiones de rellenar el tanque de agua. Sin embargo, entre ayer y hoy he recuperado cincuenta litros de agua por medio de un balde suspendido a este fin bajo el herraje de la botavara de la vela mayor. Lo hago por cuestión de principios, como si no quisiera salir de este maldito lugar con las manos vacías.

Me siento vacío igual que esta mar sin sol, sin peces, sin pájaros, esta mar muerta a pesar de esa maldita mar de fondo que agita el barco y hace sufrir el velamen para acabar de fastidiarme la moral. Hay que intentar a toda costa sacar el mejor partido de todo esto, no abandonarse, regular las escotas veinte veces cada hora, olvidarme de la hermosa boneta rifada ayer en un chubasco, salir cueste lo que cueste del Pot-au-Noir antes de caer en la desesperación.

2

TETRAODONES Y TIBURONES

Esta mañana me he desperezado cuan largo soy, lentamente, primero a la derecha, luego a la izquierda, después en redondo, moviendo una a una mis articulaciones, bostezando profundamente hasta que los ojos se me han humedecido, y llenando los pulmones y todo mi cuerpo de un aire nuevo. Sentía penetrar dentro de mí algo que poseía a la vez un gran torpor y una gran fuerza; era como si la vida empezara de nuevo y no necesitaba salir de mi litera para percibir con todo mi ser que el día de hoy sería muy distinto al de ayer.

Durante toda la noche el agua susurraba a lo largo del casco; me parecía que aun durmiendo seguía oyéndola. Y cada vez que abría un ojo y me estiraba antes de enfocar con mi linterna el compás (*) fijado al pie de la litera estaba seguro de que la aguja indicaría el sursudoeste. E inmediatamente volvía a dormirme con una inmensa esperanza en el corazón.

De vez en cuando se oía golpear la segunda driza de la trinqueta contra el palo. Me había olvidado de colocar el *sandow* que sirve para mantenerla separada hacia los obenques. De ordinario, este ruido es desagradable y perturba la conversación que sostienen a media voz la mar y el barco. Pero aquella noche, ese leve golpeteo formaba también parte del coro de voces, necesario en la vida del marino, para decir, él también, que el viento había vuelto, que las nubes tendrían al día siguiente la forma y el color propios de los alisios, pequeños copos ribeteados de rosa en un cielo que se volvería cada vez más azul a medida que el sol se levantara sobre el horizonte.

Me estiro satisfecho, trinco la almohada a sotavento y vuelvo a dormirme en seguida. Las alegrías de un marino son tan simples como las de un niño.

El *Joshua* corre a más de 6 nudos con el alisio del sudeste, todavía escaso pero verdadero, que he encontrado el 17 de septiembre en los 4° de latitud norte.

La zona de calmas ecuatoriales ha sido más larga de lo previsto; esperaba que fuese de 600 millas, pero tenía 900 por donde hemos cruzado.

El *Joshua* la ha atravesado a 90 millas de media diaria, y en 24 horas la más pequeña derrota no ha sido inferior a 50 millas. La prueba de las calmas húmedas no ha sido, pues, tan terrible como parecía, aunque ha durado diez días... Demasiado. Ha sido largo.

La media general ha caído de 143 millas que llevábamos al entrar el Pot-au-Noir, a 125,4 millas a la salida. Será muy difícil recuperar el tiempo. También ha llegado el momento de pensar en engordar un poco. Antes del Pot-au-Noir no tenía demasiada grasa, y ahora no me queda nada... Pero desde la última noche mi moral está subiendo rápidamente y esta mañana he dado cuenta de una gran ración de gachas y tres latas de Ovomaltina con un apetito feroz.

Aparte de la hermosa boneta rifada que está enmoheciéndose en la cabina, todo va perfectamente, tripulación y barco.

Dibujo del interior de la cabina del Joshua *realizado por el autor.*

La moral ha vuelto a elevarse a su cota máxima. Multitud de crustáceos del orden de los cirrípedos han aprovechado las calmas para pegarse al timón y también, probablemente, a la parte de popa del casco. En la primera ocasión bucearé para librar al *Joshua* de estos crustáceos.

Con el viento han vuelto los peces voladores. Los dorados también para cazar a estos pequeños planeadores que vuelan en abanico y en bandadas tan compactas que a veces forman como grandes y luminosas hojas de palmera de color de nácar, centelleantes por los centenares de alas plateadas. Aquí y allá, un breve borbollón significa una vida o una muerte.

Gracias al milagro de sus alas, podría parecer que los peces voladores están al abrigo de los dorados. Sin embargo, cuando se asiste a esta terrible lucha por la vida, uno se pregunta cómo pueden quedar aún en el mar estos pequeños peces. Ciertamente, más vale volar que zigzaguear como una sardina frente a la boca de un dorado. Pero este nada tan velozmente que es capaz de seguir, sumergido, la trayectoria de un pez volador para alcanzarlo a la llegada e incluso a veces en pleno vuelo. Sobre todo, es con mar calma cuando este pequeño e inquieto mundo corre los mayores peligros por quedar durante todo su planeo dentro del campo visual de los dorados que los persiguen a ras de superficie.

Un espectáculo que me ha cortado el aliento y que veo por tercera vez en mis años de navegación: un pez volador, sorprendido demasiado tarde, se ha lanzado fuera del agua no planeando, sino en vertical, en un impulso que lo ha elevado a 7 u 8 metros de altura. Una barracuda de 1,50 m se lanza tras él y lo coge casi en el vértice de la parábola. Pero lo más fantástico del espectáculo es que esta barracuda ha oblicuado un poco su trayectoria por medio de contorsiones de todo el cuerpo y golpes de cola en pleno vuelo para tratar de seguir su presa, que se había desviado a la izquierda al alcanzar la cima de la parábola.

Lo siento por el pequeño, pero admirado por la formidable belleza del ataque he lanzado un gran «¡Ah!». Ha sido tan fantástico como ver un gato atrapando una golondrina al vuelo en un salto de más de tres metros.

Esta noche el aire es cálido, el viento suave, la mar poco agitada. Desde la bañera puedo oír con claridad el murmullo del agua cuando un gran banco de peces salta planeando, perseguido por el *Joshua* o por los dorados. Parece el estremecimiento de las hojas de los cocoteros al borde de un lago una noche de calma, cuando sienten un soplo de aire.

Había bajado a acostarme y estaba escuchando, medio dormido, el murmullo del agua al deslizarse a lo largo del casco, cuando un fuerte «flap-flap» resonó sobre la cubierta. Salté gritando: «Un pez volador», y conseguí descubrirlo y atraparlo al primer intento porque aún conservaba la luminiscencia del agua. Pero lo solté rápidamente, ya que por su gran tamaño podía tratarse de una pequeña barracuda o de otro animal peligroso para los dedos. Como un relámpago acudió a mi mente el recuerdo de la desgraciada aventura de un navegante que conocí en Alicante. Estaba pescando al curricán, y a media tarde había cogido ya dos caballas. Al llegar la noche, dio una ojeada atrás y vio que el sedal estaba tirante. Lo cobra, diciéndose: «Ya lo tengo», y agarra la caballa con las manos para matarla con un golpe en la nuca. Pero no era una caballa, sino una araña[3] enorme.

Como navegaba solo y sin motor, hasta el día siguiente no pudo alcanzar un puerto, llegando casi en estado de coma.

3. Pez de cuerpo largo y comprimido que puede producir con las espinas de su aleta dorsal heridas extremadamente dolorosas y ponzoñosas que en algunos casos pueden ser mortales.

Pero el mío es sin dudarlo, un auténtico pez volador del tipo «nunca visto». En el momento en que mis reflejos me hacían soltarlo, sentí como sus aletas me rozaban la muñeca. Un segundo reflejo me hizo cerrar rápidamente las manos. Demasiado tarde. Pegó un salto sobre cubierta y era como si quisiera coger una pastilla de jabón en la oscuridad. Se me escapó acariciándome por última vez con sus grandes alas. Estaba furioso, y me maldecía mientras se me hacía la boca agua.

El pez volador es mi preferido. Su sabor recuerda el de la sardina, pero mucho más fino, más fragante. Aunque no lo vi más que vagamente, ese ejemplar era gigantesco; debía medir más de 60 cm. Dudo que con mis dos manos hubiese podido rodear su cuerpo. ¡Cuando pienso que terminará siendo presa de un dorado, cuando yo lo tenía a un metro de mi sartén! Por supuesto, recojo otros sobre cubierta, pero todos son pequeños. Yo quería aquel tan grande.

En esta zona, la mar, nerviosa en algunos momentos, en calma después, está llena de vida. Según la *pilot chart* estamos en plena corriente ecuatorial de dirección oeste, mientras que esta alternancia de mar confusa y de mar llana parece indicar corrientes dirigidas hacia el este. Esta podría ser la razón de la intensa vida marina que aquí reina.

Al alba, el *Joshua* pasa muy cerca de una bandada de una decena de grandes peces globo (tetraodones, creo) hinchados y acostados con el vientre al aire.

Es la primera vez que veo estos animales con el vientre hinchado al aire de forma natural, sin necesidad de rascarles el vientre después de haberlos pescado al curricán. En un primer momento pensé: «¿Qué les habrá sucedido?», y supuse que, por una razón misteriosa, tal vez por culpa de una zona de corriente que contenía un plancton nocivo para los tetraodones, habían perecido todos en el mismo instante.

Evidentemente, mi razonamiento precipitado es absurdo. Si verdaderamente hubiesen muerto a causa de un plancton venenoso, no flotarían todos juntos en un espacio reducido habiendo sufrido el ataque de cólico todos al mismo tiempo. Vi entonces una aleta y acto seguido un remolino en el que al punto desapareció una de las bolas blancas, tragada por el tiburón.

Las otras bolas blancas no se inmutan. Esperan sabiamente la voz del destino, si bien confiando tal vez que la próxima víctima sea el vecino y que al tiburón se le indigeste y reviente.

Como el *Joshua* navega a más de 7 nudos, no veo lo que sucede a continuación, y, demasiado sumido en mis reflexiones, no se me ocurre encaramarme al palo de mesana. Una cosa está clara: ese grupo de tetraodones se ha llenado de aire para engañar al tiburón..., pero el tiburón no se ha dejado burlar. Lo que me gustaría saber ahora es qué le pasará al tiburón, puesto que el tetraodón es venenoso.

En la isla Mauricio asistí una vez a la agonía de una camada de gatitos que se habían comido un tetraodón que un pescador había abandonado en la playa. Sin embargo, la carne de este pescado es excelente, de sabor muy fino. Yves y Elisabeth Jonville hicieron un gran consumo de ellos durante su escala en las islas Galápagos, a bordo del *Ophélie.* Pero tuvieron buen cuidado de no comerse la cabeza y menos aún el hígado y la piel, que son extremadamente peligrosos.

También en las Galápagos, los De Roy me contaron la historia de un navegante que creía que esto era pura leyenda. En presencia de André De Roy, que intentó impedírselo por la fuerza, se tragó crudo el hígado de un tetraodón. Se le hinchó la lengua horriblemente impidiéndole casi respirar, y estuvo a punto de morir.

Pienso, sin embargo, que no le sucederá nada a mi tiburón, como no sea, tal vez, que sienta la necesidad de echar una siesta. De hecho, recuerdo un gran dorado, arponeado hace diez o doce años desde la cubierta del *Marie-Thérèse II*, precisamente en el mismo lugar en que se encuentra actualmente el *Joshua*, o por lo menos en la misma latitud. Su estómago contenía una docena de pequeños tetraodones. Me sorprendió que estos peces, tan lentos y en apariencia carentes de defensas, se encontrasen allí, a mil millas de la costa, a merced de cualquier enemigo. Me pregunto por qué existen en la naturaleza tales desigualdades que permiten a los dorados o a los tiburones, por ejemplo, comerse los tetraodones, que no pueden hacer absolutamente nada para salvarse. ¿Y las ballenas? No necesitan mirar para tragar media tonelada de vida de un bocado. ¿De qué sirve todo esto? Sin embargo, algún fin debe de tener.

No sé por qué pienso en estas cosas tan sencillas y a la vez tan complicadas. Esto ha hecho que me olvidase de subir a la mesana para comprobar cuántas bolas blancas quedaban a lo largo de mi estela.

Todas las mañanas, el sol tiñe de rosa y malva la parte inferior de los pequeños cúmulos suspendidos en el aire como leves copos de algodón. Después se eleva luminoso en un cielo azul pálido, este cielo del alisio del Atlántico Sur donde el tiempo permanece siempre igual, sin chubascos, sin períodos de calma. El viento insufla a las velas la vida de alta mar, que se transmite por todo el barco en pequeños sonidos a los que sirve de fondo el murmullo del agua que la proa hiende.

El *Joshua* corre con el alisio desde hace una semana, a una media de 159 millas diarias. Escucho el susurro del viento en el aparejo y el ruido del agua sobre la carena. Leo a intervalos *Las raíces del cielo*, que alterno con *Tierra de hombres.* Paso largas horas sobre cubierta contemplando las burbujas de agua que se forman en la estela. ¡Se encierran tantas cosas en las burbujas de espuma y en el agua que se desliza a lo largo de la borda!

El sol sale, alcanza su cenit, se pone, y un día rivaliza con otro en belleza. Partimos hace solo un mes, y es como si yo y mi barco estuviéramos en la mar desde siempre. Tengo la impresión de que nada cambiará, que la mar presentará siempre el mismo aspecto, con su azul luminoso. El viento no caerá nunca jamás. El *Joshua* continuará trazando siempre su estela en el océano, por el simple placer de levantar haces de espuma, por el simple deleite de recorrer la mar bajo el sol y las estrellas.

3

URRACA ACAPARADORA

El 26 de septiembre, el *Joshua* se encuentra en 16° 40' de latitud sur, a 250 millas al norte de la pequeña isla de Trinidad, casi encalmado en el momento de la puesta del sol. La *pilot chart* indica solo 1 % de calmas en este sector..., no hay suerte, y eso me fastidia. De hecho, estamos bastante cerca de la Latitud de los Caballos, zona de transición en el alisio del sudeste y los frescos vientos del oeste. A Dios gracias, esto no tiene ningún parecido con el Pot-au-Noir, pues aquí el cielo está siempre despejado y las calmas verdaderamente chichas son bastante raras.

En la travesía Tahití-Alicante[4] sin embargo, el *Joshua* tardó diez días, con brisas ligeras del norte al nornordeste. En un chubasco perdió su viejo génova de algodón y se quedó entonces ciñendo con el foque (*) de derrota y la trinqueta pesada, ganando a duras penas latitud para intentar alcanzar el alisio.

4. *Nota del editor:* Bernard Moitessier, acompañado de su esposa, Françoise, salió el 23-11-1965 de Tahití, y alcanzó Alicante después de doblar el cabo de Hornos. 14.216 millas y 126 días de mar representaban entonces el más largo viaje sin escalas efectuado por un yate. Ver: *Cabo de Hornos a vela*, de Bernard Moitessier, Juventud.

Ahora, la diferencia es enorme: el *Joshua* lleva un buen génova y su gran trinqueta, y he izado además un tormentín de 7 m², de tergal ultraligero, entre la escotilla de proa y el pie del palo mayor.

Todo este trapo tira bien, pues desde hace dos días la mar está muy en calma y la poca brisa que subsiste, viento favorable, viene del nordeste, bien entablada. Sin embargo, siento un cosquilleo en el estómago cada vez que pienso en la hermosa boneta de 25 m² estropeada en el paso del Pot-au-Noir... No puedo dejar de pensar en ella sin parar de dar vueltas en mi litera. La boneta estaba podrida, era imposible repararla, y ayer tuve que echarla por la borda. Intento consolarme calculando que esto representa 20 kilos menos de peso y de estorbo a arranchar: obtendremos mejores promedios de velocidad.

Estos promedios sobrepasan ampliamente mis mejores esperanzas. El alisio del sudeste ha sido remontado en diez días navegando a un descuartelar desde el Pot-au-Noir a 150,6 millas de promedio diario, con dos singladuras de 130 millas, una de 138 millas, dos de 151 millas, dos de 156 millas, dos de 160 millas y, finalmente, una jornada un poco movida de 174 millas. El *Joshua* no había alcanzado jamás tan altas velocidades ganando barlovento (*). En la travesía Tahití-Alicante, en su mejor jornada, navegando a un descuartelar, alcanzó 160 millas solamente una vez, a la altura de las islas de Cabo Verde. Las buenas jornadas ciñendo se situaban en esa época alrededor de 145 millas, entre la latitud de Cabo Verde y la de las Canarias. Sin embargo, la mar entonces era más regular que en estos últimos días.

La razón de esta mejora de rendimiento contra el viento se debe en gran parte al aligeramiento del *Joshua* en relación con la travesía Tahití-Alicante. Y también a una mejor concentración longitudinal de pesos, pues al estar menos cargado de

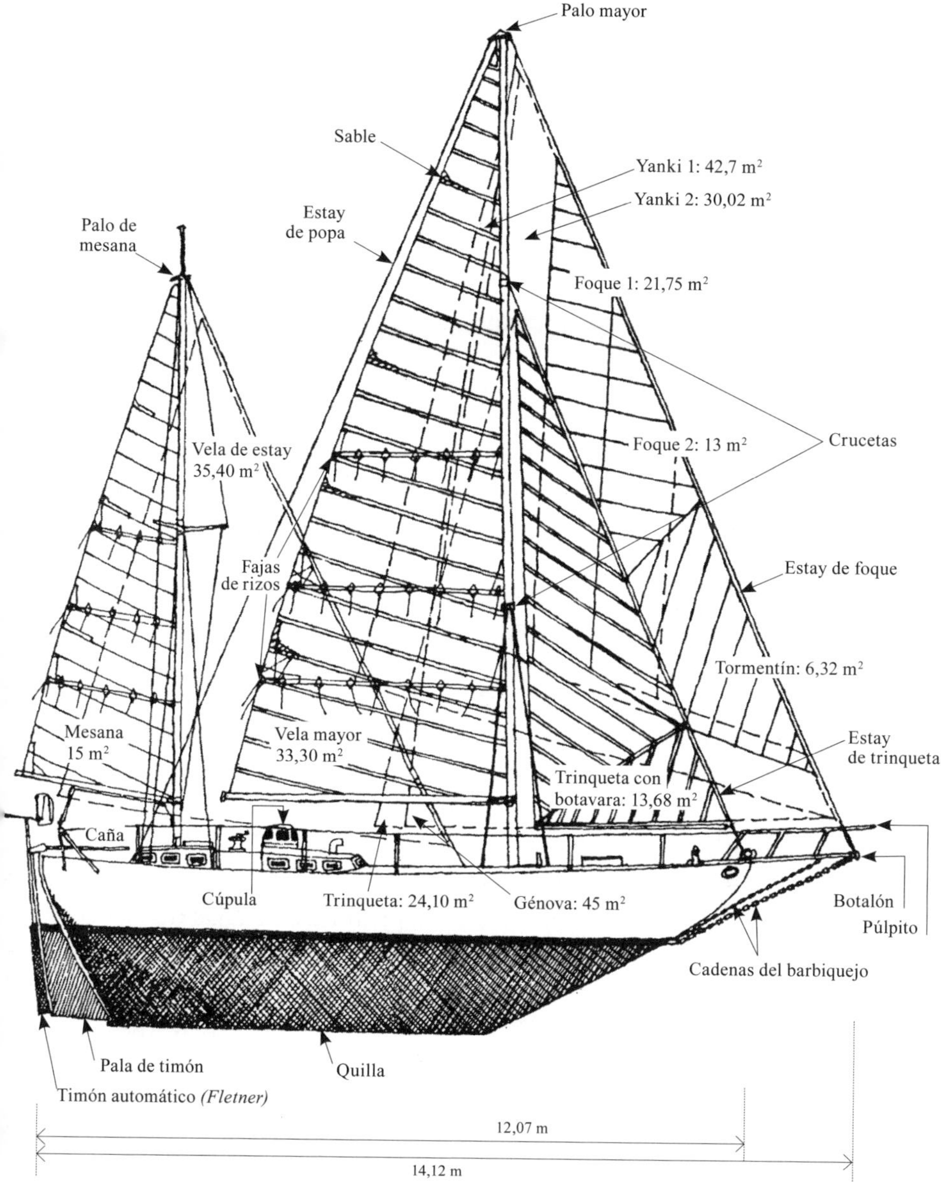

Palo mayor
Sable
Yanki 1: 42,7 m²
Yanki 2: 30,02 m²
Estay de popa
Palo de mesana
Foque 1: 21,75 m²
Foque 2: 13 m²
Crucetas
Vela de estay 35,40 m²
Fajas de rizos
Estay de foque
Tormentín: 6,32 m²
Mesana 15 m²
Vela mayor 33,30 m²
Estay de trinqueta
Trinqueta con botavara: 13,68 m²
Caña
Cúpula
Trinqueta: 24,10 m²
Génova: 45 m²
Botalón
Púlpito
Cadenas del barbiquejo
Pala de timón
Quilla
Timón automático (Fletner)
12,07 m
14,12 m

material inútil (y, por consiguiente, menos congestionado) he podido dejar libres por completo la proa y la popa.

Anteriormente, teníamos en el pañol de proa dos chinchorros, a cuál en peor estado, desmontados, sin hablar de un revoltijo inconcebible de pequeños y grandes trastos «ultrapreciosos» acumulados desde hacía varios años. Entre otras cosas, había un viejo génova de algodón de 65 a 70 m² obtenido a cambio de no sé qué, tres años antes. Podrido de arriba a abajo, solo aguantó trece horas antes de morir definitivamente entre Panamá y las Galápagos. Y al rifarse en dos pedazos por poco se lleva por delante una cruceta (*). A pesar de todo, le teníamos cariño y no sin pena nos decidimos a tirar por la borda sus 40 kilos de podredumbre, de estorbo y de nefasto peso.

Así, solo doce horas después del principio del primer temporal de altas altitudes, el *Joshua* estuvo a punto de pasar por ojo, es decir, de hundirse de proa, ¡cabeza abajo y culo arriba! La mar se había vuelto peligrosa, es cierto… pero el *Joshua* estaba también peligrosamente cargado para navegar en esta zona que habíamos atravesado demasiado nerviosamente hasta el cabo de Hornos, sin atrevernos a coger la mar más que 3/4 a popa, aun con solamente brisas fuertes, por miedo a hundir la proa, al caer la roda en una ola secundaria.

¿Aligerar el barco en plena navegación? Es más fácil decirlo que hacerlo en esas aguas, donde la cubierta es continuamente barrida por olas cruzadas que golpean peligrosamente, sin avisar.

«Gato escaldado, del agua fría huye»… Esto se tradujo en una limpieza a fondo durante los preparativos en Plymouth: desembarco del motor, molinete del ancla, chinchorro, cuatro anclas, las cartas (*) no necesarias, una maleta llena de libros e instrucciones náuticas que no se referían a las zonas de navegación previstas, 25 kilos de ánodos de recambio, 400 kilos de cadena, una gran partida de cabos de nailon de respeto de 18 mm y de toda la pintura (125 kilos)... después de un último embadurnamiento de la obra muerta (*).

Es totalmente increíble lo que puede contener de material de respeto un velero equipado para un largo crucero en los alisios, con escalas, sin hablar de la multitud de cosas inverosímiles que, apiladas unas sobre otras, totalizan un peso considerable: todo este pequeño mundo pasó a los cubos de basura montados sobre ruedas de Milbay Dock, o a los barcos vecinos, con gran alivio del mío.

Ya antes de dejar Tolón para ir a Plymouth, había desembarcado más de 300 kilos de trastos y de material, incluido un gran baúl lleno de cartas náuticas que abarcaban una gran parte del mundo, regalo de un compañero que las había «recuperado» con ocasión del desguace de un buque. Entre otras, había las del golfo Pérsico y las del mar Rojo, en detalle, así como todas las del Japón, donde yo no he tenido jamás la intención de poner los pies, ni en el golfo Pérsico.

Cuando pienso en esta masa de trastos desembarcados antes del viaje, me pregunto si la mayor parte de los que viven a bordo de su barco no hacen como la urraca, ese pájaro tan acuciado por el temor de que le falte algún día lo necesario, que recoge y acumula cuanto pasa ante su punto de mira.

A la llegada de la travesía Tahití-Alicante, entre los mil cachivaches conservados cuidadosamente en el pañol, descubrí una bomba neumática cuya existencia había olvidado. Hace unos cuatro años estaba abandonada en un muelle, y me quedé con ella pensando fríamente que si no era de nadie mejor apropiármela, pues una bomba puede servir algún día. ¿Para qué? Lo ignoraba, pues no me gustan las lanchas neumáticas, muy difíciles de manejar con viento e incapaces de arrancar del fondo un ancla. Pero esta bomba podía ciertamente servir para algo además de hinchar una balsa. Podía, por ejemplo, insuflar aire dentro de una campana de inmersión: Françoise me facilitaría aire con la bomba en mis paseos entre los corales cuando quisiera ofrecerle un hermoso pescado. (De hecho, esta bomba no era bastante potente para impulsar aire a más de 40 cm bajo la superficie).

Así, pues, en Alicante volví a encontrar mi bomba en un rincón del pañol de proa, y se la regalé a un yate francés que partía para las Antillas y el Pacífico. Me dieron a cambio un cristal de lámpara que no se adaptaba a ninguna de las mías. Aunque, nunca se sabe...

Unas semanas más tarde, al poner un poco de orden en el maremágnum que existía en el pañol de proa, sale un tormentín de cáñamo de 3 m^2, pesado como una chapa y con un relingado (*) grueso como mi muñeca. Me lo habían dado. Era totalmente inútil para cualquier barco. Lo saco con precaución para airearlo un poco. Mi amigo inglés, del barco de al lado, atraído como por un imán, lo mira con aire tierno. Se lo regalo. Está tan contento, que enternece verle extender y despolvorear ese tormentín que, por cierto, no le servirá para nada, como no sea para hacer juntas para la bomba de achique. Después, arrancha cuidadosamente su tesoro en el pañol de proa y me trae una bomba neumática, preguntándome si podía servirme de algo. Era la mía..., que le había dado, a cambio de un trozo de tubo de hierro galvanizado, el propietario de un yate alemán que zarpó la víspera para Canarias.

Volví a entrar en posesión de mi bomba, diciéndome a mí mismo que si la providencia la había puesto nuevamente en mis manos después de tantos rodeos, es que habría una razón importante para ello. Sigo sin saber cuál era esa importante razón, pues la bomba se quedó sobre el muelle de Plymouth con todo lo que estorbaba al *Joshua* y que le habría ayudado a pasar por ojo en las latitudes altas.

Cada objeto desembarcado en Plymouth era previamente pesado en la báscula de baño que había birlado a Françoise a fin de vigilar mi estado de salud en el curso del viaje. Así se aligeró el *Joshua* de una buena tonelada de material que en gran parte se guardó en el trastero de un amigo mío, y donde lo encontraré a mi regreso.

Por supuesto que, a pesar de esta drástica reducción, no me he quedado desprovisto de manera imprudente. Si bien solo me he llevado un mínimo de cartas, no obstante, me cubren en detalle cualquier recalada (*) eventual en los parajes del cabo de Buena Esperanza, Australia, Tasmania, norte y sur de Nueva Zelanda, así como las aguas del cabo de Hornos, una parte de los estrechos de Patagonia e incluso algunos atolones del Pacífico. En caso de apuro, no me faltará una salida.

Salí, pues, de Plymouth, no solo con lo que consideraba necesario para este viaje, sino también «con lo que podría serlo». A pesar de la «caza del peso» he conservado un ancla CQR de 25 kilos, otra Colin Trigrip de 16 kilos, 60 metros de cadena de 10 mm en tres partes (en la sentina) y un rollo de 100 metros de cabo de fondeo de nailon de 18 mm de mena.

Aunque muy aligerado, el *Joshua* está perfectamente preparado para hacer frente a cualquier recalada imprevista en caso de avería, enfermedad o desaliento.

Un viaje tan largo, a pesar del extremo cuidado puesto en su preparación, comprende pormenores aún desconocidos en lo que concierne a la salud. Pero sobre todo hay una gran desconocida, bella, por cierto: la mar.

DISTRIBUCIÓN DEL *JOSHUA*

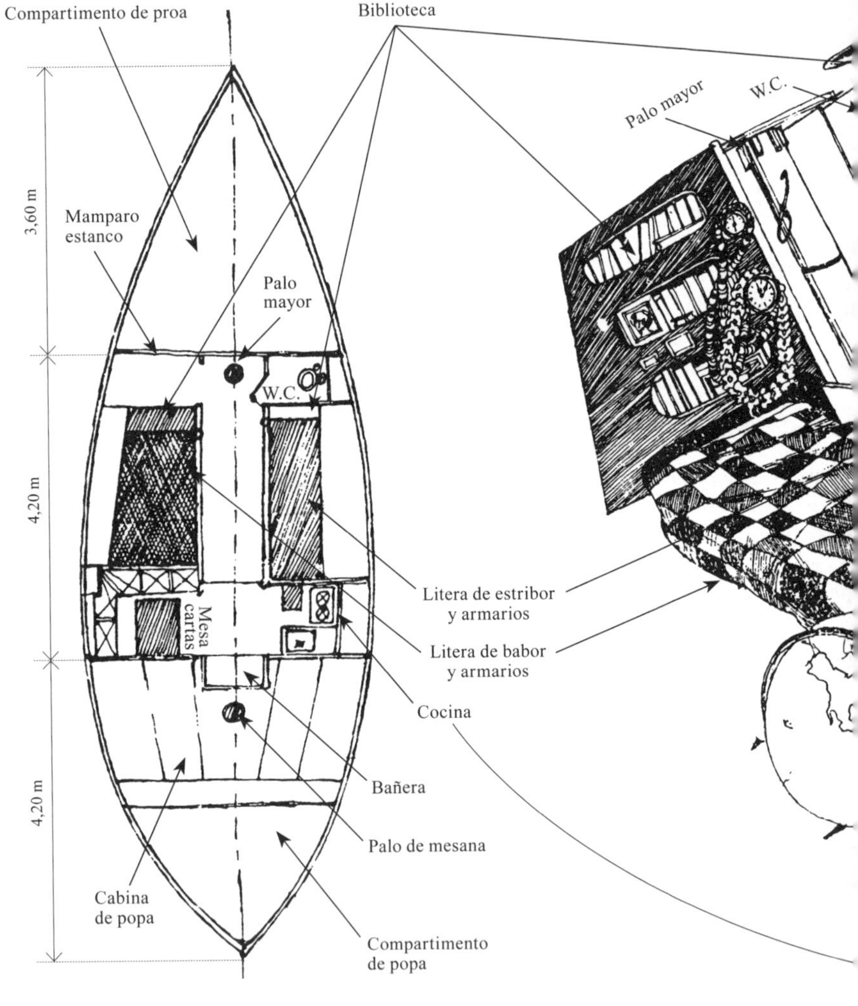

CÁMARA DEL *JOSHUA*

El promedio general ha subido a 132,5 millas diarias desde la salida. Unos años antes había sido de 115,4 millas entre Tahití y cabo de Hornos y de 120 millas desde Hornos hasta la latitud de la isla de Madeira, con vientos más favorables en conjunto.

Puede parecer extraño compulsar cifras cuando el viento y la mar están muy por encima de ellas. Pero esta visión de las millas trazadas sobre una carta representa para un marino el surco trazado en la mar por la quilla de su barco, con todo lo que el barco ha dado, con todo lo que el marino le ha entregado. Y si estamos navegando no es forzosamente para competir con otros marinos u otros barcos.

4

DOMINGO EN TRINIDAD

Calmas, calmas, pequeñas brisas del sector norte, calmas... El sol está ahí para levantar mi moral después de obtener la situación a mediodía: ¡solo 45 millas recorridas en las últimas 24 horas! La singladura más corta desde la salida.

La media general ha bajado dos enteros, con 130 millas contra las 132,4 de ayer a la misma hora. Esto será muy difícil de recuperar; lo saben todos los marinos. Lo que me consuela es que las 45 millas trazadas sobre la carta se dirigen directamente hacia el sur, hacia la pequeña isla de Trinidad, habiendo rolado el viento al nordeste.

Al día siguiente, 28 de septiembre, el viento, siempre flojo, vuelve a soplar del sur, y viro poniendo rumbo al cabo de Buena Esperanza. No andamos demasiado aprisa, pero vamos ganando camino, pues hasta ahora el *Joshua* se defendía hacia el sudoeste, ciñendo para ir a buscar los vientos favorables que teóricamente soplan en esta estación a lo largo del paralelo 35° sur. Es preferible, pues, dirigirse a este paralelo 35° arrumbado al sudeste que me va acercando al cabo de Buena Esperanza, antes que continuar rumbo al sudoeste sin ningún provecho.

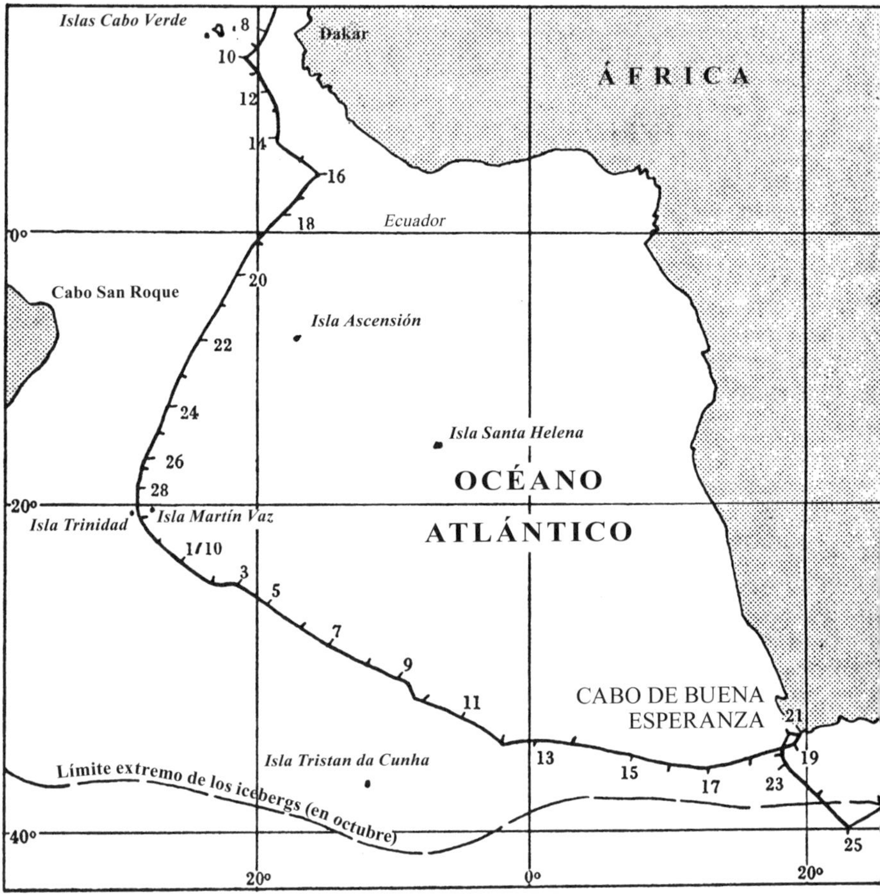

Del 8 de septiembre al 25 de octubre de 1968

Al mediodía, la media ha bajado otro entero: 129 millas, contra las 130 de ayer y las 132,4 de anteayer (no olvidemos el «,4», que es muy importante). No me inquieto, pero medito sobre la vanidad de las cosas...

El viento vuelve al sudeste, esta vez con fuerza 3. Viro de nuevo para cambiar de amura (*). La isla Trinidad está a 90 millas al sur. La mar se agita de una forma desagradable. La presencia en estas latitudes de un gran oleaje que viene del sur al SSW es un poco sorprendente (19° sur, plena zona tropical). Parecen señalar un temporal alejado, pero muy violento, al haber podido enviar tan lejos hacia el norte una marejada residual tan gruesa. Por consiguiente, habrá que procurar no bajar hacia el sur más de lo necesario: allá abajo es aún primavera, con sus ventoleras mucho más numerosas y de trayectoria más al norte que en verano.

El viento no sabe lo que quiere; tan pronto viene del sudeste como del mismo este, a veces del nordeste, pero siempre flojo. Aprovecho cada variación favorable para poner la proa a Trinidad, desde donde me gustaría mandar un paquete de películas al *Sunday Times.* Desde ayer, la velocidad se mantiene en 4 nudos. Si esta pequeña brisa aguanta (como lo deja prever el aspecto del cielo), el *Joshua* deberá llegar a vista de tierra mañana por la mañana, con todo el trapo al viento.

Después de mediodía, viento flojo del este fuerza 3. La moral vuelve por sus fueros. Sin embargo, me inquietan las recaladas. Perturban la pequeña rutina habitual. Modifican el ritmo interior muy lento que se ha convertido en el del marino después de un tiempo alejado de los peligros de la costa, en la seguridad de alta mar, donde cada cosa tiene su verdadero lugar, sin concesiones, pero también sin infamias.

Para el marino, la costa se asemeja a menudo a una gran criminal. Prefiero tenerla siempre a distancia de bichero. Y si a veces es preciso tenerla a la vista, que sea desde lo más lejos posible. Además, a fuerza de aligerar el peso en Plymouth me he olvidado de traer las *Instrucciones Náuticas* H IV del Brasil, en las cuales está incluida esta isla. No ha sido muy inteligente. Durante el viaje Tahití-Alicante leí la descripción de Trinidad y recuerdo que sus costas son bastante francas en la cara este, donde se encuentra el pequeño puerto. Probablemente habrá una estación de radio y al menos comunicarán mi situación al Lloyd's, en caso de que no consiguiese mandar mi paquete, pues mañana es domingo. Espero que el radio (el único que probablemente sabrá lo que significan las banderas de señales M. I. K.) no aprovechará este domingo para hacer su siesta desde las 6 de la mañana a las 6 de la tarde... Pero, probablemente, la aparición de un yate rojo sacudirá un poco el torpor de este pequeño mundo tropical donde la siesta es sagrada.

Tierra a la vista muy de mañana al día siguiente, 29 de septiembre. El viento se aguanta del nordeste, fuerza 3, regular bajo un cielo absolutamente azul. No hay problema, este viento no caerá. No sabría decir por qué. Estas cosas se sienten por instinto, por mil pequeñas señales del cielo y de la mar, y esta vez, la tierra se muestra amistosa, con esta brisa que parece hecha a medida y que ya no nos dejará.

Me pregunto si habrá cocoteros en la playa. ¡Me gustaría tanto acariciarlos con la mirada al pasar por delante de ellos!

Por una vez, todo se desarrollará casi exactamente tal como lo había previsto ayer. Trinidad crece, crece, mostrando poco a poco sus colores, y sus detalles después.

La isla es alta, muy escarpada, con grandes acantilados y picos cuyos colores varían desde el azul oscuro al lila, según

«Trinidad crece, crece, mostrando poco a poco
sus colores, y sus detalles después».

su orientación con respecto al sol. Hay también toques rosáceos, pero escasea el tono verde. Esta isla es hermosa, muy hermosa. Me gustaría navegar en derredor de ella, a pequeña distancia de los acantilados, encaramado en la cruceta para poder vigilar los fondos. Apuesto que son limpios y permiten acercarse hasta tocar la costa.

El viento ha pasado a ser de fuerza 4, siempre del nordeste. Con los prismáticos distingo perfectamente el pequeño poblado. Es minúsculo, bonito, muy bonito. Los tejados son verdes. Se ve una cosa larga y roja, un tanto extraña, justo en la rompiente de las olas. Esto me intriga. Parece una especie de escollera. ¿Qué puede ser?

El *Joshua* se acerca hacia la costa a 6 nudos. No, no es una escollera, es un barco fondeado, hundido hasta la cubierta, lleno de herrumbre. Se parece a los balleneros de Ciudad del Cabo. La costa está, pues, 100 % limpia, estaba seguro.

La distancia va disminuyendo rápidamente. Siento mi barco bajo los pies maniobrando perfectamente, listo para virar o trasluchar (*), según el caso, presto a obedecer a la décima de segundo.

La mar está ya mucho más en calma. Ese barco tan oxidado me sigue intrigando. Si yo fuera capitán del ballenero, jamás osaría fondear (*) tan cerca de la costa. No lo pierdo de vista con los prismáticos.

¡Maldita sea!... Tenía razón antes, ¡es una escollera! Mejor dicho, son los restos de un viejo ballenero de acero, que probablemente ha sido hundido allí a propósito, lleno de piedras para servir de escollera y proteger un minúsculo puerto destinado a refugio de embarcaciones.

Si verdaderamente el puerto existe, queda oculto detrás del barco y desde aquí no lo puedo ver. Pero tampoco distingo ninguna piragua ni ninguna canoa en la playa bañada de sol. Sin embargo, si los habitantes del pueblo quieren comer pescado de vez en cuando, será necesario que exista un pequeño abrigo artificial. ¿Será suficiente tal vez en este país lanzar desde la playa un sedal al agua para coger todo el pescado que se quiera?

Hacia las 11 horas, a 300 metros de los restos del barco, el *Joshua* es puesto en facha, con la trinqueta y el génova a la contra. Me encaramo hasta la primera cruceta para ver si hay algún bajo a barlovento. Nada: todo es de un azul intenso, salvo cerca de la costa, donde se distinguen unas sospechosas manchas, más claras, entre amarillas y verdes.

Son verdaderamente prácticos estos escalones atornillados al palo. Los vi por primera vez en el *Les Quatre Vents* de Bardiaux, cuando pasó por la isla Mauricio. Después en el *Didikaï*, en Ciudad del Cabo, por donde había pasado Bardiaux. Y después en otros cinco o seis barcos más. Nigel los instaló también en su *Victress.* Bill King buscaba a su vez una solución. Era más difícil: el aparejo chino se aplica al costado del palo por medio de un amarrado que impide cualquier saliente. Espero que Bill King haya resuelto su problema. En mi caso, en un abrir y cerrar de ojos se encuentra uno en la primera cruceta.

Bardiaux lo había hecho aún mejor. Los mauricianos aún recuerdan haberle visto cruzar un difícil paso con la vela mayor y la trinqueta, barloventeando entre las rocas de coral que descubría de lejos desde lo alto de la cruceta. Su puesto de observación le servía además de puente de gobierno alto gracias a unos mandos a distancia unidos a la caña.

El *Joshua* deriva lentamente. Todo está despejado en un radio de al menos 200 metros. Lejos, a la derecha del caserío, hay una decoloración sospechosa, otra a la izquierda, con una mancha marrón que indica bien a las claras lo que es. Todo esto queda grabado en mi memoria, al menos por muchas horas.

Desciendo de nuevo y observo el pueblo con los prismáticos. No se ve ni un gato. Las ventanas parecen estar cerradas, con postigos de color verde como los tejados. Soplo con el cuerno de niebla. Gasto una bobina de película con mi cámara. Soplo de nuevo con el cuerno de niebla, y después traslucho para acercarme más todavía, antes de virar.

Con las velas de proa a la contra, amollo un poco la escota de la trinqueta, con la caña metida toda a sotavento, para hacer un rumbo y ceñir (*) a velocidad muy reducida, y paralelamente a la costa. La cámara Beaulieu está en la bañera y filmo entre dos toques del cuerno de niebla. Las señales M. I. K. flamean al viento, naturalmente. Están izadas a tope desde la salida, y al cabo de cinco semanas de navegación se encuentran todavía en buen estado, un poco descoloridas, pero identificables con ayuda de prismáticos. Espero que en tierra tengan al menos unos. Se sigue sin ver ni un gato.

Cuerno de niebla. Sin el menor éxito todavía. Siento hambre a pesar de mi excitación. Ha pasado el mediodía. Me gustaría sentir los olores de esta tierra, pero el viento viene de mar adentro. No debe oler gran cosa; se ve muy poco verde.

Cuerno de niebla. Nada. Después de todo este trabajo sería un poco absurdo partir sin más. No obstante, siento deseos de olvidarme del *Sunday Times* para dar la vuelta a esta isla tan atractiva, rozando sus catedrales rocosas que suben de los acantilados. Reservaré justo la distancia necesaria para una trasluchada caso de que el génova quede en facha a causa de un brusco cambio de dirección del viento.

Pero si me olvido del *Sunday Times* dejaría también olvidados a Françoise y a los amigos que se alegrarían de recibir buenas noticias. Por otro lado, si el *Sunday Times* recibe un mensaje radio de Trinidad, la BBC dirá tal vez que el *Joshua* ha sido visto tal día, y que el mismo día Bill King y Nigel estaban en tal sitio. Seguiré en el programa de la BBC durante tres días después de Trinidad, y tendré la alegría de saber cómo van los otros y dónde están. En cuanto a Loïck, estamos igual, sin emisor. Seguramente no tendré noticias suyas.

Cuerno de niebla. Nada. Parece imposible... ¡Todo el mundo debe de estar de comilona, armando gran alboroto, con todas las ventanas cerradas!

¡Ya está!... Uno... dos... tres... nueve... pierdo la cuenta... todos bajan precipitadamente por la escalinata de una gran casa; bien, era eso, estaban todos este domingo atiborrándose en la misma casa, seguramente con un escándalo de mil diablos, allá dentro... Tal vez haya sido un niño que estaría en un rincón el que ha dado la voz de alarma, gritando: *«Bella barca! Bella barca!»*.

Ahora hay por lo menos veinte personas apelotonadas en la escalinata. Permanecen allí sin moverse. Hago grandes gestos con los brazos. Ninguna reacción. Sí... uno de ellos baja corriendo, gira a la derecha y, siempre corriendo, entra en una casita. No lleva uniforme. Los demás siguen sin moverse: me parece que, si yo fuera uno de ellos, habría ya cubierto velozmente los cincuenta metros que los separaban de la playa y estaría con el agua hasta las rodillas, sin haberme entretenido en quitarme los pantalones.

No tengo ni idea de lo que están pensando. En todo caso, no hay ninguna canoa en este villorrio. Poco antes, al cruzar al sur del ballenero oxidado y destrozado, no he distinguido ningún abrigo. Al parecer se trata de un simple derrelicto, sin utilidad alguna.

Esta gente no se moverá. El que ha entrado corriendo en la casita vuelve a salir con algo en la mano. Cojo rápidamente los prismáticos: no, no es una metralleta... él también me mira con prismáticos... pero no responde a los signos de amistad que le hago con la mano. Esto me inquieta un poco.

Traslucho, desconecto la rueda y embrago la veleta del timón automático, regulado a ceñir, para salir de esta ensenada donde no tengo nada que hacer. A pesar de todo, arrío e izo cinco o seis veces M. I. K.

El joven de los prismáticos habrá podido leer claramente el nombre *Joshua* pintado en grandes letras negras en la brazola de la bañera. Espero que lo haya leído y que también haya observado la gran cifra 2 cosida a la vela.

El *Joshua* se larga para fuera con la borda casi besando el agua para evitar desde lejos las manchas verdes y marrones. Agachado a la manera china en la bañera, con el codo apoyado en la brazola y el mentón en la palma de la mano, contemplo a ese grupo de gente que no ha movido ni un dedo en todo el rato. Como si tuvieran miedo. Como si estuvieran viendo al diablo. Casi me siento aliviado de que no tengan ni una canoa: empiezo a preguntarme si en ese caso no habrían venido, con armas, a «rogarme» que les mostrase el permiso que me autorizaba a venir a espiar su isla.

Verdaderamente, no lo entiendo. He aquí unas personas totalmente aisladas, visitadas, a lo sumo, una o dos veces al año por algún buque de aprovisionamiento militar brasileño, pintado de gris. En su caso, yo saltaría de alegría si viera surgir del horizonte un pequeño barco rojo, que lleva en sus velas tan vastos horizontes. ¿Por qué son así?

«Aprovecho la calma para bajar, en traje de inmersión, a comprobar el estado de la carena».

Me levanto y saludo lentamente con el brazo derecho en un amplio gesto. El gesto que todo el mundo comprende, incluso los pueblos más salvajes del mundo: el gesto que significa «adiós». Entonces, de repente, todos los brazos se agitan, todos se precipitan hasta la orilla lanzando grandes gritos de amistad. Tres muchachos se meten en el agua hasta la cintura. Su vehemente gesto de amistad me turba y emociona.

Ahora comprendo... Creyeron que iba a fondear y esperaban. Esperaban sin moverse, sin llegar a creerlo. Temían que el sueño no fuera realidad, que se disipara, y por esta causa no se atrevían a moverse.

Yo tampoco había comprendido. Pero ellos carecen de canoas, y yo carezco de chinchorro.

Los brazos continúan agitándose, las llamadas desde tierra se confunden con el «brum-brum» de la mar cortada por la proa que corre en busca del horizonte. Me siento raro. Casi con ganas de llorar.

A la puesta del sol, Trinidad queda en la estela por la popa. La isla se recorta a lo lejos, maravillosa e irreal, con su color azul profundo destacándose sobre el color naranja del cielo.

Un pequeño dorado muerde el anzuelo del currricán que poco antes había largado por instinto al agua. Pero esta tarde no tengo apetito, le saco el anzuelo y lo echo al agua. Es la primera vez que hago una cosa así. Hubiera podido guardarlo para mañana. Pero no tengo ganas de hacerlo. Ha tenido suerte.

Miro la isla, cada vez más pequeña, difuminada en el ocaso. Vuelvo a ver en mi mente la isla entera con sus acantilados, sus catedrales de roca, sus colores, sus sombras y su calor. Vuelvo a recordar el pueblecito con sus tejados de color verde y los hombres corriendo por la playa agitando sus brazos en medio de grandes clamores.

¿Había cocoteros? No lo sé. Es la única cosa que me he olvidado de mirar.

5

MUCHOS POCOS HACEN UN MUCHO[5]

Desde que hace tres días desapareció la isla de Trinidad, el *Joshua* ha atravesado, a 148 millas de media diaria, una pequeña cuadrícula señalada con 5 % de calmas en la *pilot chart*. Es una verdadera suerte estando en la Latitud de los Caballos. El rumbo es sudeste para dejar al norte otras dos cuadrículas señaladas con 6 % de calmas, con gran predominio de vientos contrarios fuera de estas malditas calmas.

La corredera gira perfectamente. El viento ha caído un poco, pero las velas siguen hinchadas y el *Joshua* corre aún velozmente con viento por la aleta, sin cabecear, pues la mar viene casi por la popa.

Antes de la salida no acababa de ver la utilidad de remolcar en pleno océano una corredera: esto gastaría el mecanismo para nada, cuando este instrumento es tan precioso para doblar cabos y en navegación costera, en la que una buena estima es de importancia capital[6]. Pero, como prometí

5. En español en el original. *(N. del T.)*

6. Para obtener una situación con un astro, se pueden empezar los cálculos a partir de una situación estimada desvariada: la recta de altura llevará el barco

a la casa Vion remolcar esta corredera durante todo el viaje (banco de prueba para su material), no me arrepiento de esta experiencia, pues la corredera me ayuda a un trimado de las velas más cuidadoso: una variación de un cuarto de nudo es difícil de estimar, mientras que la corredera la indica. Ahora bien, un cuarto de nudo representa 6 millas de mejora en 24 horas... La media ha subido a 129,5 millas.

3 de octubre... La corredera gira ahora mucho más despacio. El 4, nada: apenas 93 y 23 millas registradas en estas dos jornadas. La media general ha caído brutalmente a 126,2 millas, o sea 3 millas menos que anteayer, y esto por solo dos días de mala suerte. De hecho, no es verdaderamente mala suerte. Desde Trinidad he sido afortunado con el viento. Es normal que las condiciones vuelvan a ser las de la Latitud de los Caballos donde se encuentra ahora el *Joshua*. Tenemos calma chicha. Pero la mar está recorrida por unas olas largas del sudoeste y por otras más cortas del sur. Además, el cielo estaba cubierto ayer de cirros y esta mañana de numerosos altocúmulos. Son señales evidentes de que pronto volverá el viento.

Me enfundo mi traje de inmersión. Ha llegado el momento de deshacerse de los percebes, que desde el Ecuador han debido de multiplicarse y seguramente nos frenan un poco con vientos flojos. Se trata de crustáceos montados sobre un pedúnculo suficientemente largo para mantener sus branquias fuera de la zona envenenada por las mejores patentes

a su situación. En caso de intersección muy exagerada, es suficiente con volver a empezar el cálculo partiendo de la nueva situación estimada, la cual es más exacta que la que hubiera indicado la corredera, sobre todo después de la meridiana. A veces me he divertido escogiendo a propósito un punto erróneo en 600 millas. En dos cálculos (pronto efectuados con las tablas H. O. 249), el barco encuentra su verdadera situación en la carta.

anti-incrustantes. Encuentro pocos, pero muy grandes, sobre todo los que están pegados a los ánodos de zinc que protegen la carena de la electrolisis, y en las partes de la quilla que no pudieron ser pintadas en el último carenado de junio en Tolón.

La mar se riza y el viento vuelve, por primera vez de sudoeste, primero de fuerza 2 y después fuerza 4 bien entablado. Es fantástico en estos 26° de latitud. El *Joshua* tiene todas las posibilidades: 110 millas recorridas el 5 de octubre, 147 el día siguiente, 143 millas el 7. Vientos del oeste…

La temperatura ha bajado un poco; llevo dos jerséis encima y un pantalón de franela. El génova de 45 m² ha vuelto a su saco, reemplazado por el pequeño foque de 15 m², y el tormentín está preparado sobre el púlpito del botalón.

Los vientos del oeste fuertemente entablados en una cuadrícula que marca ¡6 % de calmas con gran predominio de los vientos del sector sudeste! ¡Y el barómetro bajando un poco! Así que va a aguantar. Paso muchos ratos en cubierta dándole a los winches de las escotas para sacar el máximo provecho de este milagroso viento.

¿Regatear? ¡Y de qué manera! Regateo contra las estaciones: no se pueden pasar los tres cabos en la mejor época, pero hay que intentar ir a galope tendido para no doblar el cabo de Hornos durante el otoño austral. Si todo prosigue normalmente, el *Joshua* doblará el Buena Esperanza «un poco pronto» en la estación (no hay opción), Leeuwin y Nueva Zelanda «en el momento justo» y el Hornos «todavía a tiempo». Pero por ahora no hay que pensar en todo esto; queda lejos todavía. Simplemente, he de sacar el mejor partido de mi barco.

He izado el tormentín de 7 m² además de la trinqueta grande de 18, y un segundo tormentín de 5 m² como boneta bajo la botavara de la mayor. Y estoy atento al girar de la corredera, miro la estela, tenso un poco la driza de la trinqueta... no, es demasiado..., amollo un centímetro... sí, eso es, ahora está bien, la trinqueta recoge todo el viento del cielo para fabricar las burbujas de espuma que forman la estela. Y todo el universo se concentra en ella.

Una manada de delfines nos acompaña. Se quedan con nosotros cerca de media hora. Acabo de leer el hermoso libro de Robert Merle *Un animal dotado de razón*, y estoy lleno de imágenes de delfines que juegan con los hombres enseñándoles la sabiduría. Creo que a partir de ahora me atrevería a intentar nadar entre delfines en mar llana...

Los filmo un buen rato desde la roda, desde el botalón, desde el palo mayor. Tres bobinas. Se lo merecen de sobra. Pero debo empezar a tener cuidado, pues de las cien bobinas que tenía a la salida, ¡he gastado ya cuarenta y siete!

Una hora más tarde vuelven mis delfines. Dos de ellos empiezan a ejecutar el salto del tirabuzón en el aire. Me precipito en busca de la cámara que había colocado en su armario..., demasiado tarde. Ya se van. Estoy tan enfadado conmigo mismo como si hubiera fondeado un ancla olvidándome de entalingarla a su cadena. Cuando me perdí las extraordinarias imágenes de la barracuda atrapando un pez volador en el aire, me había jurado dejar la Beaulieu a mano en la bañera los días de buen tiempo con una lona encima para protegerla del sol. Pero esto no basta. Empiezo a pensar que es a mí a quien habría que proteger de esta cámara.

Al principio creí que era suficiente con apretar el disparador después de haber regulado el objetivo. Pero eso no era todo. Hace falta introducir algo más en esta cámara. Ella intenta ahora burlarse de mí... Lo más fácil sería meterla en un compartimento estanco y no pensar más en ella. Pero ya es tarde y, por otra parte, no me arrepiento en absoluto.

Desde el punto de vista técnico carezco de experiencia y en los viajes anteriores nunca había hecho películas ni fotografías. De esto se hacía cargo Françoise... y lo hacía bien, en tanto que yo no había intentado nunca comprender esas historias de DIN, ASA, abertura y velocidad de obturación. Después he tenido ocasión de hacer notables progresos gracias a *Cine y foto en la mar*, de Quéméré, pequeño pero excelente libro, claro y preciso, en el cual el autor ha sabido ponerse en el lugar del novato ignorante y a veces hostil.

Durante la travesía Tahití-Alicante lamentábamos a menudo no tener ninguna cámara. ¡Nuestra inconsciencia llegó incluso al punto de partir con solo tres carretes de 20 fotos en blanco y negro! Sin embargo, no nos atrevimos a fotografiar el mar antes del cabo de Hornos y, sobre todo, después de nuestro gran temporal del Pacífico. No fue a causa del peligro ni de la fatiga, sino porque sentíamos confusamente que hacerlo hubiera parecido una profanación.

Creo que el viaje anterior fue «para ver y para sentir». En este me gustaría llegar más allá.

La mar es ya la de las altas latitudes, larga, llena de fuerza contenida, a veces un poco nerviosa. Y la corredera gira, gira, gira. Y el barómetro continúa bajando, muy lentamente, sin saltos. No hay que descender demasiado aprisa hacia el sur... veamos... intentaremos efectuar una pequeña jugada. Pasaremos rozando la última cuadrícula marcada con 60 % de calmas y 47 % de vientos del sudeste... ¡Ya está! Dos días más tarde queda detrás de nosotros. Ya puede correr si quiere alcanzarnos... ¡Adelante, *Joshua*!

Ayer hubo una pequeña borrasca. Pareció una primera toma de contacto con las altas latitudes: fuerza 7 de promedio, 8 en algunos momentos, siempre del sudoeste. Por tanto, la depresión estaba lejos, al sudeste. Mar muy manejable, muy calma a veces. Algunos pequeños planeos, como para ver si esto marcha. Sí, va bien. La proa se levanta airosa. El aligeramiento de Plymouth da sus frutos.

El barómetro ha subido hoy y el viento cae a fuerza 3. Lo aprovecho para envergar la pequeña vela mayor de 16 m^2 y la mesana pequeña de 14 m^2, que permanecerán ahí hasta Hornos. Es un trabajo pesado este cambio de velas, sobre todo para plegar cuidadosamente la vela mayor de los alisios y bajarla a la cámara. La he colocado plana sobre el entarimado, junto al saco del génova y el de la mesana, unos encima de otros, bien apretados. Esto me estorba un poco, pero prefiero concentrar los pesos al máximo; es muy importante en altas latitudes. Y lo será cada vez más.

Contemplo al *Joshua*, que corre ahora tan de prisa como antes, con su nuevo velamen de altas latitudes, pequeño, manejable, con fajas de rizos muy altas y con unos refuerzos para dejar mudo de asombro a un maestro velero.

De todos modos, pronto habrá que estar ojo avizor con la primavera del Atlántico sur y sus jugarretas. Durante el pequeño chubasco de ayer no hubo ningún problema. La mar era gruesa y rompía con bastante dureza, pero sin peligro. El *Joshua* la cogía por la aleta, casi de popa.

Después, el viento cayó un poco. Más tarde disminuyó a fuerza 5. La mar dejó de romper, aunque era todavía bastante gruesa. En seguida el viento pasó a SSW con la misma fuerza 5. Era el rolamiento normal del viento y regulé el piloto automático para continuar con viento de través.

Apenas hacía un minuto que había bajado a la cámara cuando una enorme ola se nos echó encima, escorando el barco más de 60°. El *Joshua* estaba apenas escorado cuando la ola rompió. La cámara ha encajado, pues, de lleno el golpe y, por un momento, creí que todos los ojos de buey de barlovento habían saltado en pedazos. No ha habido daños... pero he regulado la veleta para coger la mar más por la aleta. La bañera ha quedado llena de agua.

Esta ola errática ha sido debida probablemente a la corriente de través de 1 nudo de velocidad que señala la *pilot chart* en esta zona. Además, no estamos muy lejos de la línea de convergencia subtropical de las corrientes frías y calientes. Son pequeños detalles que no hay que dejar de tener en cuenta. Este primer aviso se ha producido, sin embargo, en 31° de latitud sur apenas... Atención a la primavera austral. No habrá que olvidarse del arnés al subir a cubierta por cualquier razón.

Buena Esperanza está a 1.500 millas, y el viento aguanta bien. Una decena de días a esta cadencia...

12 de octubre: Viento fuerte. Por el momento, no es peligroso. Aunque sopla del noroeste, el barómetro está bajando y el cielo está cubierto. La depresión se encuentra hacia el sudoeste y se va aproximando. Dos rizos en la mayor y dos en la mesana a la 1 de la mañana. El foque de 15 m^2 ha sido sustituido por el tormentín de 3,5 m^2 ¡Qué alegría contemplar mi barco corriendo tan velozmente con tan poca vela!

La mar no es realmente gruesa. Durante el período del noroeste, la marejada nunca es muy gruesa en una depresión. Es más tarde cuando puede ser peligrosa, cuando el viento rola al oeste y después al sudoeste, formándose olas cruzadas.

El viento aumenta, racheado. Desde el alba, la trinqueta de 18 m^2 es reducida a 9 m^2 tomando un rizo. Esto es menos complicado que cambiar la vela, pero no siempre es fácil, pues los 9 m^2 de Tergal que hay que plegar y amarrar al viento con los tomadores son un paquete enorme. Para esta maniobra mejor llevar las uñas bien cortadas.

Todavía demasiada vela: 7,8 nudos en la corredera y probablemente un poco más de 8 nudos cuando cargan las rachas. Es ilusorio, pues las guiñadas (*) provocadas por la velocidad límite con esta mar bastante gruesa hacen aumentar la distancia recorrida sin ningún provecho real. Arrío lo que queda de la mayor y trinqueta. Impecable: la velocidad se estabiliza, regular, a 7 nudos exactamente, la vela de mesana con 3 rizos tomados y el tormentín pequeño. El aparejo, muy aliviado, parece como si me diera las gracias. Y si de aquí al ocaso el viento me enseña de verdad los dientes, bastará con arriar los 7 m² de mesana rizada para que el *Joshua* continúe portándose bien *(Inch'Allah!)* Estamos en los 35° 30' sur.

Apenas son las 9 de la mañana cuando el cielo se aclara. El viento salta al oeste con solo fuerza 4, mientras el barómetro sube dos puntos. A mediodía, el viento cae a fuerza 2-3 y con la mar gruesa las velas flamean. ¡Falsa alarma! A largar los rizos.

Ayer, en la situación al mediodía, el *Joshua* había recorrido en 24 horas 182 millas. Hoy, a pesar de este temporal de viento moderado, solamente 173. El cabo de Buena Esperanza está a menos de 1.000 millas. Es inútil por el momento descender aún más al sur. Tomaré una decisión definitiva dentro de algunos días: o bien pasar cerca de tierra para intentar entregar un mensaje a un pescador en el Banco de las Agujas, o bien seguir la derrota de fuera, al sur del paralelo 40°, a fin de evitar la peligrosa zona donde se encuentran las corrientes frías y calientes que pueden crear, con viento duro, una mar monstruosa (la palabra no es demasiado fuerte) en las proximidades del Banco de las Agujas. De momento, Buena Esperanza está muy lejos y muy cerca a la vez. Muy lejos porque está a más de 1.000 millas. Muy cerca, porque, si todo transcurre normalmente, dentro de una semana estaremos allí.

Desde hace varios días la brisa sopla fresca entre el sudoeste y el noroeste. A menudo hay chubascos en el cielo y rizos en las velas, que largo en cuanto es posible.

Desde hace dos semanas los menús han mejorado y me siento en plena forma, siempre dispuesto a tomar un rizo, siempre pronto a largar otro, según el cielo, según el tiempo. La noche, el día, todo es igual. Duermo con un ojo abierto, pero descanso bien, puesto que he hecho bien mi trabajo. La última semana he contabilizado 1.112 millas recorridas, a pesar de dos pequeñas singladuras de 128 y 122 millas.

Cuando el viento viene del sudoeste, la temperatura desciende a 12 °C. Cuando viene del noroeste, sube a 15 o 16 °C. Es curioso, a mí no me gusta el frío pero me siento satisfecho cuando la temperatura baja, pues estoy bien abrigado y los vientos del sudoeste soplan bajo un cielo de buen tiempo, incluso cuando son fuertes.

La mar a menudo es gruesa, las salidas en *surf* son frecuentes. La proa se levanta mucho mejor que antes. La tonelada de peso inútil desembarcado en Plymouth ha aumentado la seguridad y la velocidad. Además, el *Joshua* lleva solamente 400 litros de agua dulce en lugar de los 900 litros en la travesía Tahití-Alicante. Esto hace media tonelada de mejora, que se añade a todas las otras «mejoras». Pero un marino no está nunca plenamente satisfecho de la seguridad y de la velocidad de su barco; es normal.

En altas latitudes es vital. Los españoles tienen un proverbio: «Muchos pocos hacen un mucho». Ayer, cuando el viento cayó a fuerza 4, lo aproveché para arrojar por la borda una buena cantidad de cosas sagradas cuya lista me habría indignado dos meses antes: una caja de galletas de la Marina (15 kilos), una caja de leche condensada (18 a 20 kilos), 25 litros de vino, 20 kilos de arroz, 5 kilos de azúcar, de

10 a 15 kilos de una mermelada que no me gusta y una caja de pilas para el magnetófono.

Todavía me quedan suficientes provisiones para aguantar ocho meses. En casi dos meses he podido calcular cuidadosamente mi consumo.

En cuanto al petróleo, sucede lo mismo: embarqué más de lo necesario... ¡Y, hala! 4 bidones saltan por la borda al mismo tiempo que 10 litros de alcohol de quemar. Todo esto que transportar de menos. También he tirado una aduja de cabo de nailon de 18 mm que pesaba de 25 a 30 kilos (para fondear, tengo de 14 mm).

Reconozco que el asunto del nailon me supo mal... Recuerdo las privaciones y las noches en blanco trabajando con Henry Wakelam en el hangar desierto del Royal Cape Yacht Club, para hacer las escotas del *Wanda* y del *Marie-Thérèse II* aprovechando los gruesos cabos de nailon desechados por los balleneros durante nuestra escala de indigentes en Ciudad del Cabo. En aquella época nos habríamos arrastrado un kilómetro a cuatro patas para coger esta aduja de 18, ¡casi tan preciosa como nuestros barcos! Pero ahora, la situación no es la misma que en aquella época de vacas flacas.

Gracias a este aligeramiento suplementario (alrededor de 170 kilos entre los víveres, el petróleo y el nailon) he podido despejar totalmente la proa y la popa para concentrar al máximo los pesos en la mitad del barco. Por mínimo que este sea, me ha permitido mejorar un poco en tres aspectos:

A) *Más velocidad con viento flojo.* Esto no parece gran cosa, pero prefiero que el *Joshua* tarde el menor tiempo posible en hacer este viaje, pues una semana de menos puede modificar por completo el problema salud.

B) *Menos velas al aire con viento fresco*, lo que implica menos fatiga y menos dificultades cuando hay que maniobrar o reducir aún más el velamen. Menos fatiga también para el aparejo, con la misma derrota.

C) *Mejor defensa en los grandes temporales del sur* (y también en los temporales normales), gracias a estos 170 kilos de menos que han permitido una *concentración máxima de pesos.*

Este último punto es de importancia capital, a pesar de los hindúes que se mueren de hambre y a pesar de los compañeros que no pueden ofrecer a su barco una hermosa aduja de nailon nuevo. Pues más fuerte que la imagen de los hindúes y los compañeros faltos de medios, me atenaza un duro recuerdo: el fortísimo temporal que aguantamos con Françoise hace unos años, en el curso del cual el *Joshua* estuvo a punto de pasar por el ojo. Ante esto, la aduja de 18, el petróleo e incluso la comida desperdiciada, carecen de la menor importancia. «El destino baraja las cartas, pero somos nosotros los que jugamos».

Pronto empezará el juego de las altas latitudes. Yo lo iniciaré con buenas cartas..., salvo quizá la Beaulieu.

Según la situación de la meridiana, Buena Esperanza queda a 310 millas hacia el estenordeste. No sé todavía por dónde voy a pasar. El barómetro está alto. Creo que sé lo que haré. Pero no es seguro. Todo puede cambiar rápidamente en estos lugares.

6

JUGADO, PERDIDO...
JUGADO..., ¡GANADO!

Cincuenta y nueve días después de la salida, la situación obtenida el 19 de octubre nos coloca a unas 40 millas al sudoeste del cabo de las Agujas, punta extrema del África del Sur.

Durante toda la jornada de ayer, el cielo estuvo cubierto, con viento fuerza 5 del noroeste, que durante la noche pasó al sudoeste. El barómetro, ya alto, siguió subiendo. Hoy ha alcanzado el valor anormal de 770 mm, señal de que el anticiclón permanente del Atlántico Sur se ha desplazado sensiblemente hacia la zona donde navega el *Joshua.* Desde hace varios días intento captar los partes meteorológicos en las longitudes de onda indicadas en la publicación núm. 196: nada. Y aun si consiguiera oír los tit-tit-tat de las estaciones de África del Sur, no me serviría de nada, pues estas emisiones en morse se transmiten según un código internacional, para mí en chino.

Chino o no, es más que probable que con un barómetro tan alto, de aquí a mañana el viento salte al este. No demasiado fuerte, espero... Si hubiese seguido las reglas del juego, el *Joshua* habría ido hacia el sur lo más de prisa posible para alejarse del borde de las altas presiones y no perder las grandes brisas del oeste. Pero las cartas están echadas desde ayer: mi intención es pasar por encima del Banco de las Agujas, cerca de tierra a fin de señalar mi presencia al Lloyd's por mediación de un buque. Con un poco de suerte (mucha suerte), el *Joshua* podrá encontrar un barco de pesca al que lanzar un paquete para el *Sunday Times.* He fotografiado mi diario de navegación, página por página, en doble ejemplar. Esto permitirá repartir los riesgos durante su transbordo por el aire a la cubierta del pesquero. Los rollos de películas están encerrados en dos bolsas estancas de plástico muy grueso, suministradas por Bob y Steeve, con las direcciones del *Sunday Times* e instrucciones escritas en cuatro idiomas. He añadido algunos carretes de fotografías: Trinidad con los tejados verdes, el loco de la playa que leía los M. I. K., el dorado cogido al curricán al principio de los alisios, una bandada de peces voladores, los albatros, unas bandadas de pequeños pájaros plateados con patas palmeadas, que se parecen un poco a las alondras y que nos acompañan desde hace unos días, delfines jugando con el *Joshua*, la vida en la mar, simple y transparente, con sus calmas y sus rompientes.

Pienso en la alegría de Robert, de Steeve, de Bob, cuando reciban uno de estos paquetes que contiene tantas maravillas. Veo la alegría de Françoise, al saber que todo va bien a bordo, que no he mojado toda mi ropa, que no he adelgazado (pues ella no sabrá que he adelgazado, no tiene por qué saberlo). Veo la excitación de mis hijos, gritando por toda la casa: «¡El *Joshua* está pasando el cabo de Buena Esperanza!».

Sin embargo, es una pesada carga esta necesidad de tranquilizar a la familia y a los amigos, de mandarles noticias, imágenes, vida, de transmitirles esta pequeña cosa infinitamente preciosa, esta pequeña planta invisible que se llama esperanza. La razón me pide que juegue solo, solo, sin preocuparme de los demás. La razón querría que yo navegara hacia el sudeste, lejos de tierra, lejos de los buques, en el imperio de los grandes vientos del oeste donde todo es sencillo, aunque no fácil, dejando bien al norte la zona peligrosa de convergencia de las corrientes calientes y frías.

Pero otra voz insiste desde hace varios días: «Tú estás solo y, sin embargo, no lo estás; los otros tienen necesidad de ti y tú tienes necesidad de ellos. Sin ellos, tú no llegarías a ninguna parte y nada sería verdadero».

El sol se ha ocultado ya cuando mi corazón hace bum-bumbum... ¡el faro del cabo de las Agujas! Por muy normal que sea en esta época de tablas náuticas modernas y señales horarias por radio, una recalada[7] impecable estará siempre para mí aureolada de magia, como la respuesta de las estrellas a las que preguntaba hace un momento: «¿Dónde estoy?», y las estrellas me respondieron: «No te preocupes, antes de medianoche verás el cabo de las Agujas». Este débil destello del faro, que aparece entre la negrura de las olas, infunde calor a mi corazón, pues yo lo estaba buscando con los prismáticos dos horas después de la posición obtenida de las estrellas. Calor en el pecho y un poco de frío en la espalda..., porque este es un gran cabo.

Poco después de la puesta de sol, el viento había rolado al sur, cayendo. Después saltó al sursudeste.

El *Joshua* navega ahora ciñendo, con el faro bien visible una cuarta a la izquierda del foque.

A las dos de la mañana todas las velas están con el último rizo con un viento del sudeste fuerza 7. Era de esperar con el barómetro tan alto. Sin embargo, me siento feliz sin poder decir por qué motivo.

7. Recalar: Reconocer o llegar a la vista de una tierra, una baliza, un faro, etc. El cabo de las Agujas se encuentra en el extremo sur de África y marca el límite entre el Atlántico y el océano Índico. El cabo de Buena Esperanza se encuentra en el Atlántico, a unas 50 millas al noroeste del cabo de las Agujas.

Cuando el faro está solo a unas 8 o 10 millas, decido ponerme al pairo (*) amurado a la otra banda, para esperar que se haga de día antes de tomar una decisión.

De pronto, me siento fatigado. Me hace falta dormir aunque solo sean una o dos horas. Es curioso hasta qué punto puede la fatiga hacer que un hombre se derrumbe sin previo aviso: uno aguanta, aguanta, aguanta... y, bruscamente, se hunde. Pero esto ocurre solamente cuando todo está claro.

Enciendo la lámpara de aceite y bajo a acostarme. Todo está claro, ningún buque donde el *Joshua* cabecea. Pasan bastante cerca de tierra o bien mucho más afuera, a causa de las corrientes.

Pronto serán las cuatro de la mañana. He dormido como un tronco y toda mi fatiga ha desaparecido. Me estiro, bostezo y enciendo el fogón. Una buena taza de café, seguida de un tazón de Ovomaltina con tres galletas de la Marina cubiertas de mantequilla y de mermelada de naranja. Me siento en plena forma.

He empezado a navegar, trasluchando, sin necesidad de tocar las escotas cazadas para ceñir. El faro está ahora justo a la derecha del foque, pues el viento ha saltado al estesudeste mientras dormía. Ha caído a fuerza 4 o 5.

No largo los rizos, pues todas las señales anuncian la probable llegada de un temporal del sudeste.

Es inútil querer remontarlo tirando bordos durante días y noches sobre el Banco de las Agujas, y sobre todo con la corriente contraria, amén de vigilar los barcos. La navegación es un compromiso entre la distancia recorrida y la fatiga experimentada tanto por parte de la tripulación, como por el barco. La fatiga puede aumentar tan de prisa como una bola de nieve.

La solución de arrumbar hacia el sur no sería mejor: el *Joshua* caería tarde o temprano en una zona de convergencia de corrientes a pique del Banco de las Agujas. No sería nada agradable en caso de un temporal, cualquiera que fuese su dirección.

Queda la única solución correcta: ponerse a la capa en mar abierto, esperando que el viento vuelva al oeste; cuestión de dos o tres días. Pero, antes de ponerme a la capa, podría bordear fácilmente la costa con el viento de popa entre el cabo de las Agujas y el cabo de Buena Esperanza para dar una vuelta por dentro de la bahía Walker, donde la carta señala un pequeño puerto, por tanto, yates. Estamos en domingo y probablemente encontraré alguno fuera navegando en la bahía, y podré pasarle mis sacos de películas.

Será todo muy sencillo. Será, además, matar dos pájaros de un tiro..., pues me darán, seguramente, noticias de Loïck, Bill King y Nigel, gracias a fragmentos de información recogida aquí y allá en los periódicos. Ni una sola vez he oído pronunciar sus nombres durante las emisiones de la BBC para el extranjero. ¡Noticias de mis camaradas! ¿Dónde están?...

Con el nuevo día el viento aumenta a fuerza 6 hacia las 7 de la mañana, y casi a fuerza 7 una hora después. El cielo está magnífico, sin una nube; la costa se halla a 5 o 6 millas; la mar, un poco gruesa, pero el *Joshua* corre viento en popa. Tres rectas de altura trazadas con algunos minutos de intervalo confirman mi situación: la entrada de la bahía Walker está a unas 20 millas.

Ahora plena fuerza 7. Pronto llegará el temporal. Las rociadas de espuma vuelan por encima de los buques que hacen rumbo en busca del cabo de las Agujas. Para los otros, los que van hacia el norte, es un regalo. Para el *Joshua*, también..., pero me pregunto si con este tiempo encontraré algún yate fuera, en la bahía Walker. He reemplazado mis viejas banderas M. I. K. por un juego nuevo.

Tengo cada vez más la impresión de que me llevaré un chasco en la bahía Walker, donde no aparecerá ningún yate. El temporal está prácticamente ahí. Tal vez ya he sido señalado al Lloyd's por alguno de los buques que he cruzado hace una hora. Lo malo es que informarán que voy rumbo a Europa...

La bahía Walker queda ahora a unas 15 millas y me siento desamparado, inquieto, con la convicción absoluta de que con este viento no habrá ningún yate fuera. Tampoco habrá ningún pesquero, puesto que estamos en domingo. Y todos estos mercantes que me cruzan o que me adelantan pueden leer mis banderas M. I. K... rumbo al norte.

Hay uno pequeño, delante, de color negro y aspecto lamentable cuya chimenea despide mucho humo. Debe andar 8 nudos a lo sumo, puesto que el *Joshua* anda 7 y ya hace bastante rato que intenta alcanzarnos. No pasará muy lejos...

Bajo rápidamente a escribir un mensaje por duplicado rogándole al capitán que disminuya la velocidad y aguante a rumbo para que pueda alcanzarlo y lanzarle un paquete. El mensaje precisa igualmente que, a pesar de las apariencias, yo continúo mi derrota hacia Australia. Enrollo bien apretadas las dos hojas manuscritas y las introduzco en pequeños tubos de aluminio de los que resguardan los carretes de fotografías. Cada tubo lo lastro con un trozo de plomo. Si el primer mensaje cae al agua, quedará su duplicado en papel carbón. La cubierta de este mercante es muy baja y se prestará a maravilla para hacerle llegar después los sacos de plástico que he enrollado fuertemente y amarrado (naturalmente por separado) para poder lanzarlos lo más lejos posible a pesar del viento...

Después, subo nuevamente a la bañera con mis dos proyectiles y mi tirachinas.

«Queda la única solución correcta: ponerse a la capa en mar abierto, esperando que el viento vuelva al oeste».

El mercante negro se halla a 25 metros por estribor. Desde el puente, tres hombres me observan. Flac... Mi mensaje cae en el castillo de proa. Uno de los oficiales se lleva el índice a la sien, como preguntándome si estoy en mis cabales por atacarles con piedras.

El puente llega a mi altura. Grito: «¡Mensaje! ¡Mensaje!...». Me miran asombrados. A esa distancia y con canicas de plomo podría hacerles saltar sus gorras en tres tiradas. Aún se quedarían más asombrados. Cuando yo era un muchacho, el entrenamiento con tirachinas consistía en darle a una lata de conserva, que uno de mis hermanos lanzaba al aire. Y el uso del tirachinas es como el ping-pong, no se pierde la destreza con los años.

Pero no me atrevo a lanzar al puente el duplicado del mensaje, pues este tubo de aluminio es mucho menos preciso que una canica de plomo; podría romper un portillo o alcanzar a uno de los oficiales.

El puente está casi a la altura de mi proa. Hay que coger la ocasión por los pelos, obrar rápidamente. Levanto con la mano el paquete haciendo el gesto de dárselo. Un oficial hace gestos con la mano en señal de que ha comprendido e inmediatamente da un golpe de caña para acercar su popa. En pocos segundos, la cubierta está a 10 o 12 metros. Lanzo el paquete. ¡Impecable! Es tiempo de separarme... pero voy a cometer un grave error al intentar lanzar el segundo paquete en lugar de meter la caña y apartarme. Con el primer lanzamiento gané en toda la línea. Con el segundo, me ocurrirá todo lo contrario. Cuando me precipito a la caña, ya es tarde. La popa del mercante continúa acercándose. Por añadidura, estoy casi desventado por el buque, que me ha pasado por estribor, estando yo amurado también a estribor.

El *Joshua* se aleja demasiado despacio. Por un pelo no he podido evitar que la bovedilla de popa se enganche al palo mayor. Se produce un estrépito horroroso, trozos de pintura negra caen en forma de lluvia sobre la cubierta. El obenquillo es arrancado y después el obenque de la segunda cruceta. Se me revuelve el estómago. El empuje contra el palo hace escorar al *Joshua*, que orza hacia el mercante... ¡y plam!..., el botalón queda doblado 20 o 25 grados. Me quedo alelado.

Al fin, el negro monstruo se aleja. Traslucho rápidamente para salvar el palo y tomo la capa amurado a babor. La corriente me alejará de la costa, lo que por el momento es esencial a fin de que pueda, sin precipitación, reparar los obenques.

El mercante, sin duda preocupado, ha variado su rumbo. Le hago señas de que todo va bien; ¡porque si viene en mi ayuda, terminará por hundirme!

Muy a menudo cualquier leve contratiempo me irrita y puede dejarme deprimido. Pero cuando sobreviene un verdadero golpe me convierto en un observador frío y lúcido como si fuera de otro mundo. Ni siquiera he leído el nombre del mercante, pensando únicamente en lo principal: salvar el mástil.

Fuera de esto, nada tiene importancia. No experimento ni cólera ni cansancio. Ni siquiera he pensado: «El hermoso viaje ha terminado, con esta avería no podrás continuar sin hacer escala, será necesario reparar en Ciudad del Cabo o en Santa Elena». Hay que salvar el palo, sin pensar en otra cosa. Después ya veremos lo que hay que hacer. Pero sobre todo, sobre todo, no hay que pensar en el botalón torcido, imposible de reparar con los medios de a bordo.

He jugado y he perdido, esto es todo, y no es ninguna tragedia. Por el momento, vamos a hacer una especie de anestesia provisional. Después, quizá duela más. Pero ese después está lejos, y ahora no es el momento.

Tuve ya la misma reacción, si bien centuplicada, cuando me vi arrojado por encima de la borda a la altura de Durban en el *Marie-Thérèse II* aguantando a la capa en un temporal del sudoeste.

Estaba en el agua, un agua convertida en algo muy ligero por la infinidad de burbujas de espuma de la enorme ola que rompió contra el barco haciéndole volcar. A la luz de un relámpago pude ver la tapa del tambucho arrancada de sus guías. Con tan gran abertura y la quilla sobre el agua, el *Marie-Thérèse II* no podía hacer otra cosa que irse al fondo. No sentí ningún desaliento, ninguna amargura. Simplemente murmuré: «Esta vez, colega, no lo contamos», y me acordé en aquel instante de una página de *Tierra de hombres* que habla del destino, de la necesidad absoluta de seguir uno su destino, cualquiera que sea su desenlace. Yo también iba a terminar como la gacela de Saint-Exupéry, cuyo destino era saltar bajo el sol para terminar un día bajo las garras de un león. Pero no lamentaba nada en aquella agua tibia, tan ligera, desde la que me disponía a partir apaciblemente para mi último viaje.

Pero el *Marie-Thérèse II*, antes de tragarse la dosis mortal por la enorme abertura del tambucho, se adrizó. Pude fácilmente volver a subir a bordo llevando conmigo la tapa del tambucho. Después estuve achicando con la bomba cinco horas seguidas.

Menos de dos horas después de la colisión quedan reparados los dos obenques. No he tenido necesidad de encaramarme al palo, pues solo han resbalado los prensacables de la parte inferior del obenque.

Los brazos de la cruceta no se han movido gracias a su unión flexible. En cuanto al palo, me ha maravillado: en el momento del choque, pareció una caña de pescar doblada por un gran atún. Esto ha reforzado la confianza que por instinto había depositado en este buen viejo poste de telégrafos. En el fondo, dentro de la desgracia, he tenido mucha suerte.

Queda el problema del botalón. Eso es más grave. Este botalón mide 2,08 metros. Consta de un tubo de acero de 80 milímetros de diámetro por 5 o 6 milímetros de grosor, reforzado en su interior por un segundo tubo de acero. Este botalón quedó ligeramente curvado cuando fue galvanizado en caliente, y necesité más de una hora de esfuerzos en el muelle para enderezarlo con la ayuda de un compañero.

Por lo tanto, será preciso amarrar el estay del foque a la roda, y privarme de las ventajas de botalón... teniendo por delante más de 20.000 millas por recorrer para llegar a Plymouth, con el *Joshua* mutilado. Solo de pensarlo me da dolor de cabeza. Ya veremos eso mañana, ahora estoy demasiado cansado.

21 de octubre. Temporal del sudeste. Al fin he captado el boletín meteorológico de Ciudad del Cabo a la hora de las noticias. El *Joshua* capea apaciblemente bajo un sol espléndido que hace brillar la espuma de las olas. Anoche dormí muy poco. Me he pasado el tiempo pensando en mi botalón. Tenía la impresión de que Henry Wakelan estaba a mi lado. De vez en cuando yo murmuraba: «Dios, si estuvieras aquí, ya habrías dado con un truco para enderezarlo».

Ayer, mientras reparaba los obenques, el problema del botalón flotaba en el trasfondo y yo sentía cerca de mí la presencia y el aliento de mi compañero. De vez en cuando, le hablaba. Le pedía que no dejase caer la llave inglesa que servía para apretar los prensacables. Me ayudaba calmosamente, sin injuriarme, y sin decir una palabra sobre el verdadero problema. Los obenques eran una bobada, un trabajito sencillo, a base de llave inglesa, prensacables, y tornillos de 6 mm. Para eso no hacía falta ser un genio, solo era menester no dejar caer las llaves inglesas por la borda en una escorada estando a la capa. Lo complicado era el botalón, con el cual no debía precipitarme.

Siempre que Henry y yo teníamos que resolver juntos un problema difícil, ninguno de los dos tenía el derecho a hablar de él. Estaba prohibido exclamar: «Oye, tengo una idea. ¿Qué te parece esto?...». Estaba prohibido porque la idea no había madurado lo suficiente, y el hecho de anticiparse sin haberla estudiado en todos sus detalles podía hacer perder tiempo al otro, impidiéndole «dejarla madurar». No era hasta la noche o a la mañana siguiente cuando confrontábamos las soluciones que se nos habían ocurrido. El terreno se encontraba entonces despejado hasta el detalle, y no nos quedaba más que ponernos a trabajar sin vacilaciones, por el camino más corto.

22 de octubre. La mar sigue gruesa durante la mañana, pero el temporal ya pasó.

Las dos de la tarde: la mar está manejable. El viento ha disminuido mucho. Queda aún el suficiente para amortiguar el balanceo. He preparado un gran aparejo de cuatro tiras y la botavara de respeto de la mesana que servirá para aumentar el ángulo de tiro del aparejo. Después afirmo esta percha a la bita de proa con ayuda de un grillete. No, esto no marcha. Hace falta otro grillete para que haga cardan y permita así que la percha juegue en ambos sentidos, horizontal y vertical.

Bien, ahora está bien. La segunda driza de la trinqueta sirve de amantillo (*). Esto aguanta sólidamente y queda bien equilibrado. Entre el extremo del botalón y el extremo exterior de la percha instalo una cadena de 10 (la cadena no se estirará como lo haría un cabo) y hago firme el aparejo al otro extremo con retorno al gran winche Goïot.

Increíble la potencia combinada de un aparejo y de un winche..., es tan hermoso que me dan ganas de llorar..., el botalón comienza a enderezarse suavemente, suavemente, suavemente, ¡estoy loco de alegría!

¡Henry..., viejo amigo..., estarías orgulloso de tu alumno!

Jugado, perdido... Jugado..., ¡ganado!

A la puesta de sol todo ha vuelto a quedar en orden. El botalón está derecho como antes, barbiquejo y mostachos tensos. Ambos son de cadena galvanizada de 10 mm. Una de ellas se había estirado varios centímetros durante la colisión y me ha bastado cortar dos eslabones. Si los mostachos y el barbiquejo hubieran sido de cable metálico, la avería habría sido mucho más difícil de reparar. El púlpito, que recibió un enorme golpe, también está en su sitio, bien enderezado, bien atornillado, como nuevo.

Muerto de fatiga y de emoción, me acuesto, derrengado, después de haber tomado solo un bote de sopa como cena.

Anteayer jugué y perdí. Pensé entonces en Henry y su gran destreza. Recordé también a César, el contramaestre, durante la construcción del *Joshua.* Cuando una chapa no encajaba en su sitio, César exclamaba: «El hombre siempre es el más fuerte», y la chapa terminaba por tomar su forma.

Mi fatiga es muy grande y, sin embargo, me siento como ebrio de dinamita, dispuesto a comerme el mundo entero y a perdonarlo todo. Hoy he jugado y he ganado. He recuperado mi hermoso barco.

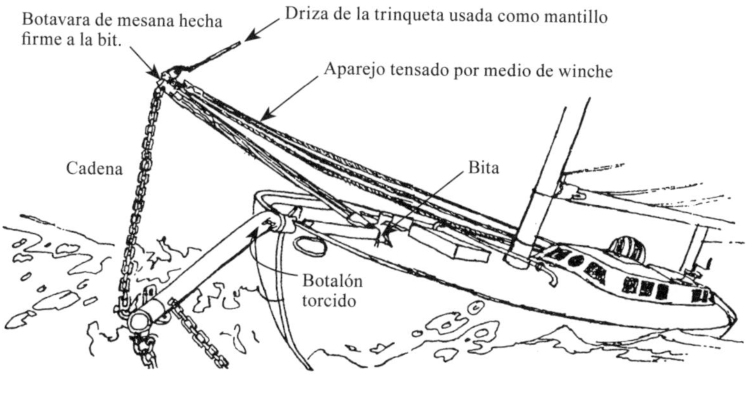

Reparación del botalón.

II

7

BUENA ESPERANZA

El 24 de octubre, el *Joshua* cruza la longitud del cabo de las Agujas, a 200 millas de tierra, continuará su derrota hacia el sursudeste hasta mañana, para alejarse más y dejar bien a babor la zona de convergencia de las corrientes.

Es el sexagésimo tercer día de mar, con 7.882 millas recorridas entre las situaciones de la meridiana. Esto representa la cuarta parte del viaje Plymouth-Plymouth por los tres cabos.

El Atlántico queda en la estela. Por la proa, el océano Índico. De hecho, el *Joshua*, a pesar de cruzar las fronteras teóricas, no se encuentra todavía en el océano Índico, sino en una especie de tierra de nadie: las aguas de Buena Esperanza. Estas se extienden desde el meridiano del cabo de Buena Esperanza hasta el de Durban, o sea, unas 600 millas.

Estos parajes pueden llegar a ser peligrosos –a menudo más peligrosos que el de Hornos– a causa de la mar que provoca la corriente de Agujas. Muchos yates de 8 a 15 metros lo recuerdan: el *Atom*, tumbado a la altura del cabo, se adrizó desarbolado como un pontón. El *Awhannee* encontró en estas mismas aguas los momentos más terribles de su carrera. Y eso que conoció el Hornos. El *Marco Polo*, *Eve*, *Adiós*, *Walk About*, *Wanda*, *Marie-Thérèse II* y otros más que dieron la voltereta o fueron seriamente averiados entre Durban y Port Elizabeth por las encrespadas olas del temporal soplando en contra de la corriente de Agujas, que en algunos lugares alcanza hasta 5 nudos.

Según las *Instrucciones Náuticas*, el sector más peligroso se encuentra al sudeste del Banco de las Agujas, donde los frecuentes temporales levantan una enorme mar, reforzada por el encuentro de la corriente salada y caliente que viene del océano Índico, con la corriente fría (menos salada) del Antártico. Cuando al pasar las esclusas del canal de Panamá se han observado los remolinos provocados por las diferencias de salinidad de las aguas, uno prefiere pasar a buena distancia de los fenómenos del mismo origen transpuestos a escala oceánica.

Ayer, temporal del oeste. Hoy, Radio Ciudad del Cabo anuncia que no se espera nada hasta medianoche. Debería aprovecharlo para ganar tiempo. Pero dejo que el *Joshua* se deje llevar a 6 nudos con tres rizos, aun cuando daría más de 7 si reemplazase el tormentín de 5 m^2 por el foque de 15 y largase la trinqueta mayor en lugar de conservar el actual pañuelo de 3,5 m^2. He de reconocerlo: no me siento con fuerzas. Anoche apenas dormí, pues soplaba duro, con una mar a veces confusa que me hacía temer una convergencia de corrientes.

Ahora, el cielo está bastante despejado, el viento varía entre fuerza 5 y 6, del oeste, sin verdaderas ráfagas, y el barómetro parece estabilizarse a 760 mm. Sin embargo, la mar está extraña, se calma en cuanto el viento baja a fuerza 5, para aumentar rápidamente con respetables olas tan pronto como el viento vuelve a fuerza 6 con los pequeños chubascos. Por esta causa, temo volver a largar el foque de 15 m^2, pues si el tiempo se estropease de nuevo me costaría trabajo arriarlo. Ayer, durante la noche, tuve muchas dificultades para dominar este foque e izar en su lugar el tormentín. Mis movimientos eran torpes, poco eficaces; tardaba tres veces más que de costumbre en hacer los nudos de rizos y matafiones (*). Y lo que era más grave, mis reflejos respondían con retraso. De forma incomprensible me dejé sorprender en la extremidad del botalón con el agua hasta las rodillas sin haber visto venir el golpe. Puede ser por la desnutrición y la fatiga acumuladas durante los últimos días.

Ciertamente, me gustaría pasar este condenado rincón forzando la vela. Pero si el tiempo empeora, como aquí puede suceder muy rápidamente, estoy mucho mejor preparado para recibirlo con este velamen reducido. En mi actual estado de debilidad es más prudente. ¡Oh!, nada inquietante, claro que no..., pero pido al *Joshua* que haga todo lo que pueda hasta que yo recupere mis fuerzas.

Fuera tenemos las altas latitudes, y la mar ruge un poco con el viento del oeste fuerza 6. Dentro, la calma y la paz de mi pequeño mundo. Fumo soñando delante del globo terrestre, regalo de mis amigos del *Damien*.[8] Ellos salieron hacia el

8. *Nota del editor:* Salidos el 25 de mayo de 1969 de La Rochelle para una vuelta al mundo en 5 años a bordo del *Damien*, un cúter de 10,10 metros de desplazamiento ligero, Gérard Janichon y Jérôme Poncet (así como Bernard Guyot hasta Las Antillas) recorrieron casi 20.000 millas por derrotas poco frecuentadas: Spitzberg, Groenlandia, Terranova; después Las Antillas, costa este del continente sudamericano, con subida por el Amazonas más de 1.000 km, y, finalmente, el cabo de Hornos que doblan de este a oeste el 4 de marzo de 1971. Cuando iban rumbo al cabo de Buena Esperanza, al encontrarse a 20 millas de Georgia del Sur, con un viento de 60 a 70 nudos, el *Damien* zozobró por tres veces en un solo día. En una de estas vueltas el barco quedó quilla al sol durante 5 minutos.

Pierden el palo, y los tripulantes con un aparejo de fortuna, necesitarán 10 días para llegar a Georgia del Sur. Allí, ayudados por la tripulación del

norte, yo hacia el sur. Y es lo mismo, puesto que todos nos encontramos en alta mar y en nuestro barco.

Contemplo la larga curva trazada sobre el globo. Es la derrota seguida por el *Joshua* desde Inglaterra, con sus delfines y sus albatros, con sus alegrías y a veces con sus penas.

Durante la travesía Tahití-Alicante, Françoise y yo trazábamos igualmente la derrota recorrida sobre el pequeño globo terráqueo escolar que nos habían mandado nuestros hijos. Y siempre esperábamos a que el *Joshua* hubiese cruzado 10 grados de longitud o de latitud antes de alargar el trazo. Hacerlo antes hubiera sido tentar la suerte y atraer un temporal de vientos contrarios o una calma eterna.

A la puesta del sol vuelvo a largar la trinqueta mayor, pero conservo izado el tormentín. Un poco antes de medianoche, largo un rizo de la mayor y otro de la mesana. La roda se ilumina de fosforescencia y la estela centelleante se estira muy lejos por la popa.

Pienso en los antiguos navegantes de la gran marina a vela. Durante siglos surcaron los océanos bajo el acicate de los descubrimientos o del comercio. Pero siempre por la mar. Pienso en todo lo que nos han legado en los documentos náuticos, en los cuales, las palabras querían hablar de la mar y el cielo, y las flechas aludían a los vientos y a las corrientes, y expresaban las angustias y alegrías de estos marinos como si esto fuera posible, como si la experiencia de las grandes leyes

---

British Antarctic Survey, vuelven a cortar las velas y aparejan el *Damien* con auxilio de un trozo del palo de 7 metros y con este aparejo alcanzarán Ciudad del Cabo, después de 20.000 millas de navegación de lo más variado... Una vez completamente reparado, el *Damien* se propone partir hacia las islas Kerguelen en octubre de 1971, desde donde continuará su vuelta al mundo.

El relato de esos dos primeros años de navegación será objeto de un primer libro en octubre de 1972: *Le Périple du Damien* (Ed. Arthaud).

de la mar pudiera ser transmitida, como si la mar pudiera ser comunicada con palabras y flechas.

Sin embargo... recuerdo que hace quince años estaba yo en la isla Mauricio, estudiando las instrucciones náuticas y las *pilot chart* con vistas a la travesía de Port Louis a Durban. Subrayaba en rojo los signos nefastos que indicaban la proximidad de un temporal del sudoeste soplando contra la corriente de las Agujas, y en azul las indicaciones propicias a la vuelta o establecimiento del buen tiempo. Cerrando los ojos intentaba ver y sentir lo que se traslucía de estas flechas rectilíneas, estas frases desnudas, todo este austero tecnicismo científico lleno de cosas ocultas que querían dárseme a conocer.

Una vez salidos para Durban llegó a parecerme más de una vez que ya había recorrido la misma etapa. La mar se había desprendido de la envoltura de las palabras, y reviví entonces una derrota ya hecha, leyendo previamente los mensajes de guerra o de paz del océano Índico.

Ciento sesenta y cuatro millas ganadas según la posición del día siguiente. El *Joshua* se encuentra a 60 millas al interior del límite extremo de los icebergs, pero ha alcanzado el paralelo 40 y ahora puede hacer rumbo al ENE para dejar mañana la zona de los hielos y permanecer fuera de la convergencia de corrientes.

El cielo está cubierto de numerosos y achatados cúmulos, verdaderas nubes de buen tiempo en estas latitudes, que a veces dejan grandes espacios de cielo azul casi sin cirros. El viento, de fuerza 6 desde el alba, ha rolado al WNW. Esta rotación no deja de alarmarme un poco, tanto más cuanto que no he podido captar el boletín meteorológico. Pero el barómetro permanece estable, y esto es lo más importante. La mar está muy hermosa, quiero decir muy gruesa. Sin embargo, las rompientes son poco numerosas y no demasiado duras en conjunto.

A causa de la línea de trazos en rojo sobre la *pilot chart* (límite de los hielos) he pasado también en la bañera la mayor parte de la noche. Esta segunda noche de vigilancia no me ha fatigado demasiado. Aun así, es hora de que abandone esta zona, pues de lo contrario mis provisiones de tabaco y de café no me llegarán para todo el viaje. El *Joshua* está dando 7 nudos. A esta velocidad, pronto habremos cruzado la frontera.

Me pregunto si mi aparente ausencia de fatiga no será más bien una especie de anestesia hipnótica producida por el contagio de esta mar de la que se desprenden tantas fuerzas puras, de esta mar llena de susurros de los fantasmas de todos los bellos navíos que se hundieron en estos parajes y que nos dan escolta. Me siento lleno de vida, como la mar que contemplo. Siento que ella también me mira y que, a pesar de todo, somos amigos.

Hoy he cometido mis dos primeros errores importantes desde que inicié el viaje. Había observado la meridiana. En lugar de guardar en seguida el sextante (*) abajo, como siempre hago en estas latitudes, lo he metido simplemente en su caja y colocado esta en un rincón de la bañera: antes de bajar tenía que hacer un pequeño trimado de las velas, muy importante, ¡oh!, solo era cuestión de unos segundos. En realidad esto podía esperar.

Cuando estaba ocupado en amollar la retenida de la mesana, una ola bastante grande rompió contra el timón. La vi venir por el rabillo del ojo y me agarré a los obenques con las rodillas levantadas hasta la barbilla para evitarme una ducha involuntaria al inundar la ola la bañera... El sextante chapoteó en el agua.

Afortunadamente, no había amarrado mi arnés de seguridad y estoy descalzo, pronto a actuar. Pego un salto antes que el segundo golpe de mar arroje el sextante por la borda con la mitad o las tres cuartas partes del agua que contenía la bañera. En un abrir y cerrar de ojos estoy en la cámara, orgulloso y, a la vez, avergonzado de mi doble jugada.

Saco el sextante de su caja, lo seco con un trapo y lo calo con dos almohadas en el fondo de la litera de babor. «Has vuelto a nacer, mi viejo amigo». Hay que enjuagar cuidadosamente el interior de la caja para eliminar ante todo la sal que reabsorbería la humedad ambiente y deterioraría los espejos en poco tiempo.

Después enciendo el fogón para secar la caja a fuego lento, puesta encima de una chapa de amianto, y subo a cubierta a tomar un segundo rizo a la mayor, un segundo a la mesana y uno a la trinqueta. El viento, siempre del WNW, sopla casi con fuerza 7, y está ahora bien establecido. Para estas latitudes, el cielo es aún de buen tiempo.

Cuando vuelvo a bajar, me escuecen los ojos. La caja del sextante no está quemándose todavía, pero seguramente está bien seca. Apago el fogón, me quito las botas, el arnés de seguridad y la ropa de agua, me seco las manos, la cara y el cuello, me calzo las zapatillas forradas y me lío un cigarrillo. ¿Un poco de café? ¡Un poco de café! ¡Dios mío, qué bien se está dentro cuando todo ruge fuera!

Me siento satisfecho de mí mismo por la reducción de vela que acabo de hacer..., buenos reflejos y puños fuertes. La trinqueta ha obedecido sin protestar cuando le he hecho tragar de golpe los 7 metros de su rizo. Ni un nudo se me ha ido de las manos.

Fumo soñando con la carta ante mis ojos. El *Joshua* se comporta magníficamente con tan poca vela, casi sin guiñadas a pesar de la velocidad límite. Mañana estaremos lejos, ¿180 millas? ¿190? La *pilot chart* da para este sector una corriente favorable de un nudo. Esto quiere decir que si el viento aguanta, superaremos tal vez el techo de las 200 millas. No me siento fatigado. Nunca he estado fatigado.

Bueno, *Joshua*, estamos a punto de llevarnos de calle al cabo de Buena Esperanza, ¿no te parece?

Mi cigarrillo no estaba aún terminado cuando una enorme ola golpea de lleno por el través de babor y nos tumba a la horizontal. Todos los cristales de los portillos habrán volado en mil pedazos... No, están intactos (por lo menos los de la cámara), y yo no salgo de mi asombro. Al mismo tiempo que el ruido sordo de una cascada, parecía oírse el sonido de una chapa de hierro golpeada por el martillo de un herrero.

Abro la tapa de la escotilla y saco la cabeza. El barco ha orzado y las velas están gualdrapeando. Es casi increíble, las botavaras no se han partido a pesar de la retenida.[9] En previsión de una escorada brutal navegando por la aleta había amollado la retenida de la vela mayor. Una gran suerte. La retenida de la mesana, de nailon de 10 milímetros, se ha roto. Era un viejo cabo que tenía 3 años. Tal vez tenía que haberlo cambiado hace ya tiempo... pero me gustaba y estaba habituado a él, pues había hecho el viaje Tahití-Alicante. Su rotura ha salvado probablemente la botavara de la mesana, pero esta, abatiéndose hacia el centro bajo el impulso del golpe de

9. Retenida: Cabo hecho firme en el extremo de la botavara y el chicote amarrado hacia la proa del barco. Esto impide, en caso de una fuerte guiñada con viento de popa, que las velas pasen a la otra banda, lo que podría producir averías. Las retenidas son igualmente útiles con buen tiempo para limitar el rozamiento de las velas contra los obenques e impedir también que la botavara de la mesana golpee la veleta del gobierno automático con un bandazo cuando el viento es insuficiente para mantener continuamente las velas llenas.

mar, ha cortado limpiamente el mango de escoba de la veleta. Nada grave: se tarda de 10 a 30 segundos en cambiar la veleta gracias a un montaje muy sencillo. Me quedan todavía 7 en reserva y material para fabricar otras si hiciera falta.

Salgo a embragar la rueda del timón y vuelvo a entrar rápidamente, pero sin poder evitar que quede empapado por las rociadas de espuma. Los portillos de la cabina de popa están intactos. Me alegra y reconforta el verlos todos en su sitio. Inflo las velas con la rueda interior y vuelvo a cubierta para cambiar la veleta por otra más pequeña regulada para viento en popa, pues el *Joshua* navegaba por la aleta cuando la mar golpeó. Queda ahora por cambiar la retenida de la mesana por un cabo nuevo. Pronto está hecho. Esta vez la dejo bien amollada, igual que la de la mayor.

Todo vuelve a estar en orden sobre cubierta. Ya puedo bajar a calentarme y arranchar un poco la cámara.

Recojo el globo terráqueo del fregadero, a estribor, y lo vuelvo a calzar en su sitio, banda de babor. La isla de Java ha quedado un poco despellejada.

El sextante... lo había olvidado en la litera de babor escondido entre las almohadas. Ahora me está mirando desde la litera de estribor. Pobre viejo, si esta vez no ha pasado a mejor vida es que verdaderamente existe una providencia para los sextantes, y también para los estúpidos. La primera vez lo dejo en la bañera, la segunda sobre la litera de barlovento... Cuando el *Joshua* se ha tumbado, ha efectuado un vuelo libre de 2,50 metros a través de la cámara. Una de sus tres patas se ha roto a ras de rosca, a pesar de sus 5 o 6 milímetros de diámetro. Sobre la plancha de contrachapado de uno de los cajones, observo tres agujeros. El de la izquierda tiene una profundidad de casi 5 milímetros, el de la derecha un poco menos y el de arriba un pequeño arañazo. Son los agujeros

«Cambio de veleta del piloto automático, se tarda de 10 a 30 segundos en cambiar la veleta gracias a un montaje muy sencillo».

hechos por las patas cuando el sextante ha ido a parar contra el cajón.

El *Joshua* dispone de otro sextante, el gran Poulin de tambor, muy preciso y de lectura rápida, lo que es especialmente útil para observar estrellas; además, tiene un dispositivo de iluminación en el mango. El otro (el que ahora tiene una pata de menos), es un viejo modelo de nonio que me va muy bien para observaciones de sol en latitudes altas porque es pequeño, ligero y manejable. Cuando encuentre la pata intentaré pegarla con Araldite. Hará falta también ajustar los dos espejos, que el golpe habrá movido seriamente.

Apenas una hora más tarde, el *Joshua* vuelve a besar la lona por segunda vez. Ahora he visto casi del todo cómo ha ocurrido.

Agazapado sobre la silla del puesto de gobierno interior, observaba la mar a través de los pequeños portillos rectangulares de la cúpula metálica. Después del primer *knock-down*, el viento había disminuido de forma sensible, al menos a fuerza 6. Pero la mar se había vuelto rara, con unas zonas tranquilas o bien, aunque bastante gruesa, permanecía bastante regular, sin olas peligrosas. En esta zona podía haber caminado por cubierta con una venda en los ojos. Después, sin transición, se volvía nerviosa, caótica, con elevadas olas cruzadas que se superponían las unas a las otras provocando rompientes de través muy potentes. Probablemente fue una ola cruzada de este tipo la que golpeó anteriormente. Después, el *Joshua* corría de nuevo en una zona apacible durante 10 minutos o más, y más tarde en otra zona tumultuosa.

De vez en cuando me subía sobre la silla para hacer profundas inspiraciones y observar mejor lo que nos rodeaba. Durante los períodos de mar tranquila salía también a la bañera, pero sin soltar la mano del tambucho, dispuesto a volver a entrar al instante.

Si tuviera que volver a pasar por segunda vez Buena Esperanza en el mismo sentido, probablemente me aguantaría entre el paralelo 41° y el 42° (en lugar del 40°) para estar bien seguro de no rozar demasiado la zona de convergencia de las corrientes fría y caliente. Bien es cierto que esto me obligaría a penetrar en mayor grado más allá del trazado rojo de la *pilot chart*, y permanecer más vigilante. La noche última vigilé bastante los hielos, y no tendré que hacerlo esta noche, ya que estaremos prácticamente fuera del punteado rojo. Así pues, si tuviera que pasar nuevamente, lo haría simplemente como ahora, a condición que el barómetro se mantuviese quieto. Este es el caso. Incluso tiende a subir desde esta mañana.

He bajado a sorber el bote de leche condensada y a liarme un cigarrillo. Después he vuelto a mi observatorio para contemplar de nuevo la mar a través de la cúpula cerrada. Estábamos atravesando una nueva zona nerviosa agitada.

Una ola excepcional se ha levantado por la popa, a semejanza de una duna. No era muy escarpada, pero sí tal vez el doble de alta, o más, que las otras. No rompía aún y yo tenía la impresión de que no lo haría, que no tendría necesidad de ello.

He saltado sobre el suelo y me he agarrado fuertemente con los dos brazos a la mesa de derrota apoyando encima todo mi pecho y manteniendo las piernas bien firmes. He notado claramente la brusca aceleración al dar el *Joshua* un salto hacia delante. Después, el barco ha escorado un poco, ha habido como un frenazo y el *Joshua* se ha tumbado brutalmente. El agua penetraba con fuerza por las juntas del tambucho, pero no sé a ciencia cierta si la ola en cuestión ha llegado a romper contra el barco.

El *Joshua* se ha adrizado en cuatro o cinco segundos. Ha tardado más que cuando el primer golpe de mar. Diríase que una fuerza enorme lo mantenía aplastado contra el agua.

Esta vez tampoco ha habido averías. Palos y crucetas han aguantado. Las velas no se han desfondado. Afortunadamente, las retenidas tenían mucho seno y el nailon es elástico. Si las cosas que nos parecen inanimadas pudiesen expresarse de otra manera que apretando los dientes, habría oído terribles juramentos allá en cubierta. Incluso la pequeña veleta milagrosa ha aguantado y el *Joshua* no parece haber orzado, pues corre de nuevo con viento de popa como si todo hubiera sido olvidado. Sin embargo, me quedo estupefacto al ver que el reflector del radar sigue en su lugar, es decir, en el tope del palo, sobre su eje. Él también ya lo ha olvidado todo.

Ahora casi me arrepiento de no haber permanecido firmemente agarrado a la silla para asistir a toda la escena, con

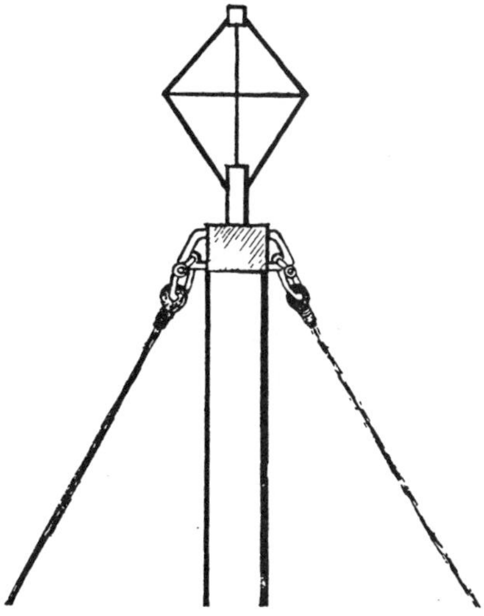

los ojos pegados a los pequeños portillos de la cúpula... El caso es que cuando vi aquella duna, pensé que el *Joshua* iba a pasar por el ojo,[10] y en este caso me habría desnucado contra la brazola del tambucho.

Pasar por el ojo con fuerza 6... yo sé bien que esto es imposible... pero todo puede suceder en estos parajes.

El viento cae aún más a media tarde. La mar encuentra su grandeza tranquila y poderosa a la vez.

Presiento que la noche será tranquila, sin golpes bajos. Debería intentar tumbarme durante una hora sobre la litera antes de la guardia de esta noche (posibles hielos), pues estoy en la brecha desde el amanecer... desde varios amaneceres. Pero el sol se pondrá muy pronto y no consigo sustraerme a la contemplación de la mar y de mi barco.

Pero convendría que durmiera a ratos, lo cual no es difícil, como también que me alimentase en serio. Funciono muy a gusto con tabaco y el café. Como un bocado de esto, otro de aquello. Debería encontrar tiempo para unas buenas tajadas de sueño, para verdaderas comidas copiosas. Pues, en realidad, no hay mucho que hacer en un barco, ni aun para pasar el Buena Esperanza. Ni siquiera para el Hornos. Pero hay mucho que «sentir» en las aguas de un gran cabo. Y para esto hace falta todo el tiempo disponible.

Entonces, se olvida uno de sí mismo, lo olvida todo, para no ver más que el juego, del barco con la mar, el juego de la mar alrededor del barco, descartando todo lo que no es esencial al juego en el momento presente.

10. Pasar por ojo: Zozobrar un barco por la proa, patas arriba. Esto les sucedió al *Tzu-Hang* y al *Sandefjord*. Cuando un barco hocica, el choque es temible. El tambucho del *Tzu-Hang* fue arrancado de plano como por un gigantesco garrotazo. El *Joshua* estuvo a punto una vez de pasar por ojo en un temporal cuando la travesía Tahití-Alicante. En aquella época era demasiado pesado.

Es necesario prestar atención, no ir más allá de lo necesario al fondo del juego. Y esto es lo difícil.

Desde el día anterior, el tiempo vuelve a ser muy bueno. Durante dos días, la brisa juega entre el noroeste y el sudeste, con el barómetro alto y un sol que hace brillar el lomo de las largas olas del oeste. Se diría que la mar experimenta también la dicha del descanso.

Siento un apetito enorme, y me lleno la barriga. Por la noche duermo hasta la saciedad y aun durante el día hago pequeños acopios de sueño cuando me place. La situación estimada del 26 de octubre ha dado solamente 117 millas recorridas, y la del día siguiente apenas 68 millas, por cierto parte de ellas gracias a la corriente. Pero es bueno tener un poco de calmas y brisas ligeras, lo necesitábamos los dos. Tranquilamente, sin prisa, me dedico a los pequeños trabajos que representan mi universo. Nueva encoladura con Araldit de la pata del sextante, ajuste de los espejos, sustitución de 5 garruchos gastados de la mayor y 3 de la mesana, gazas en las drizas de la trinqueta y la mesana (son de tergal, mientras que las del foque y la mayor son de acero) para desplazar los puntos de fricción con los motones. Mar llana.

Mi pasador sueco cae al agua y me zambullo en un santiamén, completamente vestido. No ha tenido tiempo de escapar en las profundidades, gracias al mango de madera y a su ligero hierro en forma de gubia.

Me siento satisfecho y orgulloso de recuperarlo, pues así el *Joshua* ¡no ha perdido ni una pluma desde su salida! y yo me he zambullido en agua helada, cosa que no era realmente necesaria, puesto que tenía otro pasador de respeto… ¡Ni una pluma de menos!

El *Joshua* lleva izado el empavesado general, pues este radiante sol seca en los obenques todos los jerséis y pantalones de lana mojados desde las latitudes altas. La ropa impregnada de sal se convierte en pringosa en cuanto el aire se humedece. Pero si se sacude bien fuerte cuando está bien seca, los cristales de sal se desprenden y la ropa se conserva seca (o casi). Esto lo aprendí de Jean Gau durante la escala del *Atom* y del *Marie-Thérèse II* en Durban. Jean llevaba impecables camisas lavadas en agua de mar con Tipol y puestas a secar lo más alto posible, fuera del alcance de las rociadas. El viento, sacudiendo el tejido, desprendía los cristales de sal.

En este momento la brisa es demasiado débil para que pueda sacudir mis gruesas prendas de lana, y soy yo quien lo hace vigorosamente y las cepilla de vez en cuando. Esto marcha impecablemente; puede verse cómo saltan los cristales.

La gran manta de cuadros verdes y azules, que estaba un poco húmeda, se llena también de sol sobre la caliente cubierta. Volverá a la litera, suave y ligera como estaba en Plymouth. Verdaderamente, el *Joshua* no ha perdido ni una pluma. Se encuentra tan en forma como a la salida de Inglaterra, además aligerado por sus dos meses de mar, mejor preparado para defenderse de los temporales. Las velas están como nuevas; no he tenido que cambiar ni un solo mosquetón Goïot. No presentan la menor huella de desgaste después de 65 días de roce, sin contar los 30 días de la travesía Tolón-Plymouth.

En cuanto a la carena, debe estar impecable a juzgar por el buen aspecto del timón, que puedo ver perfectamente en los períodos de calma. Los percebes que saqué en Trinidad no han vuelto a proliferar. La pintura anticorrosiva no lleva ninguna suciedad. ¿Y yo? Sigo bien.

Jean Knocker, el arquitecto naval del *Joshua*, me regaló tres botellas de champán durante su escala en Plymouth con el *Casarca*. Debía beberme una en cada cabo.

Para descorchar la primera botella quería esperar que el *Joshua* cruzase el meridiano de 30° (todavía 160 millas). Si me la echaba al coleto demasiado pronto, Buena Esperanza podía verme y enfadarse antes de que tuviera tiempo de escapar. Su lugar geográfico está ya a más de 400 millas por la popa, pero este demonio de cabo tiene el brazo muy largo. Podría aún decirme: «Ven para acá, pequeño, ven a recibir tu azotaina, porque por si no lo sabías, las dos rompientes en miniatura del otro día eran solo de broma; acércate un poco, querido, ¡que te enseñaré lo que son las verdaderas rompientes firmadas por Buena Esperanza!».

Esta tarde estoy casi seguro que Buena Esperanza está pasado. Recaliento a fuego lento en la pequeña olla a presión el contenido de una gran lata de sopa de pescado. Se aguantará caliente mucho rato. Para darle consistencia le añado un puñado de arroz cocido que ha sobrado del almuerzo y, además, un gran trozo de mantequilla.

El sol se ha puesto presentando un color muy rojo; el barómetro está alto, 767 mm. La escasa brisa que quedaba esta tarde ha caído completamente, y me he puesto al pairo para pasar una noche verdaderamente tranquila, con las escotas a la contra, la caña a sotavento y las velas con rizos tomados a fin de que no tengamos ninguna sorpresa.

Reposo total, ninguna decisión que tomar. El *Joshua* espera que vuelva el viento, igual que las gaviotas y los albatros posados a su alrededor sobre la mar.

Ya es de noche. No hay mucha luna, pero está muy alta e ilumina la noche, tal es la pureza del cielo. Nada de cirros[11], aún ninguno.

11. Los cirros se forman antes que las perturbaciones atmosféricas, indicando en general la proximidad de estas.

Con un tazón que me quema las manos tomo mi sopa de pescado a pequeños sorbos. La sopa de pescado se convierte en sangre y calor dentro de mí. El locutor de Radio Ciudad del Cabo al que no conseguía captar desde hacía cuatro días anuncia que no habrá temporales en las costas de África del Sur. Ya lo sabía. La mar, el cielo, los albatros y los cirros, que no se han presentado, ya me lo habían dicho. Pero es bueno oírselo a una voz amiga.

Me gusta este locutor de Radio Ciudad del Cabo. Cuando anuncia un temporal se le nota inquieto, repite dos veces el aviso, y una tercera vez al final del boletín. No se escucha a sí mismo al hablar, ni se adormece con el sonido de su voz. Simplemente se comunica con los que se encuentran en la mar, y uno siente que nos aporta todo cuanto está en su mano aportar. Hace una obra humana.

Dado que los temporales del sector oeste anunciados por El Cabo están ligados a las depresiones que circulan de oeste a este, señaladas en el Atlántico Sur, sé que puedo contar todavía con dos días de buen tiempo a partir de ahora, incluso si una borrasca alcanzase mañana África del Sur sin haber sido detectada. (El *Joshua* se encuentra ya a 430 millas al este del cabo de las Agujas).

No me gustan las ceremonias… pero verdaderamente tengo ganas de tomarme el champán. Y, ¡bum!…, el tapón salta.

Bebo despacio, muy despacio, y termino la botella a pequeños sorbos. La sopa de pescado hierve casi en mis venas. Me maravilla sentirme tan feliz. Me siento tan dichoso, tan en paz con el Universo entero, que me pongo a reír al subir a cubierta por una necesidad muy normal después de ingerir tanto líquido. Pero una vez allí he asistido a una escena tan asombrosa que nadie me creería si la contara.

Y bien, había un individuo a popa: sí, realmente. Tenía un aire increíblemente feliz y decía, riéndose (lo repito textualmente): «Oye, Buena Esperanza, puesto que tienes el brazo tan largo, eso debe ser muy práctico para rascarte el trasero, ¿no?».

Había motivos para sentirse inquieto, pero mientras me dirigía hacia popa para hacerlo callar, el individuo debió desaparecer sin que me diera cuenta. Tiré la botella vacía al agua y cuando iba a bajar a la cámara vi la Cruz del Sur por babor. Con esta mar calma, el *Joshua* había virado poco a poco sin que me diera cuenta. Así, pues, el otro había blasfemado al volver la espalda al cabo de Buena Esperanza. Nada grave, a Dios gracias.

Las estrellas centellean con gran intensidad allá en lo alto, durante la noche. Cuando yo era niño, un viejo pescador de Indochina me explicó por qué las estrellas centellean, y por qué cuando lo hacen intensamente anuncian que el viento volverá. Pero esta noche no puedo explicar esto; tengo demasiado sueño.

He dormido bien. Como las estrellas me habían prometido, ha vuelto el viento. La situación del 28 de octubre me indica 188 millas recorridas en las últimas 24 horas. Andamos a la velocidad límite. Es un espectáculo formidable en medio de esta mar gruesa que brilla bajo el sol. Permanezco cerca de una hora sentado en el balcón del botalón, sin poder sustraerme a la visión del *Joshua* hendiendo la mar con su roda. ¡Cuando pienso que por poco me quedo sin botalón! Ciento ochenta y ocho millas... No habría jamás alcanzado esta cifra ni aun con ayuda de la corriente. El botalón del *Joshua* es su miembro viril.

A las dos de la tarde he puesto arroz a cocer, pues a pesar de mi apetito no podía abandonar esta contemplación, cercana a la hipnosis, de mi barco hendiendo la espuma y partiendo la luz solar. El trazado de la derrota se va alargando sobre el globo terrestre del *Damien.* Buena Esperanza queda en la estela. Faltan Leeuwin y el Hornos.

No..., falta solo Leeuwin. Cada cosa en su momento, igual que en otro tiempo cuando construía el *Joshua.* Si yo hubiese querido construir «todo» el barco, la enormidad de la tarea me habría aplastado. Hacía falta poner toda la atención únicamente en el casco, sin pensar en el resto. El resto vendría después... con ayuda de los dioses.

Esto viene a ser lo mismo para una vuelta al mundo sin escalas; yo creo que a la salida nadie posee los medios para darla por hecha.

Queda Leeuwin... y toda mi fe.

Con viento fuerte, velamen rizado. El número 2 cosido en la mayor es el número de inscripción en la regata y permite la identificación del *Joshua*. La trinqueta también dispone de un rizo. Una de las prioridades del navegante era el poder adaptar la superficie de las velas a cualquier clase de tiempo. La combinación de velas (mayor, mesana, velas de proa) y sus posibles reducciones mediante rizos permitía disponer siempre de la superficie vélica adaptada a las condiciones reinantes, con un mínimo de cambios de vela (en aquella época no existían aún los enrolladores).

8

ESTELA EN FORMA DE DIENTES DE SIERRA

El *Joshua* corre rumbo al oeste sobre el paralelo 39°. El límite de los hielos está ahora lejos hacia el sur, aproximadamente a 150 millas. Puede decirse que el tiempo es aún bueno, pues no hay que ser demasiado exigente en estos lugares. Pero el viento ha caído mucho, con períodos, a veces, de casi calma y un oleaje del este que no me gusta nada. Por añadidura, el barómetro está demasiado alto, señal de que el anticiclón se ha acercado más al sur. Si quisiese proceder de una forma «técnicamente pura», me aproximaría al paralelo 40°, para estar seguro de mantenerme en la zona de los vientos del oeste. Pero yo dudo, pues esta forma de proceder «técnicamente pura», concuerda con el fallo que cometí tres años atrás al bajar hacia el sur más de lo necesario, y donde al *Joshua* le faltó poco para hacerse tumbar por el mayor temporal de su carrera, mucho antes del Hornos.

Si el viento del este que anuncian las olas y el alza barométrica no aparece de aquí a dos días, tal vez meta un poco de norte en mi rumbo hacia el este, a causa de la primavera austral. En realidad estoy pensando sin fundamento, puesto que no sé muy bien lo que voy a hacer... ¡eso depende de tantas cosas pequeñas, como ocurre siempre en la mar!

El primer temporal en el océano Índico llega el 30 de octubre, del sudeste. La radio habla de un temporal de nordeste sobre las costas de Natal, rolando luego al oeste y amainando. Natal está lejos, por la popa, pero siempre ayuda saber lo que pasa allí.

Aquí podría ceñir, pues el viento solo alcanza fuerza 8 en las rachas. Sin embargo, pongo al *Joshua* a la capa, con dos rizos en la mayor y la mesana, trinqueta de 5 m^2 y el tormentín a la contra, caña a sotavento. No solo es mucho menos fatigoso que ponerse a un descuartelar, sino que, además, quiero volver a trabar conocimiento de una manera prudente con el océano Índico, el más salvaje de los tres océanos.

Durante la noche el viento rola al nordeste, sin aumentar demasiado. Vuelvo a poner la caña casi a la vía, y cazo la escota de la trinqueta a un descuartelar, con el tormentín siempre a la contra, a fin de avanzar a pequeña velocidad hacia el ESE. Los remolinos del abatimiento ya no nos protegen, pero las olas son de una altura moderada, lo que es normal con temporales del sector este. El *Joshua* encaja dos golpes de mar sin inmutarse.

Después, el viento salta al norte y, finalmente, en la amanecida, al noroeste, cayendo a fuerza 3... La mar se pone excesivamente picada. En un momento dado, el barco encapilla simultáneamente por la proa y por la popa. Causa una impresión extraña, pero no es peligroso. Las olas llegan a ser extremadamente escarpadas, con conos de espuma en las crestas, que quedan a la espalda de las olas principales que vienen del oeste y del sudoeste. Esto se parece mucho a la extraña mar que el *Joshua* encontró unos años antes, justamente después de pasar el Hornos en medio de una calma. Estoy contento porque queda aún un poco de viento para apoyar el velamen. De vez en cuando hay algunas rompientes bastante grandes.

Poco a poco, las rompientes grandes se van espaciando. El cielo se vuelve enteramente de color azul a barlovento, sin señal de nubes en el horizonte. El barómetro, que había descendido 5 mm, empieza a remontar. El viento restante (ahora fuerza 2) viene todavía del noroeste. Pero esto cambiará muy pronto... En estas zonas, nada permanece idéntico mucho tiempo.

Dejo las velas con todos los rizos tomados, y ni siquiera cambio las velas de proa, pues en esta mar encrespada que viene a la vez de todas direcciones y sacude duramente el aparejo, no avanzaríamos mucho más. En realidad... antes de Buena Esperanza no habría soportado el tormentín ni un cuarto de hora más. Después de Buena Esperanza tengo tendencia a economizar fuerzas.

A media tarde la mar se pone a hervir. Me recuerda un nido de termitas furiosas cuando las termitas soldados que protegen a las obreras se ponen a batir las mandíbulas todas a la vez, por millares. Estas termitas de Indochina tienen unas mandíbulas tan potentes que algunos colonos las utilizan como puntos de sutura cuando no disponen de ningún médico en la selva.

Toda la superficie del mar vibra como un susurro de hojas muertas. Cada cresta está cubierta de espuma, sin rompientes peligrosas, sin que ni siquiera se las pueda llamar olas de cresta espumosa. Y todo en una calma casi total. Nunca había visto nada parecido. Si se levantase viento, esto podría llegar a ser terrible.

Unas horas después, ni un ruido, tan solo la ola principal, seguida de una serie de olas secundarias. Ni un soplo. Las velas gualdrapean y se fatigan. Hay que cazar y aplanarlas.

He metido la caña de arribada (*) y volveré a poner al *Joshua* a rumbo cuando escore. Conor O'Brien, del que releo la travesía del océano Índico, aconseja una buena jornada de reposo de vez en cuando, en momentos en que no vale la pena cansarse maniobrando. Añade Conor O'Brien que él es de una naturaleza demasiado inquieta como para aplicarse este precepto, pero a mí me conviene. Se está bien en la litera. Ahora ya no hay casi ruido. El viento volverá.

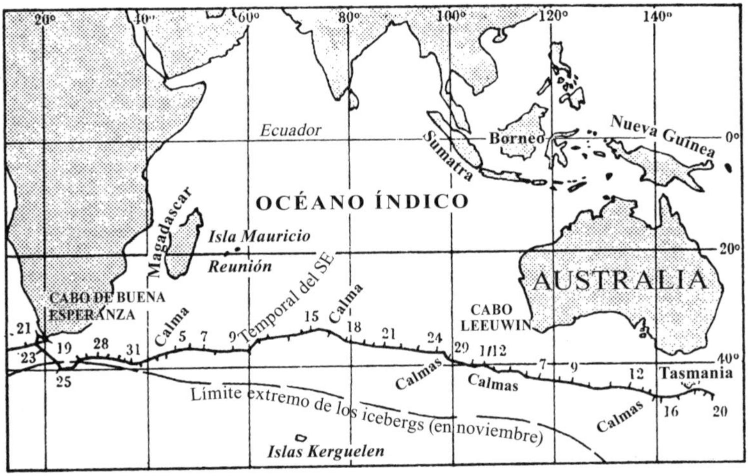

Del 21 de octubre al 20 de diciembre de 1968.

Pienso en esa pequeña tabla serrada bien escuadrada, cepillada, limpia, sin un alga, que vi esta mañana cerca de la borda. Parecía haber sido depositada allí por una mano invisible, pero aunque eché un largo vistazo en todo el horizonte, no vi nada. Solo la pequeña tabla que desaparecía en la estela de la racha de viento... Ese signo de una presencia humana tan cercana, tan fugitiva, en una zona frecuentada solamente por las aves marinas.

¿Dónde están Bill King, Nigel, Loïck? Esperaba tener noticias de ellos por la BBC o Ciudad del Cabo después de mi mensaje al pequeño mercante negro. Ni una noticia. Estoy solo para luchar con toda la mar, solo con el pasado, el presente y el futuro. Quizá sea mejor así... pero me hubiera gustado tener noticias de los amigos.

Loïck se encuentra sin duda a una semana del cabo de Buena Esperanza, vigilando el humor del barómetro, preguntándose si es preferible pasar cerca de la costa como Vito Dumas y Conor O'Brien, o lejos, a la altura del Banco de las Agujas. ¿Habrá puesto las semillas en los platillos de plástico que compramos juntos en Plymouth? Es muy fácil: en el fondo de algunos platillos agujereados se colocan sobre un trozo de tela los granos de soja, berros y trigo. Se apilan los platillos y se echa un poco de agua para humedecer. Al cabo de algunos días, los tallos son bastante altos, y se comen como ensalada o hervidos. Yo prefiero la Ovomaltina, que contiene también germen de cebada además de un montón de otras cosas buenas. Yo he tirado mis pequeños paquetes de semillas por la borda después de un mes de mar.

Nigel se mofaba de nuestras experiencias de germinación. Creía que nos complicábamos demasiado la vida por tan poca cosa, y pienso que no andaba equivocado. ¿Dónde está Nigel? ¿Hasta dónde llegará con su trimarán? Y Bill King, ¿dónde estará? Quizás a gran distancia por delante de nosotros, o atrás si se ha dejado atrapar por mucho tiempo en el Pot-au-Noir, o quizá muy cerca si los dioses así lo han decidido. Sería una gran victoria para todos nosotros si el viaje de Bill King permitiera poner a punto un aparejo euroasiático bastante próximo a la perfección gracias a su gran simplicidad de maniobra. Pero no deja de sorprenderme que no haya oído hablar de ellos en la BBC ni en otras emisoras, cuando ambos se comunican por radio cada semana con el periódico que les patrocina.

Quizá lo han mandado todo a la porra... el emisor, las baterías, el generador molesto, bidones de gasolina explosiva, ¡fuera!..., todo por la borda para encontrar la paz.

Pronto será medianoche. He dormido algunas horas, como de costumbre. El ritmo de vida en la mar no es el mismo que en tierra. En la mar me despierto casi automáticamente alrededor de la medianoche, bien fresco, para volverme a dormir una hora más tarde; el tiempo suficiente para dar una vuelta por cubierta a fin de palpar el ambiente de la medianoche que nos rodea. Después lío un cigarrillo sobre la mesa de derrota soñando frente al globo del *Damien.*

Cuando me siento realmente cuidadoso, lo aprovecho para prepararme una ración de Ovomaltina y mascar una galleta. Cuando me siento menos cuidadoso me preparo un poco de café caliente y un segundo cigarrillo. No demasiado grueso, pues el paquete de tabaco debe durarme tres días.

La mar se ha vuelto a calmar en muy pocas horas. Hace apenas doce horas rompían las olas bajo un cielo cubierto. Después comenzó a agitarse bajo las olas cruzadas del este, cuando el cielo se calmó. Ahora sonríe toda ella en el claro de luna, y la brisa ha vuelto, del oeste, con fuerza 2. Me vuelvo a poner en ruta, largo los rizos e izo la gran trinqueta. Esperaré al amanecer para sustituir el tormentín por el foque.

La medianoche es mi momento preferido cuando hace buen tiempo, como si la siguiente bella jornada comenzara entonces, y no con el alba. Pero el cigarrillo y el café ya no tienen menos aroma, porque me pone malo el que con un tiempo tan extraordinario el *Joshua* ande un nudo menos. Vuelvo a izar el foque y tomo otro café corto antes de ir a acurrucarme en mi litera. En tierra, el café me impide dormir. Aquí, no. Incluso puedo dormir todo lo que quiero durante el día. Muchos piensan que somos superhombres, que no dormimos apenas, que nos pasamos el tiempo manejando las velas, que comemos frío. Si supieran...

El viento ha vuelto. El *Joshua* avanza rumbo al este, en una zona comprendida entre los paralelos de 37° y 38°, donde permaneceré hasta aproximadamente dos mil millas antes de Australia, antes de poner rumbo un poco más al sudeste para pasar el cabo de Leewin y Tasmania. Es la táctica que había adoptado Conor O'Brien, modelo de lucidez y sentido marinero, para evitar la zona de más al sur, donde el porcentaje de temporales es considerable. Vito Dumas, que subió más al norte, hasta el paralelo 35°, experimentó allí largos períodos de calmas y débiles brisas variables.

Detesto la tempestad, pero las calmas me minan la moral. Y será necesario que preste atención para no cometer errores estratégicos demasiado graves, pues no me encuentro tan en forma como antes. Sé también que a pesar de todo el cuidado que se ponga en el estudio técnico de la mejor derrota a seguir, es el cielo, en última instancia, quien decide dar o no dar el viento.

Una buena cuarta parte del océano Índico queda ya atrás, y llevamos ya algunos días con buen tiempo. Grandes sistemas nubosos pasan de vez en cuando, con ligeras precipitaciones. Los pocos litros recuperados en los baldes colgados de las botavaras siguen siendo imbebibles. Las velas se recubrieron de una pequeña costra de sal durante los días de capa, al oeste de Buena Esperanza. El sol radiante y el viento cargado de rociones de las olas lo secaban todo en unos segundos. Sería necesaria una fuerte lluvia para quitar toda esta sal.

Por el momento no me preocupo, no es la lluvia lo que falta en las altas latitudes... pero, de todos modos, me gustaría ver subir el nivel de mi depósito de agua. Quedan alrededor de doscientos cincuenta litros (de los cuatrocientos litros con que salí), lo que significa cien días de autonomía, contando con un consumo normal de dos litros y medio por día.

Los días suceden a los días, nunca monótonos. Incluso cuando pudieran parecer exactamente iguales, nunca lo son. Y es precisamente esto lo que da a la vida en la mar esa dimensión peculiar, hecha de contemplación y sin grandes relieves. Mar, vientos, calmas, sol, nubes, pájaros, delfines. Paz y alegría al vivir en armonía con el universo.

Albatros, *malamocks*, gaviotas y otras especies cuyo nombre desconozco y que bautizo con el de «alondras del Cabo» y «cornejas del Cabo», acompañan al *Joshua* desde los alrededores del paralelo 35° del Atlántico. Parecen alimentarse exclusivamente de espuma o de aire puro, volando a ras de las olas sin introducir en ellas el pico.

Los albatros y *malamocks* van en solitario. Los otros se agrupan en comunidades tanto más densas cuanto más pequeños son, como las alondras de mar. El *Joshua* se cruza con bandadas de más de un centenar de esos pájaros muy vivaces, del tamaño de una alondra, con el plumaje plateado, cuyo vuelo en rápidos zigzags y deslizamientos sobre un ala recuerda un poco al de las golondrinas antes de la lluvia. La parte inferior de su cuerpo es blanca, su cola gris oscuro, y sus alas forman una gran uve doble. Zigzaguean muy cerca del agua y a menudo introducen en ella una pata, como para ayudarse a virar. Nada tienen que ver con la minúscula

«Mi gran albatros color ceniza aparece a menudo por aquí, al igual que mi corneja, a la que le falta una pluma. Pero parecen ocupados en buscar algo importante, no sé qué, en el viento y las olas».

golondrina de mar, blanca y negra, de vuelo tan ligero que parece el de una mariposa y que también toma a menudo sus virajes introduciendo una pata en el agua.

Vito Dumas habla de su paloma del Cabo domesticada, un ave negra adornada con hermosas manchas blancas. Sin esta descripción, a veces me sentiría inquieto, pues el vuelo de las alondras del Cabo, cuando se las ve de frente, recuerda al de la paloma. Ahora bien, he leído no sé dónde, que las palomas del Cabo en grandes bandadas son un signo de la proximidad de los hielos. Y el texto en cuestión, destinado a los navegantes, no daba ninguna descripción de esta ave. Dos o tres palomas del Cabo nos acompañan desde Buena Esperanza. Se ajustan bien a la descripción de Vito Dumas, con grandes manchas blancas que en sus extremos se funden con el negro de las alas.

Las cornejas del Cabo, del tamaño de una gaviota, cuando se posan sobre el mar, se parecen mucho a los cuervos. Su plumaje de color marrón muy oscuro presenta reflejos rojos al sol, pero parece completamente negro cuando el cielo está cubierto. Planean, sin mover las alas, algo encorvadas, en grupos de ocho a quince, a veces como en línea de frente. Se diría que rastrean el mar realizando sus armoniosos y flexibles virajes casi al unísono. El mismo grupo me acompaña desde hace mucho tiempo. Reconozco a una a la que le falta una pluma en el centro del ala izquierda.

Los más bellos son los *malamocks*, albatros de pico amarillo, una especie de albatros de menor tamaño, más esbelto, infinitamente más elegante, de unos dos metros de envergadura. Todos los que veo tienen el mismo plumaje, vientre blanco, cuello blanco, cola blanca, gris oscuro en la parte superior de las alas, en la parte inferior de las alas, gris perla a lo largo del borde de ataque y gris muy claro o casi blanco a veces en el borde de salida. Todos tienen un bonito dibujo alrededor del ojo en forma de almendra muy alargada, como un maquillaje de vampiresa.

El *malamock* tiene plumas que son plumas, mientras que el albatros (que llega a tener más de tres metros de envergadura) parece cubierto de un plumón lanoso. Pero ningún albatros es exactamente igual a otro, cada uno tiene su plumaje personal y no se puede confundir un albatros con otro. Hay uno al que busco siempre con la mirada cuando subo a cubierta, muy grande, color ceniza todo el vientre y casi negro por arriba, con una mancha marrón bajo el ojo izquierdo. Sin embargo, habría que ser un excelente observador para distinguir un *malamock* entre otros veinte, incluso después de un mes de verlos diariamente.

Estas aves de altas latitudes tienen un comportamiento diametralmente opuesto a las de los trópicos. Allí todo es alegría, gritos y zambullidas. Conozco pocos espectáculos comparables al de una bandada de alcatraces cayendo en picado del cielo como proyectiles sobre un banco de sardinas. Yo saltaba y gritaba con ellos, sobre la cubierta del *Marie-Thérèse II*, al verles trabajar con tal alegría de vivir, entre Ciudad del Cabo y Santa Elena. Con frecuencia, uno de ellos se destacaba del grupo y venía a planear un momento muy cerca del palo de mesana antes de volver a la pesca. Los charranes y los rabijuncos también eran amigables. Incluso los rabihorcados, que en general se muestran bastante fríos, se interesaban por el *Marie-Thérèse II.*

Aquí, albatros, *malamocks*, cornejas, palomas del Cabo, y también las minúsculas golondrinas, vuelan indiferentes. El *Joshua* no existe para ellos. Sin embargo, deben conocerlo, ya que mi gran albatros color ceniza aparece a menudo por aquí, al igual que mi corneja, a la que le falta una pluma. Pero parecen ocupados en buscar algo importante, no sé qué, en el viento y las olas.

No obstante, las alondras del Cabo se muestran a veces amigables y curiosas. Se acercan, sin motivo aparente, a examinar el aparejo en pequeños grupos de dos o tres, y juegan con los remolinos de aire bajo el viento de las velas. Sus pasadas son tan rápidas que me es imposible retenerlas en el visor de mi Beaulieu.

Me gustaría mucho domesticar una alondra del Cabo. Pero no se quedan el tiempo suficiente, aparte de que cada bandada que uno encuentra se limita a su propio sector.

A pesar de haber casi alcanzado el paralelo 37°, el tiempo cambia continuamente, a veces con brutalidad. Llovió o lloviznó durante toda la noche anterior y recogí veinticinco litros de agua, quedando por fin limpias las velas de sal. Al amanecer, una franja clara, a lo lejos, rasga el techo de nubes bajas. Una hora más tarde, el cielo está azul, con pequeños cúmulos redondos y viento del sudoeste, presagio de buen tiempo. Hacia las once, comienzo a preguntarme si habrá sol a la hora de la meridiana, y tomo una altura por precaución, pues el cielo se cubre rápidamente por el oeste, con altocúmulos espesos y probablemente algunos estratos. De todas formas, tomo la meridiana a través de la capa de estratos. Después se aclara todo. Pero un poco más tarde el horizonte se cubre hacia el sur debido a una gran formación nubosa con protuberancias y chubascos de agua. Había largado los rizos por la mañana y los vuelvo a tomar: uno en la vela mayor, otro en la de mesana. Dudo un instante si tomarlos en la trinqueta. No, nada de rizos en la trinqueta. Como es necesario que me quede en cubierta, la arriaré si hay rachas, volviendo a izarla en seguida; eso será más sencillo.

No hay rachas de viento. Pero el mar se agita y rompe sin que el viento haya aumentado de una manera muy sensible. Después llovizna y el viento amaina a fuerza 4, rolando al SSW. Bajo a tomar un poco de camembert con galletas del ejército y leche de lata, pues son las dos de la tarde y todavía no he desayunado. Cuando subo de nuevo a cubierta, diez minutos más tarde, encuentro cinco litros de agua repartidos entre los dos cubos que tengo suspendidos de las botavaras. Traspaso el agua al depósito mientras doy gracias al cielo y maldigo este tiempo inestable, pues el viento ha disminuido a fuerza 3 y la mar, picada, hace sufrir las velas con los gualdrapazos.

A las 15 horas, largo los rizos, bajo un cielo totalmente cubierto de un horizonte a otro. La corredera marca 18 millas recorridas desde las doce, lo que hace seis nudos por el momento. Pero las millas no se ganan fácilmente en esta zona. Viento del SW con fuerza 5 de nuevo a las 15,30. El mismo cielo, la misma clase de tiempo. El barómetro está bajando ligeramente. Duermo una siesta.

Entre hoy y mañana navegaré 160 millas. Buen tiempo con viento del SW fuerza de 5 a 6, mar encrespada, muy azul, muy bella. Los cúmulos son muy redondos, en lugar de ser aplastados como suelen serlo por estas latitudes. Siguió lloviznando o chispeando la noche anterior a pesar del viento de SW normalmente seco, y me levanté para recuperar el agua de los baldes. Esta mañana hay otros dos casi llenos. Heme aquí, pues, en posesión de cincuenta litros, que transvaso al depósito. La ausencia casi total de lluvia durante dos meses me inquietaba, como también que las velas se empeñasen en seguir exudando sal.

Desde hace una semana me siento fatigado. Además, sufro un dolor de riñones provocado sin duda por el debilitamiento de mis músculos, debido a la falta de ejercicio y a una cierta monotonía en la alimentación. De Plymouth salí ya con tres kilos por debajo de mi peso normal. Hace unos días, durante una calma chicha, conseguí pesarme:[12] he perdido otro kilo en tres meses.

A veces me quedo un rato mirando la isla Mauricio en el mapa, al norte, no muy lejos. Es la más bella escala que conozco, con Santa Elena. Pero Santa Elena está muy lejos, muy lejos, detrás del cabo de Hornos, en el otro extremo del mundo, y no me atrevo ni a pensar en ello. Mientras que la isla Mauricio está muy cerca, demasiado cerca, llena de recuerdos de mis amigos mauricienses, con los que pasé tres de los más bellos años de mi vida. A veces me siento muy cansado. Si no remonto la corriente, el *Joshua* no llegará al final de la larga cinta de espuma que debe acabar en Plymouth. Pero hay ahora en mí momentos de gran vacío, durante los cuales no sé adónde tengo que ir.

He comenzado una cura de Pentavit (vitaminas B) y la seguiré durante un mes, pues mi fatiga proviene quizá de una carencia vitamínica. Pero también debería interesarme más por la cocina: ninguna vitamina sintética podrá sustituir nunca un buen apetito. Y sobre todo volveré a la cultura física, como antes. Y subir más a menudo a respirar a cubierta, sin importar el tiempo que haga. El viento y la mar curan muchas cosas cuando te quedas mucho tiempo con ellos en cubierta.

Quizá fuera mejor también que me mantuviera en los alrededores del paralelo 36° para descansar un poco bajo un clima menos rudo, antes de virar al cabo Leeuwin y Tasmania. Pero qué irrealista me parece todo eso cuando lo pienso seriamente.

12. Utilizo una báscula de cuarto de baño, que me fue útil para pesar todo lo que embarcaba antes de la salida. Es muy difícil pesarse en el mar, incluso si hay calma total. Se logra con paciencia, haciendo numerosas medidas entre los pesos máximo y mínimo, según los balanceos.

Estela en forma de dientes de sierra

Tomar los rizos, largar los rizos, tomar los rizos, largar los rizos, vivir con el mar, con los pájaros, vivir con el presente, no mirar nunca más allá de hoy, saber que todo se arregla con el tiempo.

La progresión no es rápida, pues el tiempo es muy inestable, y también porque he decidido no llevar más las velas a tope entre la puesta de sol y el amanecer, para pasar las noches sin preocupaciones durante una semana. Un día fueron ciento treinta y seis millas recorridas, ciento treinta y cuatro al siguiente, después apenas veintinueve a causa de una calma afortunadamente soleada, ochenta y ocho millas, ciento cincuenta y nueve millas, ciento treinta y una millas, ciento diecinueve millas, ciento sesenta millas, ciento sesenta y siete millas..., una verdadera derrota en dientes de sierra.

Temporal del SE los días 10 y 11 de noviembre. Ha sido necesario capearlo (*) por la amura de estribor y derivar durante veinticuatro horas hacia el norte para no caer demasiado al sur. Ciento cuarenta y cinco millas al día siguiente sobre el paralelo 36°, después ciento ochenta y tres bajo un temporal del SSW que levanta grandes olas. Me veo obligado a tomarlas casi por la popa, perdiendo todavía más latitud, para evitar averías graves. El día 15, ciento cuarenta y seis millas con una mar muy picada, ciento cincuenta millas el 16... y ahora me encuentro en calma chicha el 17 de noviembre a 34° 38' de latitud, con apenas cuarenta y cinco millas andadas desde la víspera. Yo, que calculaba mis pasos para evitar cuidadosamente el error de Vito Dumas, he caído de lleno en la misma trampa.

Pero el trazo se ha alargado todavía sobre el globo del *Damien* y estamos a medio camino entre Buena Esperanza y Tasmania. El sol es magnífico y estoy contento de descansar un poco hoy, observando la calma mientras la ropa de cama se orea en la cubierta.

Bajo a poner un poco de orden en la cámara de popa donde tengo pomelos, limones, ajos y cebollas.

¡Los ajos podrían aguantar cien años más! Los limones están también perfectamente conservados. Françoise había envuelto cada uno de ellos en una página del *Reader's Digest*, que tiene el tamaño adecuado. Hoy comeré mi último pomelo. Del centenar embarcado hace tres meses, solo cinco o seis se estropearon.

Las pequeñas cebollas moradas de Marruecos que Loïck me había dado en Plymouth están todavía en buen estado: solo algunos tallos, que no los desperdicio ya que los pongo habitualmente en mi arroz. Por el contrario, es imposible tratar de aprovechar las cebollas blancas. Están completamente podridas. Echo el saco por la borda.

Siete *malamocks* y un grupo de cornejas del Cabo vuelan en este momento por los alrededores. Muchos pasan por encima del saco de cebollas, sin verlo, pues sus ojos están ajustados a la longitud de onda que les permite distinguir lo que ellos buscan (¿qué exactamente?, me gustaría saberlo...). Por fin, uno de ellos se da cuenta de la presencia del saco de cebollas y hace una brusca virada para posarse al lado. Solo en ese momento los otros han notado que pasaba algo interesante y se han ido posando uno tras otro cerca del primero. Pero ¿qué es lo que pueden buscar a ras de las olas? Debe ser algo muy difícil de encontrar, para que hayan pasado diez veces seguidas por delante de ese bulto tan grande sin haberlo visto.

¿Y tú, colega, qué es lo que buscas?

Calma total, sol por todas partes, arriba y abajo. Al coger un cubo de agua para lavar los platos, me doy cuenta de que el mar está cubierto de plancton. Este está formado de animales minúsculos, más pequeños que la cabeza de un alfiler, que se mueven en zigzag sobre el agua en reposo. Pasando el balde por la superficie se recogen un centenar de ellos, mientras que veinte o treinta centímetros más abajo no se consiguen más que dos o tres.

Hay también algo así como una alfombra de bonitas medusas planas del tamaño de una moneda de un céntimo, que no había visto nunca, y algunos argonautas muy bellos bajo el sol. Parecen pequeños balones alargados, con reflejos azules, coronados de una cresta translúcida que les sirve de vela para navegar... cuando hay viento.

La calma se transforma en un soplo casi imperceptible, pero constante. La estela se dibuja sobre la mar lisa. Me hubiera gustado ver hoy las arañas de mar escapando de la roda del *Joshua* a la salida del Pot-au-Noir. Había gastado en vano dos carretes intentando filmar estos insectos de patas muy largas y cuyo cuerpo no es más grande que el de una mosca. Demasiado inquietas, resultaba imposible retenerlas en el objetivo; el barco las asustaba, pues marchaba a cuatro nudos. Hoy sería más fácil, permanecerían quietas bajo los reflejos del sol.

Se trataba de las mismas arañas de agua que se encuentran en los arroyos de Europa y Asia; yo las encontré en gran cantidad hallándome en el *Marie-Thérèse II*, en pleno océano Índico, muy lejos, al oeste de Sumatra. Al principio no podía creerlo. Sin embargo, ahí estaban correteando sobre el mar con sus largas patas arqueadas. Como no se sumergen y son carnívoras, hay que creer en la existencia de seres vivos invisibles sobre la superficie del mar. ¿Cómo se las componían esos animales, tan frágiles en apariencia, cuando el mar se agitaba? Se desenvolvían perfectamente, puesto que las había a miles alrededor del *Marie-Thérèse II*.

Era un día de calma; la víspera, estábamos a la capa.

Dos animalillos nadan a lo largo de la borda. Se persiguen, se atrapan, se sueltan, se vuelven a atrapar. Se pelean. Los cojo en el balde para examinarlos de cerca. Parecen dos cigarras en miniatura. No se pelean, procrean. Es formidable como la vida se realiza tan lejos de todo y a pesar de todo.

Intento encontrar otros mientras el *Joshua* deriva bajo la ligera brisa. Pero no había más que esas dos cigarras, apenas de la longitud de una falange de bebé, en la mar entera. Sin embargo, se han encontrado, a pesar de los peligros que encierra esta cantidad inmensa de agua.

Cuando era un chaval, mi madre me decía que Dios pintó el cielo de azul porque ese es el color de la esperanza. Debió pintar el mar también de azul por la misma razón. Tengo la impresión de retroceder a los años de mi infancia en Indochina, a la época en que cazaba con mi tirachinas. No lo hacía tanto por cazar pájaros como por vigilar los murmullos, los reflejos, los chasquidos imperceptibles y los bruscos silencios del bosque, lleno de indicios y misterios.

Seco mi cámara Beaulieu, lentamente, con cariño. Poco a poco se ha convertido en algo más que un simple utensilio. No quedan más que veintisiete carretes para terminar este viaje apenas comenzado. Pero ¿será posible revelar las imágenes que lo dirán todo sin que haya necesidad de explicarlo?

La brisa vuelve después de la meridiana, del norte, con fuerza entre 3 y 4. El barómetro permanece tranquilo desde hace tres días y el *Joshua* avanza muy rápido sobre una mar todavía llana, hacia el sudeste, para no desaprovechar el viento. He añadido una boneta bajo la botavara de la mayor, una trinqueta y un tormentín en la proa, y otra trinqueta como vela de estay en la mesana. ¡Cien metros cuadrados de vela en total!

Contemplo mi barco desde lo alto del palo mayor. Su fuerza, su belleza, sus blancas velas en orden en un aparejo en orden. La espuma, la estela, los once delfines venidos de cada lado del botalón. Son delfines de color blanco y negro, los más bellos que conozco. Respiran mientras nadan, sin tocar casi la superficie, sin apartarse de la proa, como si tiraran del *Joshua* a casi 8 nudos por medio de unos lazos invisibles. Nada de bajar a buscar la cámara; me lo perdería todo, y lo que me dan es demasiado valioso; un objetivo lo estropearía. Se van sin que les haya tocado, pero los lazos siguen ahí.

Mi gran albatros color ceniza, los *malamocks* y las cornejas del Cabo han vuelto a la búsqueda de ese algo que buscan continuamente a ras de las olas. Estaban posados casi todos durante la calma sin interesarse por el *Joshua*. Les lancé algunos trozos del dorado que pesqué en la zona de los alisios, y que está secándose desde hace dos meses en los obenques de mesana, a merced del tiempo que haga, sin que se pudra ni huela mal. Esto tampoco les interesaba. Al menos dos cornejas metieron la cabeza bajo el agua para mirar cómo se alejaba hacia el fondo el pequeño bocado.

Ahora vuelan todos, tan contentos como yo de que haya vuelto el viento. Sus finas alas están inmóviles, a excepción del temblor que acusan las extremidades, como si estas palparan el aire, con la sensibilidad de los dedos de un ciego. No veo las alondras del Cabo desde hace una semana. Quizás he subido demasiado al norte para ellas.

Mi corneja, a la que le falta una pluma en el ala izquierda, tampoco anda por aquí. Pero no es la primera vez que desaparece, y sé muy bien que siempre acaba por volver.

9

LOS DÍAS Y LAS NOCHES

El viento no es de fuerza constante, pero ahora navego relajadamente, con un barómetro tranquilo desde hace unos días. Los ratos de mucho sol se alternan con los de llovizna. Paso mis días leyendo, durmiendo, comiendo. La buena vida tranquila de cuando no hay nada que hacer. Y el depósito continúa llenándose en pequeñas cantidades.

Escucho cada vez más claramente los programas de radio de Australia, como también los de Vietnam. Pero después de veinte años de ausencia de mi país natal, no entiendo casi nada de esta lengua que hablaba con fluidez. Ahora, apenas consigo captar alguna palabra de vez en cuando, o una frase sencilla. Sin embargo, dejo conectada durante horas radio Saigón; esto trae a mi memoria antiguos recuerdos de Indochina. El locutor hablaba hoy de Rach-Gia. Escuchaba con toda atención... sin llegar a dar con la llave de mi lengua nativa. Pero veía de nuevo mi bello junco y mis transportes de arroz en el golfo de Siam. Mi arroz era cargado en Rach-Gia, en Cochinchina, y de allí, transportado a Kampot o Ream, en Camboya, y a veces hasta Koh-Rong, no lejos de la frontera siamesa. Después volvía a Rach-Gia, con un cargamento de madera o de azúcar de palma en tinajas... pero sobre todo pensaba en mi hermoso junco, en los tiempos en que daba bordadas por el archipiélago de Hong-Ray, en las islas todas llenas de recuerdos de mi infancia en compañía de los pescadores vietnamitas.

La policía francesa sospechaba que yo traficaba con armas para el Viet Minh a través de Siam. Puede que haya traficado alguna vez con quisquilla seca de la región de Camau con los comerciantes chinos, pero nunca con armas. A veces la policía me hacía la vida imposible, pues no comprendían, en aquella época tan agitada, que yo amaba el golfo de Siam, simplemente, y amaba mi junco, como se quiere a esa edad, en la que el barco significaba no solo toda mi vida presente, sino que habría de influir en todo el futuro.

El puerto de Rach-Gia, sus voluminosos juncos panzudos, venidos de Phu-Quoc a dejar su *nuoc-mâm;* los de Camau, ligeros y elegantes, oliendo a quisquilla seca, con sus velas de antenas enrolladas hasta la verga; los juncos de Koh-Rong de fondo plano, cargados de vasijas, con un timón lateral sostenido por un arco de corteza de bambú y que había que cambiar de lado en cada viraje.

Esa vida del puerto de Rach-Gia... era el más rico de la costa, el más abigarrado, junto con el de Kampot en Camboya. Pero por oscuras razones las quisquillas secas de Rach-Gia no podían ser descargadas en Camboya. Así que, tranquilamente, cargábamos arroz, y la competencia era dura.

Mi junco llevaba veinte toneladas de arroz con tiempo normal, y veinticinco toneladas cuando hacía muy buen tiempo, pero entre quince y diecisiete solamente durante el monzón del sudoeste, pues solía haber mar gruesa, dado que en esta época el viento sopla de alta mar. Los sacos de quisquilla seca... además, sin pregonarlo por ahí, no era demasiado peso, pero me ayudaba a mantener mejor mi junco. Estaba aparejado a la manera china, con mástiles sujetados por obenques, como casi todos los juncos del golfo de Siam. El mástil pequeño de proa llevaba una vela pequeña, con sables que un hombre podía izar solo, sin aparejo. Por el contrario, eran necesarios seis hombres para izar la vela mayor, en la que cada sable estaba formado por dos tiras de bambú. Sin embargo, no hay nada más simple que una vela china cuando hace mal tiempo: un hombre bastaba para reducir esa enorme superficie, sin importar la velocidad y la fuerza del viento. Se aflojaba la driza y el primer sable quedaba colocado junto a la botavara, como un abanico que se pliega. ¿Un rizo más? El abanico se cerraba un poco más, mientras que el sistema de escotas múltiples pasaba de los motones a los extremos de cada sable y se ajustaba solo.

Esta enorme y bella vela china, que invita a pensar en el ala de un murciélago gigante, no solo tenía cosas buenas. La veo otra vez gualdrapeando con todo su peso con el balanceo, al caer el viento. Consumía mucho cordaje a causa del desgaste, y necesitaba un juego de escotas (50 a 60 m) cada tres semanas, y un juego de amantillos al mes. Gastaba también un juego de velas en cinco meses durante la estación seca, y en tres meses durante la de lluvias, ya que allí las velas están hechas con hojas de latania trenzadas. Los comerciantes chinos vendían muy barato este material en retales de unos sesenta centímetros de longitud; bastaba con coserlos juntos con hilos de coco, bastante grueso, y agujas curvas como las que se utilizan para coser los sacos de yute en Europa. Una jornada era suficiente para coser, relingar y aparejar la vela mayor con sus cinco sables dobles, su botavara, verga y amantillos. Después se la dejaba en remojo a lo largo de la borda durante una noche para que la sal la protegiese de la podredumbre. Y dos veces al día, al amanecer y a la puesta del sol, se regaban las velas con la ayuda de un cubo de bambú sujeto a una larga pértiga flexible, que permitía proyectar el agua de mar hasta la punta de la verga. Pero, de todas formas, tres meses más tarde, llegada la estación lluviosa, ya era necesario un nuevo juego de velas.

Todo cuanto flotaba en el aire de Asia en esa época que ha sido la más rica, la que más ha influido en mi vida... me viene a la memoria con una nitidez extraordinaria. Siento el olor del aceite vegetal del que estaba impregnada, el olor de las tinajas de azúcar de los viajes de vuelta a Rach-Gia, el ruido de las poleas múltiples, los crujidos de los pesados sables. De todo esto han nacido el *Snark*, mis dos *Marie-Thérèse* y después el *Joshua* y la búsqueda de una verdad que quizás había perdido pero que renace poco a poco en la estela.

El viento sigue sin soplar de forma regular: ciento setenta y cinco millas, ciento ochenta millas, luego ciento cinco y ciento veintiuna porque la brisa ha vuelto a caer. Siguen ciento ochenta, ciento cincuenta y una, ciento cincuenta y dos, con sesenta litros de agua de lluvia recogidos entre el suave rumor del mar.

El *Joshua* marcha sorprendentemente rápido para tan poco viento. La carena había sido pintada con rodillo, pues no encontré ninguna pistola disponible y no era posible hacerlo con pincel a causa del espesor de la pintura. Me preocupaba el aspecto de «piel de naranja» que presenta una superficie pintada con rodillo; sin duda, esos millares de irregularidades frenarían la marcha. Pero el ingeniero químico encargado de las pinturas del arsenal de Tolón me había asegurado que el efecto de laminación de los hilos de agua sobre la carena la volverían perfectamente lisa en algunas semanas. No se equivocó. Además, el *Joshua* se ha aligerado mucho en estos tres meses desde la salida.

El cabo Leeuwin se encuentra ahora a novecientas millas en dirección ENE. Las aves son cada vez más numerosas y parecen tan indiferentes como siempre. Las cornejas, sin embargo, se quedan a veces en la estela para recuperar las sobras de mi cocina.

Contemplo pensativamente el reflector de radar montado en lo alto del palo, que está inclinado 45° sobre estribor. Lo enderezo. Había subido ayer para engrasar el asiento de las drizas de acero contra las roldanas de las poleas, como hago cada semana. El reflector estaba derecho. Ni siquiera las dos tumbadas de Buena Esperanza habían conseguido moverlo. Habrá hecho falta una buena castaña para que su pivote se haya torcido 45°. Sin duda habrá sido un albatros o un *malamock* que se ha echado encima sin verlo. En todo caso, no puede haber sido una estrella fugaz. Pero no veo plumas adheridas al reflector.

Me pregunto qué cara pondría si viese un día un gran agujero en la vela, así, sin razón alguna, después del desayuno. Seguramente me frotaría los ojos. Sin embargo, un gran agujero en la vela solo me sorprendería a medias después de haber visto a un albatros que, volando a gran velocidad, esquivaba por milímetros el botalón contra el que iba a chocar. He terminado *Antes que la naturaleza muera*, de Jean Dorst. Toda la belleza de nuestra Tierra..., todos los destrozos que le causamos. ¡Qué bien me encuentro aquí! No tengo ninguna prisa por volver.

El viento cae, el barómetro sigue alto. Estamos protegidos por el borde oeste del anticiclón australiano. Este aleja las posibles depresiones hacia el sur, pero puede, en cambio, traernos calmas, quizás incluso vientos contrarios. La radio australiana habla con frecuencia de vientos entre débiles y moderados del sector este, sobre toda la costa sur del continente, con frecuentes incendios forestales a causa de la sequía. Estamos todavía lejos y sobre una latitud ya mucho más al sur que la del cabo Leeuwin. Este podría ser el momento de virar para descender más allá del paralelo 40°.

¿Qué táctica habrá escogido Bill King en el océano Índico? ¿La ruta semitranquila, o bien la ruta rápida pero complicada siempre al sur del paralelo 40°? ¿Y Loïck? Al salir de Plymouth consideramos los dos la ruta semitranquila. Y por lo que se podía deducir de nuestras conversaciones pienso que será también la ruta que tome Nigel con su trimarán. No lamento haber tomado mi ruta semitranquila a pesar de la media, que no es demasiado elevada. Está llena de sol en este momento y las cornejas se muestran más familiares. Las llamo cada vez que lavo mi vajilla sobre cubierta. Entonces se acercan a mirar en la estela. Los albatros y los *malamocks* permanecen del todo indiferentes. El grande, el de color ceniza por abajo, sigue con nosotros.

El viento continúa disminuyendo, después cae totalmente. Calma chicha. Las aves son ahora muy numerosas, están todas posadas alrededor del barco; las cornejas, bastante cerca, casi amistosas; los albatros y los *malamocks*, más lejos, desdeñosos.

Supongo que mis aves no encontrarán gran cosa que comer si continúan volando y que prefieren reservar sus fuerzas para tiempos mejores. Muchas cornejas duermen a pleno sol con la cabeza escondida bajo el ala. Nunca había visto tal cosa, y me imagino que el período de calma será bastante largo. Las aves parecen saber que la calma va a durar.

Calma... Calma... Las cornejas están más cerca que ayer. Les echo trozos de galletas. Se acercan sin prisa, pero esto no les gusta. En cambio, los trozos de dorado seco provocan algunas discusiones. Los prueban, los aprecian, y comienzan a pelearse.

Se acercan poco a poco. Yo grito: «Kiu-kiu» al lanzar cada pedazo. Mi voz no las asusta. Reconocen al instante ese grito de reunión, se aproximan más y las filmo de cerca cuando sumergen la cabeza o desaparecen bajo el agua para atrapar un trozo de pescado seco. Algunos *malamocks* participan también en la fiesta, pero con menos ahínco que las cornejas, y tal vez menos confiados.

Calma... calma... Al amanecer, unas sesenta cornejas se han posado en los alrededores. No reaccionan de ninguna manera mientras friego mi cacerola de gachas sobre la cubierta, pero dejan de alisarse las plumas, levantan la cabeza y se acercan en cuanto escuchan mi grito de llamada.

El dorado se terminó ayer. Hoy les ofrezco queso y mi amistad. Prefieren eso, de lejos, al dorado. A fuerza de paciencia, una corneja acaba por venir a comer de mi mano.

Se decidió a venir un poco antes de la puesta de sol, con una delicadeza extraordinaria, sin prisa, casi sin temor. Adelanta el pico lentamente, coge de entre mis dedos el pedazo blanco, lo moja en el agua como para diluirlo un poco, y lo traga sin vigilarme. Después se sacude y adelanta de nuevo el pico para qué le dé otro trozo.

Las otras están ahí, en semicírculo, dispuestas a acercarse, pero no se atreven. Les lanzo también trozos de queso, que se disputan ruidosamente. Mi corneja espera para cogerlos en mi mano. Me gustaría ser esta corneja, solo por un minuto, lo justo para experimentar la alegría que tan sencillamente siente ella ante tal milagro. Sería quizá la misma sencilla alegría que yo siento.

«Calma chicha. Las aves son ahora muy numerosas, están todas posadas alrededor del barco... Nunca había visto tal cosa, y me imagino que el período de calma será bastante largo. Las aves parecen saber que la calma va a durar...».

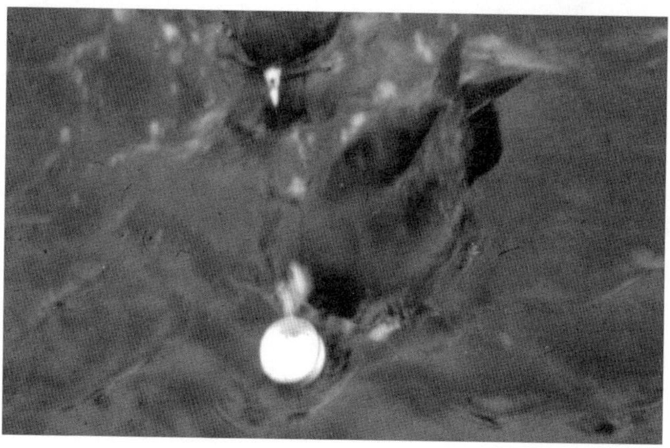

«Las cornejas están más cerca que ayer. Les echo trozos de galletas. Se acercan sin prisa, pero esto no les gusta. En cambio, los trozos de dorado seco provocan algunas discusiones...»

Me levanto muy temprano a esperar el amanecer en la calma total que sigue reinando. En cuanto las cornejas me ven, las más inteligentes (al menos yo lo creo) se acercan dando palmadas, sumergiendo la cabeza bajo el agua para ver si les he lanzado queso. A mis llamadas, todo el grupo se acerca, y cuando arrojo los trozos de queso vuelve a comenzar la fiesta de los otros días.

La corneja que alimentaba ayer está junto a la borda, adelantando el pico. Las otras chillan, esta se expresa realmente por graznidos modulados, diferentes de los gritos de la bandada. Quizá me hace reproches porque doy de comer también a las otras... En todo caso, sabe expresarse.

A juzgar por su tamaño y su aspecto, creo que es la de más edad de la bandada. Se niega a sumergirse, incluso a escasa profundidad. Las otras descienden a más de cuatro metros para atrapar una caja de queso casi llena que se les escapó durante la pelea. Al encontrarse en la vertical del barco, compruebo que vuelan bajo el agua, que vuelan verdaderamente, remando con sus alas.

No sé ya muy bien desde cuándo dura esta calma. Escucho distraídamente los boletines meteorológicos de Australia. Pero basta con mirar el barómetro, siempre alto, para saber qué dirá el locutor: anticiclón, buen tiempo, vientos débiles o calmas. No tengo prisa. Espero no volver a tener prisa en toda mi vida.

Hasta mi cámara Beaulieu está llena de salpicaduras de las verdaderas peleas, especie de *mêlées* de rugby. No me quedan más que diecinueve carretes. Acabo de gastar uno a bocajarro. Nunca he visto aves tan excitadas ni tan confiadas. Además, estas cornejas tienen espíritu deportivo y no se hacen jugarretas entre sí; es la más viva la que gana, y una vez ha ganado se la deja tranquila; es lo justo, mientras que en otras aguas, los rabihorcados, por ejemplo, molestan a las gaviotas y a los pelícanos hasta hacerles vomitar el pez que han cogido para adueñarse de él. Después, se hacen vomitar entre ellos. He visto un pez pasar por cuatro estómagos diferentes antes de encontrar el definitivo. Pero aquí no hay zancadillas.

Mi corneja vuelve a comer de mi mano. La reconozco ahora por detalles ínfimos de su comportamiento, su modo de coger el queso volviendo la cabeza ligeramente a la izquierda, la manera de colocarse siempre un poco de tres cuartos, la forma de mojar el queso en el agua antes de tragarlo, su manera de lavarse en seguida. Y siempre esos pequeños gritos modulados que reconocería con los ojos cerrados. Lo que me sorprende un poco es que las otras siguen sin atreverse. ¡Esta corneja es seguramente un jefe respetado! Continúa negándose a bucear, dejando esto para la chusma simpática y ruidosa.

Calma... calma... Al amanecer hay unas cien cornejas alrededor del *Joshua.* Mi provisión de queso puede sostener aún el asalto, pero rebuscando en la bodega de las provisiones he descubierto un cacharro de plástico lleno de mantequilla. Fue Françoise quien la preparó fundiendo mantequilla fresca mezclada con sal. Me digo: «Esta mantequilla estará rancia seguramente, se la voy a dar a las cornejas; quizá les guste» (en realidad la mantequilla está perfectamente conservada).

Las cornejas adoran el queso, pero no esperaba que enloquecieran con la mantequilla hasta ese punto. En cierto momento dos cornejas se lanzan juntas sobre un gran pedazo. La de la izquierda lo traga de un bocado en lugar de compartirlo un poco. La otra la empuja con tal cólera y violencia que deja a la primera corneja boca arriba, batiendo las alas en el agua, aullando de terror o de rabia. La agresora se mantiene sobre su vientre para impedir que huya. Bruscamente, aprovecha un momento en que la otra tiene el pico abierto para introducir la cabeza casi entera en su garganta y recuperar parte de la mantequilla.

Los albatros y *malamocks* permanecen un poco apartados. De todas maneras comienzan a estar intrigados, pero no se atreven todavía a acercarse.

Calma... calma... ¿Desde cuándo? Ni lo sé ni me importa. Las aves están ahí desde el amanecer. Parecen esperarme. Todas las aves del océano Índico parecen esperarme.

Gasto dos carretes todavía filmando escenas de cornejas completamente desmandadas. El albatros gigante es también filmado de muy cerca. Le cuesta despegar en medio de esta calma y no se decide a ello más que con reticencias, cuando los gritos de las cornejas que se pelean por la mantequilla le estimulan el paladar. Entonces, despega pesadamente corriendo sobre el agua, y ameriza sobre sus palmas extendidas hacia delante como si fuesen dos pequeños acuaplanos. Encolerizado por llegar demasiado tarde, se dedica a repartir picotazos al montón de cornejas vociferantes que le birlan la mantequilla a este gran patoso incluso cuando la tiene debajo de su pico. A veces consigue agarrar algunas migajas, cosa que le pone todavía más furioso. Sabe que eso está bueno, comienza incluso a reconocer vagamente el grito de llamada, pero siempre llega con mucho retraso con respecto a las cornejas.

El viento no volverá nunca. Sin embargo, a medida que pasan los días, me siento mejor, feliz de vivir, feliz de sentir toda esta vida alrededor del barco. Hace muy buen tiempo, luce el sol, las aves me acompañan.

Cada ofrenda la acompaño siempre de mi grito de llamada a pleno pulmón. Mis cornejas pueden escucharlo a centenares de metros. Esto se traduce en arrancadas instantáneas y salpicaduras por todo el mar mientras acuden.

Incluso cuando están cerca de la borda, no bajo la voz. Es curioso que un ruido tan fuerte no las asuste nunca, a pesar de que mi voz no guarde relación alguna con los suaves ruidos del mar, incluso cuando rompen las olas en los peores días.

Tres cornejas siguen al barco nadando (½ nudo de velocidad). Como no queda más mantequilla, les doy algunos pedazos de crema de gruyer. Emplean sin vacilar su primera técnica: sumergir la cabeza bajo el agua, descubrir el pedazo de queso, y después tratar de apoderarse de él antes que las otras (la crema de gruyer se hunde). Tienen buena memoria, puesto que desde hacía dos días les estaba dando mantequilla, que flota. Pero han recordado en el acto la técnica de la crema de gruyer.

Pruebo con otra cosa también apetitosa, y abro una lata de paté de *foie-gras*. En cuanto lanzo el grito de llamada todas las cornejas que seguían atentas a la estela del barco (y que se habían dejado distanciar mientras abría la lata en la cabina) salen corriendo sobre el agua y vienen a colocarse, estrechamente agrupadas, a lo largo de la borda.

Corto un trozo de paté y lo lanzo algunos metros por delante del grupo. Toda la bandada (unas diez ahora) se precipita donde ha caído el trozo, y todas las cabezas se sumergen bajo el agua mirando rápidamente a derecha y a izquierda, hacia el nivel donde normalmente debería estar el pequeño trozo blanco (blanco, si fuera queso). Nada. El *foie-gras* es rosáceo y, además, flota. Por fin una de ellas lo ve y lo traga... Parece bueno.

Segundo trozo: todas las cabezas buscan bajo el agua, sin comprender el misterio, excepto la primera corneja que, sin vacilar, atrapa el trozo en la superficie. Había comprendido.

Tercer trozo: todas las cabezas se sumergen, salvo la de la corneja que había encontrado por casualidad el primer trozo y que, sin dudarlo, atrapó el segundo y después el tercero de la misma manera, mientras simulaba buscar bajo el agua para despistar, pues no estaba dispuesta a explicar a las otras el misterio del queso invisible. Por supuesto, todas han acabado por comprender antes de que se acabase la lata.

Mi corneja domesticada ha vuelto. Ha comido 160 gramos de *foie-gras* en dos sesiones de menos de una hora. Y creo que podría todavía con una lata de 80 gramos.

¿Cómo es que este pájaro que ha tragado en poco tiempo 160 gramos de un alimento nutritivo llega a encontrar en el mar, donde yo no veo absolutamente nada, su ración diaria habitual que se eleva probablemente a más de 200 gramos? Y si una corneja que a lo sumo pesa un kilo y medio toma varios centenares de gramos de alimentos al día, ¿qué cabe pensar de los albatros, cuyo peso no debe andar lejos de los diez kilos? Y nunca he visto a una de estas aves de altas latitudes introducir el pico en el mar. Me gustaría saber de qué se alimentan y cómo se alimentan. ¿Habrá una variedad de plancton que flote en el aire? Hay, por cierto, muchos peces voladores en los trópicos.

Una manera bastante sencilla de responder a esta pregunta sería atrapar uno (con la ayuda de un trozo de queso en un anzuelo) y abrirle el vientre para ver qué hay dentro. Estoy bromeando, claro, porque a menos de estar a punto de morir de hambre, ahora considero un crimen contra la naturaleza matar a un ave marina. Pero no siempre he sido de este parecer, puesto que he comido en mi vida un buen número de gaviotas, cormoranes, e incluso un pelícano, e incluso pingüinos. Sin embargo, nunca en la mar...

Los días suceden a las noches; llegan después más días y más noches. La mar está llana hasta el horizonte. Incluso la marejada del sudoeste se ha dormido.

A veces una ligera brisa sustituye a la calma durante una o dos horas. Todo lo que me rodea parece entonces bostezar y desperezarse, el *Joshua* reemprende su camino, las aves su vuelo.

Después vuelve de nuevo la calma y no tengo siquiera necesidad de arriar el foque; no hay ningún balanceo, no molesta contra el nervio de la trinqueta. Normalmente las calmas son mortales para el marino y para el barco. Aquí no, pues la mar no es agresiva y el sol brilla todo el día. Todo es sosiego, todo se llena de sol, todo vive.

Es maravilloso tener viento; lo es también tener calma cuando no se sabe desde cuándo este dura. Tengo la sensación de conocer a mis pájaros desde siempre, de haber estado siempre aquí, sin que el tiempo haya pasado. No ha pasado. Es como un gran libro de imágenes que se puede hojear eternamente sin cansarse.

El viento va a volver. Mis aves lo han sentido en algo sutil que desconozco, pero que debía flotar en el aire. Creo haber experimentado yo también esa sensación ayer mirando las estrellas. Centelleaban algo más que últimamente. El barómetro ha descendido ligeramente. Pero habrá una página inacabada. No importa. El viento volverá y me dará otras páginas para sustituir la que mis aves no han terminado. Fue una noche, hace de esto algún tiempo, durante la gran calma.

Estaba en la litera y subí a cazar la vela mayor y la de mesana que hacía un poco de ruido con el ligero balanceo. La luna, en cuarto creciente, no muy alta. Tres cornejas posadas en el agua dormían a pocos metros de la popa. No se cambiaron de sitio mientras yo maniobraba. Sin embargo, las había despertado. Dos de ellas se remojaron, la otra se alisó las plumas.

Me disponía a bajar a acostarme, pero viéndolas allí ocupadas en arreglarse les hablé en voz baja, suavemente. Entonces se acercaron hasta mantenerse junto a la borda. Sin embargo, la palabra mágica no había salido de mis labios.

Seguí hablándoles suavemente. Ellas levantaban la cabeza hacia mí, ladeándola, ora a la derecha, ora a la izquierda, y me respondían emitiendo de vez en cuando un pequeño grito apenas audible, como si intentaran decirme que ellas también me querían. Quizás añadiesen que les gustaba el queso, pero yo podía sentir de una manera casi física que había algo más que simples cuestiones de comida en nuestra conversación a media voz, algo más conmovedor: la amistad que me ofrecían. Bajé a buscar un poco de queso, que corté en pequeños trozos. Cuando subí habían vuelto a su puesto a unos metros de la popa, como un momento antes. Tampoco se acercaron cuando volví junto a la caña del timón en silencio. Pero tan pronto como les hablé en voz baja, sin el «kiu-kiu», nadaron hacia mí, haciendo una pequeña estela brillante bajo el claro de luna. Me tumbé sobre cubierta para que pudieran tomar el queso de mi mano.

Lo cogían sin pelearse. Tenía la sensación, una sensación casi física todavía, de que mi mano las atraía más que el queso. Me dieron ganas de acariciarlas o, al menos, de intentarlo. Pero no me atreví, quizás era demasiado pronto. Me exponía, por un gesto torpe y prematuro, a estropear algo muy delicado. Era necesario esperar todavía un poco. No precipitar nada, no forzar nada. Esperar a que las ondas de la amistad, hechas de vibraciones invisibles, llegaran a su madurez total. Adelantándome a la naturaleza, podría destruirlo todo.

Los días y las noches

El viento ha vuelto. Las aves han reemprendido el vuelo, y se ciernen entre el azul del cielo y el azul del mar, como antes de la gran calma.

Las cornejas no se interesan ya por la comida que les ofrezco, pero responden con un pequeño estremecimiento. Me gusta esta señal que hacen con el ala para decirme que reconocen mi llamada... «*Tú eres nuestro compañero..., eres nuestro amigo..., pero nosotras buscamos de día, de noche, siempre..., déjanos que hagamos nuestro trabajo de cornejas..., tú eres nuestro camarada, nuestro camarada durante el día, durante la noche, siempre*».

Navegación astronómica. Cálculo de la posición del barco después de tomar la altura del sol con el sextante (o de una estrella). «Para este viaje solo hice tres tomas de estrella en total [...], con una recta del sol por la mañana y una meridiana a mediodía me bastaba».

10

EL LARGO VIAJE

El viento aguanta desde hace una semana. Albatros y *malamocks* siguen ahí juntos, amistosos e indiferentes. El grande, el de vientre de color ceniza, no me ha dejado nunca más de uno o dos días desde que nos encontramos cerca de Buena Esperanza. También él me quiere.

Pero están ausentes todas las cornejas, salvo una, que veré durante algunos días todavía. Después también desaparecerá. La zona de las cornejas está sin duda más al oeste, no se puede hacer nada.

El cabo Leeuwin está ahora a cuatrocientas cincuenta millas al norte, y el *Joshua* acaba de pasar el paralelo 42°. Ya no debería faltar el viento. He sacado la carta que abarca todo el sur de Australia, desde el cabo Leeuwin a Tasmania. Es la última parte de una larga etapa. Veo toda Australia desplegada ante mis ojos, con sus playas, sus centenares de pequeñas islas en la gran bahía del sur, el estrecho de Bass todavía lejos por la proa, los pequeños lagos salados en el interior.

He sacado también las cartas más detalladas. Lo juicioso, lo verdaderamente prudente sería arrojarlas todas al mar para no atreverme a acercarme a la costa para dar noticias por medio de un buque o un pesquero en el peligroso estrecho de Bass entre Australia y Tasmania. Allí encontraría con seguridad a alguien... pero sería una navegación muy dura a causa de las corrientes y las rocas, sin contar con la posible niebla, agotadora para los nervios. Me gustaría, sin embargo, hacer saber a mi familia y a mis amigos que todo va bien, contarles lo de las aves y los delfines, los vientos y las calmas. Me acuerdo también del pequeño mercante negro. Siempre la eterna lucha entre la prudencia y la gran ola que nos une a los demás.

Como hice antes de Buena Esperanza, he fotografiado mi diario de a bordo, página por página. Pero tengo miedo. No sé siquiera si el riesgo que corrí con el mercante ha servido para algo. Quizás ese barco no haya transmitido los pequeños sacos de plástico al *Sunday Times*, por temor a complicaciones.

Ciento cuarenta millas, ciento diez millas solamente; hoy, ciento veintitrés y un poco de sol. Doy el último retoque a dos pequeños veleros construidos durante la gran calma de las aves. El más grande es un catamarán de cerca de 1,20 m fabricado con dos troncos de *bourao*, madera muy ligera que el *Joshua* guarda en la proa desde Tahití. Está aparejado con vela cuadra, negra, visible desde lejos, y un foque blanco sobre el cual está escrito «mensaje». El otro es un queche de 60 cm cortado de un trozo de Klegecell, como un bocadillo entre dos placas de contrachapado. Su carena no está mal perfilada del todo, tiene un foque en tope de palo, y está provisto de quilla. Cada uno lleva una botella de plástico amarrada sobre cubierta, con extractos del diario de a bordo y una carta para quien lo encuentre, deseándole un feliz año nuevo y rogándole hacer seguir el correo... La vida sería bastante triste si no se creyera de vez en cuando en Papá Noel.[13]

Lo ideal hubiera sido salir de Plymouth con un cargamento de barquitos de plástico. Así, Loïck y yo habríamos podido enviar una flotilla al paso por Buena Esperanza, Australia y Nueva Zelanda, con películas del diario de a bordo. Lanzados con medio día de intervalo, amurados a babor fijo el timón, muchos habrían llegado a su destino, sin correr yo el riesgo de acercarme a tierra.

Ciento sesenta y nueve millas y un halo alrededor del sol.[14] Ciento ochenta millas y un gran arcoíris después de la lluvia, ciento cincuenta y cuatro millas y muchos cirros... pero no hay temporal todavía.

Desde hace casi una semana, la línea trazada por el barógrafo está llena de zigzags y temblores, como si los dioses del océano Índico contuvieran su cólera. Unos dicen: «Vamos a machacarlo». Otros intentaban contenerles: «Vamos, dejad tranquilo a ese pequeño barco blanco y rojo; ya se ve que no tiene pinta de irse a tragar vuestros icebergs». Discusión animada ahí arriba entre los dioses, a base de cirros, de halo y de arcoíris.

Escucho el sonido del agua contra el casco, siento la mar de fondo del SW regular a pesar de los temblores del barógrafo, y todos mis sentidos intentan detectar una marejada secundaria del NW que explicaría por qué el cielo está tan inquieto.

13. *Nota del editor:* Estas dos maquetas, con sus mensajes, fueron recogidas un año después de su puesta en el agua, una en una playa de Tasmania y la otra en Nueva Zelanda. Los mensajes que llevaban estos barcos se mantenían perfectamente legibles.

14. Un halo alrededor del sol o de la luna indica la presencia de cirrostratos que anuncian una perturbación. El halo hace siempre 22° y no debe confundirse con la "corona", mucho más pequeña, que no anuncia nada malo. Los cirros también anuncian la proximidad de una perturbación.

Estas dos maquetas, con sus mensajes, fueron recogidas un año después de su puesta en el agua, una en una playa de Tasmania y la otra en Nueva Zelanda. Los mensajes que llevaban estos barcos se mantenían perfectamente legibles.

Con los pescadores del golfo de Siam, durante mi infancia en Indochina, el *taïcong* me decía, por ejemplo: «mantén las olas a dos dedos del través de la popa y deberás sentir siempre la brisa detrás de la oreja izquierda mirando hacia la proa. Y cuando la luna esté a un palmo y medio sobre el horizonte, o esa estrella a dos palmos del otro lado, en el caso que una nube ocultara la luna, entonces el mar se pondrá más fosforescente y estará más calmado; estaremos a sotavento de la isla, listos para echar los primeros sedales».

No había compás en los juncos del golfo de Siam, y yo no quería que se utilizase durante mis cruceros de formación del Mediterráneo. En lugar de tomar rumbo 110 de Porquerolles a Calvi, mis tripulantes debían mantener la ola de mistral ligeramente a estribor por detrás. Por la noche, la estrella polar estaba medio palmo a la popa del través de babor. Y si no había ni olas ni estrellas teníamos que arreglárnoslas con lo que había a mano. Yo lo prefería así, pues concentrarse en una aguja imantada impide participar en el universo real, visible e invisible, en el que se mueve un velero.

Al principio, no comprendían mi obstinación por apartar el compás, ese dios de Occidente. Pero a cambio, comenzaron a oír hablar al cielo y a la mar con el barco. Y cuando la tierra azulada aparecía en el horizonte, envuelta en misterio como la veían los antiguos navegantes, algunos de ellos comenzaban a pensar que nuestras rigurosas técnicas deben dejar una puerta abierta a los dioses que el mundo moderno intenta desterrar a toda costa.

El viento, el mar, el arcoíris, los cirros en forma de bigotes de gato, los chapoteos y el murmullo del agua lleno de inquietudes y de esperanzas. Intento percibir la marejada secundaria del noroeste mientras se alarga la estela siempre más lejos, hacia el este.

En un puertecito indonesio había estado observando la preparación de un junco chino que debía llevar un cargamento a Yakarta, atravesando el archipiélago de Mil Islas sembrado de rocas y arrecifes. El *taïcong* seguía aún tres días después de haber cargado, acuclillado, sin decir ni una palabra, sin un gesto, contemplando el cielo y el mar, en comunión con las fuerzas inmateriales. Después el junco levó anclas durante una bonita brisa de través, sin carta y sin compás. Yo tenía la impresión de que el junco estaba protegido por los dioses de Asia y por el enorme ojo que llevaba grabado a cada lado de la proa.

Pronto hará cuatro meses que dejamos Plymouth. Sabía que mi viaje me llevaría lejos, pero no podía prever que se prolongaría hasta confundirse con los jalones impalpables del mar y del tiempo. Cuatro meses ya de cielo y de estrellas con fuertes brisas, calmas, temporales seguidos de calmas, calmas seguidas de brisas muy ligeras, después, más calmas y fuertes brisas. Y ahora percibo una amenaza de temporal en los cirros y en los ruidos del mar.

Era demasiado joven en la época de mi junco en el golfo de Siam como para ser el *taïcong.* La tripulación no le dirigía nunca la palabra, pues un *taïcong* necesita toda la tranquilidad posible para comunicarse con los dioses y leer en sus rostros. A la hora de la comida, la tripulación se agrupaba alrededor del caldero de arroz humeante, a proa si el tiempo era bueno, en la medianía de la cubierta cuando había marejada. Pero siempre lejos del *taïcong*, sin hablar en voz alta, para no molestarle en su comunión. El grumete le presentaba su tazón de arroz, con las dos manos, respetuosamente, en la popa, sin decir palabra; después se reunía con los otros deslizándose como una sombra sobre sus pies desnudos.

La media se ha elevado notablemente, la derrota se ha alargado bastante, el cabo Leeuwin está ahora lejos, por la popa. Tasmania no muy lejos por la proa. Al ritmo de los últimos días estaremos allí en menos de una semana. Y es posible que no haya temporal, ya que los cirros vuelven a descender y las estrellas titilan poco esta noche, quizá para decirme que el viento, allá arriba, ya no está enojado.

Cuando los vientos son fuertes en la alta atmósfera provocan importantes diferencias de densidad entre las capas de aire que no tienen la misma temperatura. Entonces las estrellas brillan más que de ordinario a causa del aumento de la refracción que desvía la luz. Y cuando los vientos de altitud alcanzan una gran violencia, esto indica casi siempre la proximidad de una perturbación o, al menos, de mal tiempo.

Una noche que hacía muy buen tiempo, un *taïcong* pescador me explicó por qué las estrellas anuncian el viento cuando titilan fuertemente.

Es porque hay un viento allá arriba que sopla sobre las pequeñas llamas de las estrellas, como sobre las velas. Entonces las estrellas se agitan. Pero es inútil que el viento sople con todas sus fuerzas; no logra apagarlas. Entonces se enfada y desciende sobre el mar para vengarse por no haber podido apagar ninguna estrella, ni siquiera las más bajas. Allí, en el mar, no podrían resistir al viento, que puede soplar con gran furia cuando se enfada de verdad. Pero cerca del horizonte hay un dios que protege las estrellas bajas.

Si no existiese el dios del horizonte, el viento las haría desaparecer una tras otra. Luego esperaría a que las estrellas altas se acercaran a la tierra para hacerlas desaparecer a su vez. Y los hombres no podrían vivir porque no habría estrellas.

Mucho tiempo después supe que las estrellas bajas titilan más que las altas porque la luz que proviene de las estrellas cercanas al horizonte atraviesa capas de aire mucho más gruesas, cosa que da lugar a un aumento de la refracción.

Creo que la ciencia permitirá a los hombres alcanzar las estrellas con sus cohetes. Creo sobre todo en el antiguo Oriente, que me permite ir allí cuando quiera con una vela y viento. Y pintaré un gran ojo blanco y negro en la proa del *Joshua* cuando haya terminado su viaje, después de encontrar de nuevo su camino entre los dioses de mi Asia natal.

Tasmania se encuentra apenas a doscientas millas al estenordeste. El cielo se cubre de nubes bajas, de las que dan a veces llovizna con no demasiado viento. Suelto mis dos barquitos portadores de botellas… y parten hacia el sur, donde no hay ni un alma. Pero sé que pondrán la proa al norte, hacia tierra, cuando llegue el momento.

La mar está bastante tranquila; los sigo con la vista durante un buen rato. Me imagino la sorpresa de la persona que, de lejos, vea uno de los barquitos en una playa de Australia. Luego, su asombro al acercarse y ver que tal vez es como en los cuentos de hadas. Y después, la emoción que le embargará cuando intuya que el pequeño barco viene de la frontera con el más allá.

Ahora llovizna. El viento es tibio, viene de los desiertos de Australia. Si no mejora la visibilidad tendré que renunciar a dar noticias en Hobart. El sur de Tasmania está verdaderamente demasiado lleno de peligros con sus arrecifes que llegan hasta bastante lejos de la costa. El estrecho de Bass, al norte, es todavía más peligroso cuando la visibilidad es mala, sin contar que abundan las rocas. Además, estamos en luna nueva, las mareas son fuertes y las noches muy oscuras.

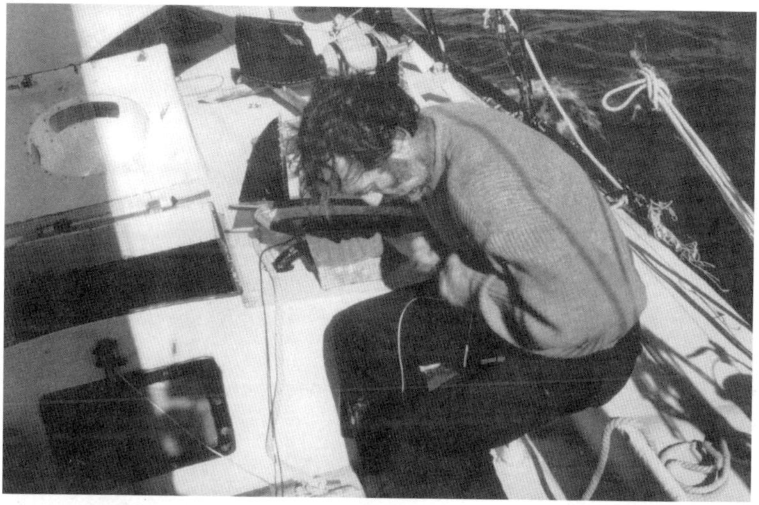

«Suelto mis dos barquitos portadores de botellas... y parten hacia el sur, donde no hay ni un alma. Pero sé que pondrán la proa al norte, hacia tierra, cuando llegue el momento».

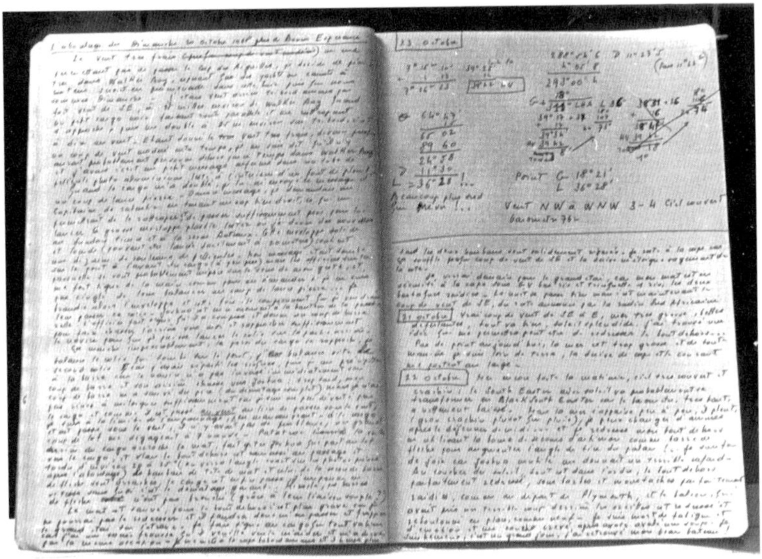

«El verdadero diario de a bordo está escrito en la mar y en el cielo…
Nace poco a poco de todo aquello que nos rodea desde hace meses…».

¿Desde cuándo están los míos sin noticias? ¿Habrá transmitido los paquetes el mercante negro de Buena Esperanza? No tengo la menor idea y no sé nada de mis compañeros. Sin embargo, me siento feliz, solo en mi barco desde hace cuatro meses.

Solo con las nubes y las olas, el sol y las estrellas, los jalones del mar, que están en todas y en ninguna parte, algo así como esa gaviota solitaria a la que di esta mañana una lata de *foie-gras.*

¿Fue realmente hoy o fue ayer por la mañana? Casi lo he olvidado, y escucho el ruido del agua sobre la carena. Ocurrió una mañana, pues se posó en mi través, hacia popa y sus plumas tomaron entonces reflejos ocres a la luz del sol naciente. Como las tres gaviotas que estuve a punto de acariciar una noche. ¿Cuándo fue? ¿Hace dos semanas? ¿Dos meses? No me acuerdo. Solo sé que me reconfortan y que me reconfortarán durante largo tiempo.

Han transcurrido cuatro meses desde que emprendí el viaje, pero podría ser una semana, un año, y me parecería lo mismo, pues el tiempo ha cambiado de dimensión. Afuera llovizna sobre un mar muy calmado para esta zona, con un viento constante de fuerza 3 que empuja al *Joshua* a seis nudos. Se está bien en mi cabina, tan calentita, llena del humo de mi cigarrillo.

La lluvia crepita imperceptiblemente sobre cubierta, con una nota algo más clara sobre la fina cúpula del puesto de pilotaje; el balanceo apenas se nota; la calma es tan grande, que uno casi se creería estar fondeado en un atolón. Todo lo que el océano Índico me ha dado, el cansancio del principio, los temporales relativamente benévolos, las dos cigarras de mar que volvían a encontrarse, las aves en su constante búsqueda, los delfines de color negro y blanco; más aves todavía y muchas alegrías han hecho que se me pasara la fatiga.

Esta noche no tengo sueño, respiro la paz que me rodea, el agua desciende por las velas que la unen al cielo, llena los baldes; puedo oírlo desde aquí cuando la botavara se alza un poco liberando de golpe toda el agua recogida en el pliegue del primer rizo que no he largado. El bidón está casi lleno, lo trasvasaré pronto al depósito. Tengo suficiente agua para llegar hasta el Pot-au-Noir del Atlántico, pero la vierto en el depósito y no dejaré de hacerlo hasta que esté lleno.

Vuelvo a ver la pequeña isla desierta de Barrington en las Galápagos, que Françoise y yo tuvimos que dejar porque la lluvia no llegaba. Muchos lazos nos ataban ya a las focas y a las aves de Barrington, pero no nos quedaba más que medio bidón en reserva y teníamos que partir al día siguiente. Entonces el cielo se cubrió de enormes cúmulos y la primera tormenta de la estación de las lluvias se desencadenó durante la noche. Veíamos correr el agua por el toldo impermeable, como un milagro. Llenamos el depósito y pudimos mantener el vínculo con la isla.

La lámpara de petróleo brilla dulcemente en el camarote, como una estrella lejana y muy próxima a la vez. Da a mi agua su peso justo, y a todas las cosas su verdadero valor. Y es mucho más que el milagro de mi libertad; es otra cosa, algo que he sentido varias veces en mis entrañas.

Escucho el mar, escucho el viento, las velas que hablan con la lluvia y las estrellas entre el rumor del mar, y no tengo sueño. Pienso en Williams Willis, solo sobre su almadía de madera de balsa durante meses y meses en el Pacífico, con todo el mar para él en medio del Universo.

A veces, él escuchaba el «Canto» por todo su ser. Yo lo oigo también desde hace algún tiempo. Es quizás eso, el largo viaje. Pero no podré decirlo ni dejar que nadie lo sienta durante mi paso por Tasmania; la tierra está demasiado lejos en comparación con los problemas que me plantean las estrellas. No podré darles más que mi primer diario de a bordo, con las aves, el viento, el mar, posiciones diarias y pequeños problemas de la vida cotidiana. El verdadero diario está escrito en el mar y en el cielo; no puede fotografiarse para darlo a los demás. Ha nacido poco a poco de todo lo que nos rodea desde hace meses, el sonido del agua sobre la carena, el del viento que se desliza sobre las velas, los silencios llenos de misterios entre mi barco y yo, como cuando de niño oía hablar al bosque.

11

LAS REGLAS DEL JUEGO

El *Joshua* llega una semana antes de Navidad ante la entrada del canal de Entrecasteaux, en Tasmania, y bordea el faro del cabo Bruny, que está en comunicación con el Lloyd's. Mis banderas M. I. K. flamean bien visiblemente sobre su driza.

Ya no reina la oscuridad de antes. Pero tampoco ha rayado aún el día. El cielo está cargado de lluvia. No he pegado ojo desde ayer; la noche ha sido dura. Me pongo en facha, caña a sotavento y trinqueta a la contra, esperando que algún pescador pase cerca. Pero no creo que suceda. En este momento estoy demasiado cansado para creer en nada.

Se me nubla la vista cuando miro por décima vez la carta. Busco una pequeña ensenada no demasiado profunda, pero profunda al fin y al cabo. He descubierto esta pequeña ensenada ideal diez veces seguidas sobre la carta, y otras tantas he olvidado dónde está exactamente. No es que quiera ir allí para descansar, sino para dejar un bidón de plástico. Ya está preparado, con su larga cuerda de nailon provista de un trozo de cadena y de un peso para que le sirva de ancla hasta que alguien lo encuentre. Sobre él he escrito «Mensaje». Dentro he puesto una carta destinada al que lo encuentre, rogándole que lo entregue todo al comodoro del Yacht Club de Hobart. Otra carta dirigida al comodoro del Club, en la que le ruego tenga la bondad de enviar por correo los sobres y los paquetes de las películas contenidos en el bidón.

Café... café... Llega el alba. El *Joshua* deriva lentamente. Tengo los ojos menos irritados que hace un momento; mi cerebro comienza a funcionar más libremente.

Casi siempre es al amanecer cuando se arreglan las cosas. Si uno aguanta bien hasta el amanecer, se mantiene en general firme hasta el fin. Traslucho para tomar la otra amura y esperar todavía un poco. He oído dos veces el «pom-pom» de un pesquero. Pero los dos barcos han pasado demasiado lejos para poder darles el bidón. He hecho ya el 99 % del esfuerzo para llegar hasta aquí y sería demasiado tonto irme así, dejando al azar el bidón en la pequeña ensenada, pues es posible que no dieran con él antes de Navidad, tal vez nunca, si se cortara la cuerda con una roca o con la hélice de un pesquero por la noche.

Bajo a prepararme un poco de Ovomaltina y comer unas galletas con mantequilla en conserva y mermelada de naranja. Después me tumbo sobre la litera. El minutero está regulado a un cuarto de hora. Me siento mucho mejor. Ya no amenaza tormenta. El *Joshua* apenas escora.

El sol ha aparecido entre las nubes, a tres dedos sobre el horizonte. Los cúmulos de buen tiempo han substituido a los estratos. Un pesquero pasa a media milla entre el sol y el *Joshua.* Le hago señales con el espejo para náufragos. Y en menos de diez segundos el milagro se perfila. El pesquero ha cambiado de rumbo. Se dirige hacia mí. Ahora es él quien debe maniobrar.

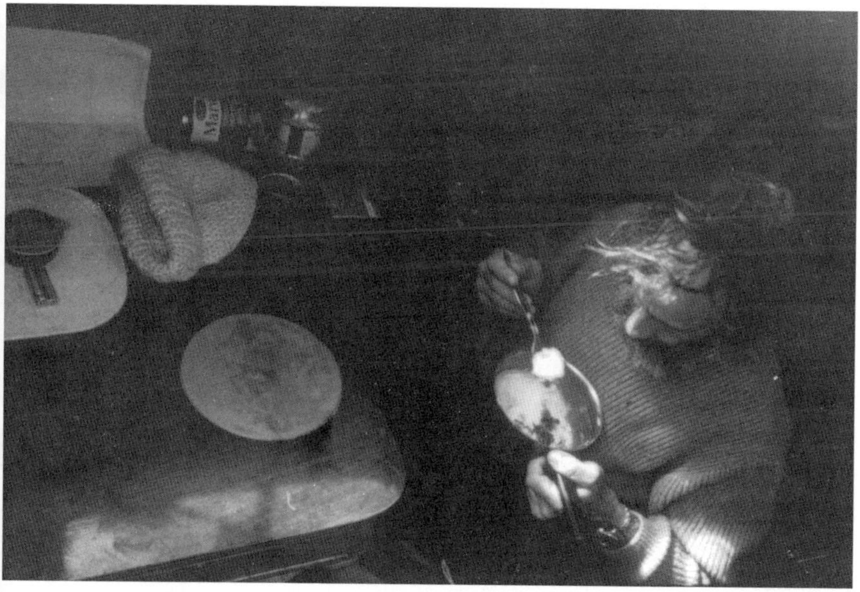

«Bajo a prepararme un poco de Ovomaltina y comer unas galletas con mantequilla en conserva y mermelada de naranja. Después me tumbo sobre la litera».

Traslucho otra vez para no correr el riesgo de tener que maniobrar hasta que hayamos acabado. Ha desaparecido todo mi cansancio; mi cerebro marcha a tope. El 99 % de mi agotamiento está ya lejos, allá en la estela, superado.

La noche anterior, mientras buscaba con los prismáticos un gran arrecife en forma de torre, colocado por el buen Dios a veinte millas de la costa, sin llegar a encontrarlo entre la llovizna y la niebla, había faltado poco para que abandonara mi proyecto de dar noticias ante tantos riesgos y fatigas. Pero había un resplandor inquietante parecido al halo de una aglomeración, mar adentro, donde no podía encontrarse más que agua hasta la Tierra Adelia. No había luna; solo indicios de tormenta, lluvia y un cielo negro. Ese resplandor en alta mar me había inquietado mucho. No podía ser un barco, ni tampoco una ciudad surgida del mar. No podía creer que se tratase de la fosforescencia provocada por la marejada del oeste rompiendo sobre el arrecife que intentaba descubrir a mi izquierda, mientras que este resplandor se encontraba en el lado opuesto. Si no volví mar adentro fue porque el resplandor me cortaba el paso. Me detuve varias veces bajo la lluvia, con intención de captar la señal de un peligro entre tanta oscuridad.

Normalmente la noche no es oscura para mí. Siempre me ha gustado, pues en ella se adivinan muchas cosas que hablan, cantan o cuentan. Pero en ese momento tuve miedo. Un miedo sordo, indefinible, que cabía atribuir a que la noche había dejado de hablar. Intuía el peligro en alguna parte de la oscuridad, pero ninguna onda de la noche me decía si aquel se encontraba realmente a mi izquierda, como yo creía… o a la derecha, o en frente.

Por fin divisé con los prismáticos la silueta del arrecife. Y la noche cantó a pesar del cielo cubierto, de la lluvia, del cansancio, porque el miedo no tenía ya razón de ser. El gran arrecife que había visto con nitidez a una o dos millas (46 metros de altura) me indicaba que el otro arrecife a flor de agua, verdaderamente mortal, lo había evitado de sobra por mi izquierda. La noche anunciaba entonces que todo estaba claro ahora hasta el faro del cabo Bruny cuyo resplandor se veía a veces entre la lluvia. Pero me juré que nunca más intentaría dar noticias a los míos, ni siquiera por la mitad de ese precio. Sin embargo, no había corrido ningún riesgo real, y mi navegación había sido perfecta, pues pasé a tres o cuatro millas del arrecife que surgía a flor de agua.

Todo está ya muy lejos, la oscuridad, el cansancio, los juramentos. El pesquero se halla a unos treinta metros. Retrocede un poco para detenerse a una distancia prudencial. Se detiene un momento para comparar su deriva con la del *Joshua.* Su patrón sabe lo que se hace.

El pequeño barco blanco se acerca con cuidado, le lanzo el bidón, que uno de los tres hombres atrapa con agilidad, charlamos unos minutos... y en marcha; todo está arreglado. El patrón me ha prometido entregarlo todo personalmente al comodoro del Club dentro de tres días, cuando vuelva de la pesca. Nadie me ha podido dar noticias de los amigos. Alguno había oído hablar de un inglés que pasó por Nueva Zelanda sin haber hecho escala entre tanto. ¿Cuándo? Los pescadores no lo saben a ciencia cierta. Recuerdan que la radio habló de ello el mes pasado. Demasiado vago. No creo que se trate de Bill King. Quizá Knox-Johnston. De los tres que salieron hacia el mes de junio, solo Knox-Johnston tiene un verdadero barco. Los otros dos se embarcaron en pequeños artefactos de plástico demasiado frágiles para un viaje tan largo por las altas latitudes. Supe del abandono de uno de ellos bastante antes de Buena Esperanza, hacia el primero de agosto. Seguiré algunos días a la escucha de las emisiones australianas. Quizás hablen del paso del *Joshua* por sus aguas. Aprovecharán entonces para dar noticias de todo y decir dónde están los demás. Pero no me hago demasiadas ilusiones..., estamos solos, frente al infinito.

El cielo está muy hermoso, la tibia brisa pasa por las velas como una caricia venida del oeste, con todas las promesas del este y el oeste a la vez. La mar se ve a la luz del sol de un verde que no había visto nunca, salvo en el cabo de Hornos. La estela es verde, lo mismo que la espuma, igual que todo, tan verde como la hierba.

Tasmania está apenas a diez millas de la estela verde, y ya es como si nunca hubiera existido. He tenido, sin embargo, el placer de encontrar a esos amables pescadores que han perdido un poco de su tiempo para hacerme un favor. Pero de eso a hablar de maravillosos reencuentros con la humanidad, no. Hemos charlado amistosamente, con verdadero placer, y nos hemos separado para volver cada uno a su trabajo, sin pesar, ambos con la misma sencillez. Al encargarse ellos de mis paquetes, y yo al dárselos, hemos hecho lo que debíamos.

He vuelto a mi litera con una alegría enorme. Siento como si todavía estuviera oyendo el grillo que escuché cuando el *Joshua* pasaba muy cerca del faro esta mañana, antes de volver a alta mar. Se oía al grillo claramente, y se sentía el olor de los árboles y el de la tierra mojada. Me estiro bajo la manta tarareando una canción de la que he olvidado la melodía y la letra, salvo unas palabras «... y desaparece bajo el sol sin pagar la consumición...». He abonado la mía, y al mismo tiempo no lo he hecho; es formidable ser libre hasta este punto. Me siento feliz, ligero, libre de todo y, a la vez, señor de todo, como cuando de golpe se han borrado todas las deudas y uno puede empezar a vivir su vida.

Al día siguiente, Tasmania esta a setenta y tres millas por la popa. La estela es azul, pues el mar vuelve a ser azul. El viento no es regular, pero yo me he recuperado de mi fatiga. No era más que un cansancio superficial, no como la fatiga profunda que sentí después de Buena Esperanza, y que me hacía soñar con la isla Mauricio. Ahora miro Nueva Zelanda en el pequeño globo del *Damien.* Mi mirada se desvía a veces hacia el cabo de Hornos. Observo que todo va bien, que todo está bien. Creo que todo irá bien en lo que concierne al *Joshua* y a mí. El resto dependerá de los dioses.

Ciento cinco millas más con vientos irregulares, después ciento sesenta y cuatro, ciento cuarenta y siete, ciento cincuenta y tres. Hay ahora rociones en el aire y rizos en las velas. El *Joshua* avanza a 8 nudos cuando carga la racha, y a 7,3 nudos el resto del tiempo.

Horas contemplando el agua que corre a lo largo de la borda, a través de los portillos del camarote, cara al viento, hipnosis de la velocidad durante las puntas. Comprendo que algunos se apasionen por los multicascos; debe de ser extraordinario navegar a 15 o 18 nudos, con puntas de más de 20 nudos. Pero el año pasado se perdieron cinco de ellos en aguas australianas, con todos sus tripulantes. Quince hombres que jamás regresaron. Y Piver, el padre de los multicascos, desapareció también con su trimarán este verano.

¿Dónde está Nigel? Si todo ha ido bien quizás esté en el océano Índico. ¿Y después? Sería un duro golpe si me enterase un día que Nigel no volverá nunca. ¿Dónde está? ¿Dónde están Bill King y Loïck?

El pescador de Hobart habrá entregado seguramente mi carta y mis paquetes al comodoro del Yacht Club; yo estoy asiduamente a la escucha de Australia y la BBC. El *Sunday Times* habrá sido forzosamente avisado, con prioridad. La

BBC también. Sin embargo, nada, ni una palabra, ni la menor alusión.

Es posible que la BBC esté simplemente en desacuerdo con el espíritu de regata en que se basa un viaje como este. Quizá por eso nunca la he oído hablar del viaje. Sin embargo, cuando salimos de Plymouth, estaba allí con sus cámaras, sus micrófonos y todo el jaleo. ¿Qué pasa? Cuatro amigos salen al mismo tiempo para dar la vuelta al mundo sin escala, y se les deja sin noticias de los demás.

Pronto será Navidad; presiento que no tendré noticias de ellos, que no las tendré nunca. Estoy un poco molesto. Me fastidia la prensa. Pero quizá sea un poco injusto, puesto que acepté las reglas del juego al partir: vuelta al mundo en solitario.

No me hace falta nada, pero me gustaría saber de ellos de vez en cuando.

Estudio las cartas detalladas de Nueva Zelanda. La costa sur, que está en mi derrota, no es agradable en absoluto, con sus peligrosos arrecifes que a veces se adentran mucho en el mar. La carta inglesa que cubre esta zona en conjunto señala depósitos de víveres y ropas en muchas de estas islas desiertas, incluso balleneras en algunos puntos. La carta precisa también que estas islas son visitadas una vez al año por un barco del gobierno. Creo que es por los eventuales náufragos.

Pero busco en vano las instrucciones náuticas relativas a esta zona… y pronto me rindo a la evidencia: con el jaleo en los muelles de Plymouth, en mi afán de deshacerme de peso inútil, desembarqué ese volumen confundiéndolo con otro. Afortunadamente todavía me quedan las cartas…

Estoy contento de haber conseguido transmitir noticias mías en Tasmania, pues sería un error no pasar a bastante distancia de la costa sur. Esperaré a haber doblado Nueva Zelanda para beber la segunda botella del amigo Knocker. En ese momento estaré verdaderamente más allá del último cabo antes de Hornos. Si el *Joshua* sigue a este tren, coincidirá con la Navidad, beberé el champán en Nochebuena y mataré dos pájaros de un tiro.

12

NAVIDAD Y LA RATA

Era demasiado optimista... Temporal moderado del SE totalmente contrario, bajo un cielo azul. Hay que capear. Con las ganas que tenía de pasar la Navidad al otro lado de Nueva Zelanda...

Al atardecer, el viento disminuye, me vuelvo a poner en ruta con marejada gruesa. Me arrepiento de haber seguido un rumbo directo desde Tasmania en lugar de torcer hacia el sur desde el principio, en previsión de un período eventual de vientos del este.

El viento sigue disminuyendo. El *Joshua* avanza con dificultad en la noche. Escucho la BBC. Como siempre, no hay noticias.

Al amanecer el viento casi ha caído totalmente. El mar comienza a calmarse. Una bola negra me mira con sus grandes ojos, se sumerge, reaparece. Es una foca, la primera que veo desde Galápagos.

Da la vuelta a mi barco, se va, vuelve brincando a ras del mar con una flexibilidad asombrosa. No creo que haya ningún habitante del mar tan gracioso como la foca. Esta debe de ser muy joven, no muestra ninguna desconfianza.

Estamos en Navidad. Calma total. El mar casi liso, con mucho sol. La pequeña foca (o su hermana) vuelve a jugar cerca del barco, pero sin hacer acrobacias como ayer. De vez en cuando saca las aletas posteriores y las mantiene por encima del agua, agitándolas lentamente como para decirme: «buenos días-buenos días». Si el agua no estuviera tan fría, iría yo también a darle los buenos días. En las Galápagos, las focas jóvenes eran tan curiosas y amistosas que casi se rozaban con nosotros. A sus padres no les gustaba mucho esto y a veces nos echaban del agua. Pero no sé si esta es muy joven o si forma parte de una especie pequeña. Apenas mide 1,20 m.

¡Baño de sol integral en el paralelo 46° sur! Las velas flamean un poco, el aire es tibio, casi caliente, con un ligero soplo del norte. En el fondo, estoy bien aquí. Esperaba al menos encontrarme por Navidad al este de Nueva Zelanda. Incluso había trazado planes para intentar, si el tiempo era muy bueno, festejar la Navidad cerca de Dumedin o de Molineux en compañía de algún yate neozelandés que tal vez se encontrase en aquella zona. Habría llamado al hombre con mi megáfono de pilas:

–¡Eh, el del barco! ¿Te vienes a comer algo aquí? ¡Tengo champán para la cena y vino a porrillo!

–*¿Champagne? ¿French champagne? ¿French wine?...*

–¡Ponte en facha a cien yardas y vente en el chinchorro!

–¡O.K.!... ¡Yo llevo también mi ginebra, por si no bastase con tu champán y tu *French wine*!

Uno se cuenta historias como esta cuando está solo en el mar. A veces se cumplen.

El aire es de una transparencia extraordinaria, la estela apenas se nota sobre el mar liso. El *Joshua* pasa varias veces a través de grupos de extrañas algas.

Pero no son algas, sino las aletas de las focas que duermen agrupadas al sol. Sus aletas anteriores, cruzadas sobre el pecho, se asemejan a las algas. Las focas grandes se sumergen tan pronto como se despiertan, y reaparecen mucho más lejos. Las pequeñas vienen a jugar siempre, pero las madres, inquietas, las reagrupan para llevárselas.

Estas focas que duermen boca arriba serán mi regalo de Navidad, sobre todo las pequeñas, mucho más bonitas que los trenes eléctricos. Si los padres las dejaran, me pregunto si no intentarían subir a bordo... y pasaríamos juntos la noche de Navidad.

Aprovecho este sol, y también la Navidad, para desempaquetar el jamón de York ahumado preparado con especial esmero por Marsh Baxter para Loïck y para mí, bajo la recomendación de nuestros amigos Jim y Elizabeth Cooper. Lo había conservado en la cala, con su embalaje de origen, reservándolo para las altas latitudes, donde no correría el peligro de estropearse debido al calor.

Está impecable, sin trazas de moho después de cuatro meses de guardarlo en una atmósfera húmeda. Se me hace la boca agua, como a un perro al que se le muestra un hueso que estaba deseando. Mi organismo tenía seguramente necesidad de jamón desde hace mucho tiempo... Tomo un trozo de tocino casi tan grueso como el puño; se me deshace en la boca.

A mediodía me preparo una comida suntuosa, con una lata de un kilo de corazones de lechuga bien enjuagados con agua de mar. La vierto en una cacerola donde he cocido a fuego lento un trozo de tocino, tres cebollas cortadas en rodajas, tres dientes de ajo, una lata pequeña de puré de tomate y dos terrones de azúcar. Fue Jean Gau quien me explicó que siempre hay que añadir un poco de azúcar para neutralizar la acidez del tomate.

Añadí la cuarta parte de una caja de camembert cortado en trocitos, que puse encima de los corazones de lechuga, y un buen trozo de mantequilla.

Esto perfuma toda la cabina mientras se cuece lentamente en la plancha de amianto. Dejarlo a fuego lento un buen rato, para que funda el queso. Esto es también un secreto; lo aprendí de Yves Jonville, a bordo del *Ophélie*. Una noche Yves me invitó a cenar. Entonces, su mujer, Babette, puso a calentar el queso a fuego lento en una cacerola durante un buen rato. Era a la vez primer plato, plato principal y postre. Se mojaba pan directamente en la cacerola valiéndose de un tenedor y al mismo tiempo se bebía vino. Y estaba tan rico que si aquella noche hubiésemos tenido como invitado a un mauriciano habría dicho, según expresión típica de su país, que disfrutaba como un pato de Manila, pues este animal es conocido porque cuando ha terminado de comer se cae de espaldas y así se queda, sin poderse mover.

¡Tierra a la vista!… No salgo de mi asombro. Las montañas de Nueva Zelanda se destacan claramente sobre el horizonte, a cincuenta millas. Tal visibilidad me deja estupefacto, pero esa es realmente la distancia y el sextante confirma mi posición.

El *Joshua* navega lentamente a menos de un nudo sobre la mar lisa y pasa a unos veinte metros de una familia de focas dormidas sin despertarlas. Las he dejado ya atrás cuando una de ellas da la alarma. Las veía agitarse en sueños y mover sus aletas en lugar de dejarlas cruzadas sobre el pecho. Se diría que estaban soñando. Me pregunto por qué son tan temerosas las focas de esta zona, mientras que las de las Galápagos nos trataban de igual a igual. Tal vez sea porque las focas de las Galápagos son leones marinos… su piel carece de valor comercial.

Se pone el sol. La poca brisa que había hoy cesa completamente. Hay una paz absoluta. Pasaré la Nochebuena muy tranquilo, en compañía de las estrellas.

Calma... calma... Tengo morriña esta noche. Pienso en los amigos, en mi familia. Tengo todo lo que aquí me hace falta, toda la calma, todas las estrellas, toda la paz. Pero me falta el calor de los humanos. Añadí a mi cena el contenido de una lata de carne en conserva, que mezclé con lo que quedó del rancho de mediodía para que fuese comestible. Y descorché la botella de champán. No debía tocarla antes de haber dejado atrás los últimos peligros de Nueva Zelanda. Pero aunque no haya superado del todo el segundo cabo es Navidad, hay calma casi total, los arrecifes están a cincuenta millas, y no voy hacia ellos. Y sobre todo, tengo morriña; de ahí que haya descorchado la segunda botella del amigo Knocker, la del cabo Leeuwin.

El champán sienta bien, hace eructar un poco pero aleja la morriña. Suben los recuerdos a medida que desciende el nivel de la botella. Estoy muy melancólico. Sueño con un rincón de verdor con un gran árbol muy tupido bajo el cual pasaría algunos momentos de esta noche en compañía de mi familia y de mis amigos.

Invitaría también a todos los perros y gatos del vecindario a venir a compartir la cena de Nochebuena. Incluso a las ratas. Porque para mí, la Navidad, significa una tregua con el mundo entero.

La sombra de la rata pasa ante mis ojos. Me mira gravemente. La he vuelto a ver varias veces después de aquella vieja historia. Pero estas historias no envejecen nunca. A lo sumo solo pueden cambiar más de forma.

Era la víspera de la salida Tahití-Alicante. Había oscurecido. Una rata se había dejado caer sobre un plato en la cocina al pasar por el portillo abierto. Yo había logrado arrinconarla contra el entarimado con la ayuda de un libro antes de que tuviera tiempo de esconderse abajo. No teníamos ningún palo a mano para golpearla. Françoise me pasó el tirachinas. Yo mantenía la rata contra el suelo, apoyando el pie sobre el libro. Pero tiré un poco alto por temor a lastimarme y no acerté a darle a la rata.

Cuando tenía tensado el tirachinas y me disponía a disparar otra vez, la rata me miró. Sabía que yo iba a matarla. Pero sus ojos decían también que la elección dependía aún de mí.

Era una rata muy grande, muy bonita, bastante joven sin duda, con un pelo marrón reluciente de salud. Un bonito animal, sano, vivo, lleno de esperanza, lleno de vida.

Me dieron ganas de agarrarla por la cola y devolverla a sus cocoteros diciéndole: «Por esta vez, vale, pero no vuelvas nunca». Y no hubiera vuelto nunca, pues era una rata de cocotero, no una rata de alcantarilla. Pero creo que el hombre lleva en su corazón el odio a las ratas. Tiré a bocajarro y la maté de una pedrada en la cabeza.

Si no hubiera habido esa mirada previa, una rata de más o de menos no tendría importancia. Pero hubo esa mirada, que me puso frente a mí mismo.

Pronto será medianoche. La botella del cabo Leeuwin está casi vacía. Creo que he tenido suficiente. La sombra de la rata se ha vuelto amistosa, su mirada no deja ya traslucir la importante pregunta a la que yo no había dado la única respuesta válida. No escucho la radio desde ayer. Me empezaban a poner seriamente nervioso con su Niño Jesús. Nos servimos de Él como de un biombo para seguir haciendo tranquilamente todas nuestras sucias acciones, santiguándonos a todas horas para simular que nos miramos cara a cara. ¿Cómo hemos podido perder hasta ese punto el sentido de lo divino, el sentido de la vida? Estuve releyendo últimamente Steinbeck, *Tierra de hombres*, *Antes que la naturaleza muera*, *Las raíces del cielo*. A veces cerraba los ojos después de una línea; un párrafo, una página, cuando aquello había despertado en mí una resonancia particular. Tengo ahora la impresión de que los que escribieron estos libros no se expresaban solamente con palabras e ideas; sino también con vibraciones. Y estas vibraciones tienen un alcance mucho mayor que nuestras pobres palabras inventadas por los hombres.

«Al principio era el *Verbo*...». No leí la Biblia. Estaba escrita en letra demasiado pequeña. Parece ser que "Dios" está mal traducido, el texto hebreo dice "los dioses". Y el *Verbo* va más allá de todo, ninguna traducción puede molestarlo. Me pregunto si el *Verbo* no será una vibración. Una vibración de una intensidad tal que de ella nació el Universo. No sé si esto lo he leído en alguna parte, hace mucho tiempo, en una época en la que todas estas cosas no encontraban ningún eco en mí, o si ha salido de mí mismo en esta noche de Navidad. Creo que se trata más bien de un eco muy lejano y tengo la impresión, también, de que estos libros que releo desde la salida no han sido escritos solamente por Jean Dorst, Romain Gary, Antoine Saint-Exupéry y John Steinbeck, es decir, por *unos* hombres, sino por *los* hombres. Y que estos libros son la obra de todos nosotros, a la vez que nuestra herencia.

La botella del cabo Leeuwin está vacía. Esta vez estoy bien cargado, ya que además me he bebido un par de vasos de vino. Hubiera deseado compartir todo esto con el tipo del yate neozelandés. A lo mejor él también tenía necesidad de un poco de calor en Navidad. A decir verdad, convendría que cada día fuese Navidad, así la gente acabaría por unirse para compartir la herencia.

Vamos... ¡vete a dormir!... Ni siquiera puedes ver la hora, las agujas se confunden una con otra.

13

EL TIEMPO DE TODOS LOS COMIENZOS

Esta mañana estoy un poco grogui. Pero no demasiado. La calma es una buena cosa. Está muy nublado. En todo caso, nadie podrá quitarme mi noche de Navidad. El viento ha vuelto; apenas se nota. Más focas. Buenos días, buenos días. El *Joshua* se desliza sobre la mar lisa, a cuatro nudos, rumbo al sur, para doblar lo más lejos posible la isla Stewart, que se encuentra a cien millas al sudeste. La punta SW de Nueva Zelanda está a cuarenta millas al este, es la recta de altura de la meridiana la que la ha puesto en su sitio en la carta, a pesar del cielo cubierto.

Más tarde el viento cesa, para volver poco después, esta vez del oeste, desde el comienzo de la noche, suave, pero del oeste. Se oye el chapoteo regular del agua cortada por la proa, monótono, ya que no hay ningún cabeceo. Duermo, velo, me vuelvo a dormir, subo a cubierta para escuchar la noche. Oiré toda la noche el chapoteo regular del agua que la proa hiende en la gran paz del mar y de la noche.

Cien millas al día siguiente. La isla Stewart al sur de Nueva Zelanda está ahora a treinta y dos millas al nordeste, y el peligroso arrecife de South Trap a solo cuarenta y cuatro millas al este.

Entonces, todo estará claro; el Pacífico será para mí solo, solo con el viento y el mar hasta Hornos. Pero por el momento, nada de cabo de Hornos. Solo hay la isla Stewart rodeada de arrecifes que se adentran bastante en la mar, y South Trap a ras de agua, una y otro envueltos en la neblina. De vez en cuando se distingue el disco pálido del sol a través de las nubes, y he podido tomar una altura impecable al mediodía. El aire estaba seco la noche anterior, no había rocío sobre cubierta, las nubes eran estratos o algo de la misma familia, sin malas intenciones en su interior, solo mala visibilidad; nada grave.

El techo de nubes se desvanece, y ¿qué es lo que veo?... La isla Stewart donde esperaba que estuviera; pequeños cerros azulados que flotaban sobre el horizonte de babor. Me encuentro muy alterado al sentir el Pacífico tan cerca. Pero el viento amaina, fuerza 1 a 2. Sigo hacia el sudeste para pasar lejos, debido a las corrientes de marea que podrían arrastrarme a los arrecifes a ras de superficie del South Trap, situados a veinte millas de la isla Stewart. La contemplo largo rato. Es la última baliza visible antes del Pacífico. Después desaparece de nuevo en la neblina, vuelve a aparecer durante algunos minutos para ocultarse detrás de un estrato. Compás de marcaciones.

De pronto me doy cuenta de que me estoy muriendo de hambre. Siempre me ocurre lo mismo al aproximarme a tierra. Rehogo cuatro cebollas con un buen trozo de tocino, un poco de arroz, una cabeza de ajo, y vuelvo a cerrar la olla a presión.

El viento es ahora del sudoeste de fuerza 4; el barómetro estable: 761 mm; velocidad casi siete nudos. Sigo con la vela de estay desde el amanecer, además de una trinqueta suplementaria de 8 m^2, lo que hace 18 m^2. ¡Arre, *Joshua*! ¡Al galope! Procura dejar atrás South Trap antes de que anochezca. Velocidad, 7,2 nudos. La proa ronronea de placer. Un delicioso olor de *risotto* estilo Florence Herbulot me llega hasta el estay de trinqueta... Tendré que apagar el hornillo, de lo contrario se me va a chamuscar. ¡Viva la vida, con este montón de viento en las velas cuando la costa no está lejos!

El cielo se despeja mientras que el viento aumenta a fuerza 5, del oeste. ¡Es el buen tiempo de verdad que vuelve! El *Joshua* avanza a 7,7 nudos.

Café, un cigarrillo. Subo a cubierta para mirar; vuelvo a bajar a liarme otro cigarrillo y pensar un rato escuchando el murmullo del agua al rozar la carena; subo a escucharlo en cubierta, en la proa, en la popa, por todas partes; he ajustado una escota que estaba ya ajustada; he tensado otra vez la trinqueta que estaba perfectamente tensada desde hace un rato, pero hay que tensarla más, es así. Y la olla a presión se está enfriando; me da lo mismo, no tengo tiempo de ocuparme de ella. Cuando el *Joshua* haya superado la longitud de South Trap (lo que quiere decir «Trampa del sur»), entonces sí podré dormir teniendo ante la proa miles de millas de agua libre. Pero South Trap está todavía a veintitrés millas al nordeste.

Al menos he comido un poco.

Sueño despierto, sentado ante la mesa de derrota, bebiendo café, fumando o echando un vistazo sobre la carta, o sacando la cabeza por la escotilla para mirar fuera, a proa, luego la corredera. No estoy nervioso, no. Simplemente hago lo que hay que hacer para conducir al *Joshua* a la mayor velocidad posible por el camino más corto y, a la vez, más seguro, que nos permita evitar los últimos arrecifes situados en su ruta a la entrada del Pacífico.

En muy poco tiempo, el cielo se ha vuelto a encapotar de un horizonte a otro. Pero el viento se mantiene, el mar está en calma o, a lo sumo, muy poco agitado. No ha tenido tiempo de formar sus olas después del reposo total de los dos días precedentes. Es curioso para una latitud tan elevada (casi 48° sur), que no esté presente hoy la gran marejada, por cierto, muy larga y muy alta, que viene normalmente del sudoeste o del oeste. Se creería uno casi en el Mediterráneo, bajo un principio de mistral, pero con un cielo cubierto.

Oigo silbidos familiares. Salgo rápidamente, como siempre que están ahí los delfines. Pero creo que nunca había visto tantos. El agua está blanca de espuma por las salpicaduras de los delfines, surcada en todas direcciones por el cuchillo de su dorsal. No andan lejos del centenar.

Me gustaría filmar un poquito, pero el día está demasiado oscuro, las imágenes serían malas, y no me queda suficiente película para arriesgarme a malgastarla. Una hora antes me habrían proporcionado las más bellas imágenes del viaje, con todo el sol alrededor.

Una cerrada formación de veinticinco delfines nadando de frente pasa de popa a proa, por estribor, en tres respiraciones; después, todo el grupo vira a la derecha 90°, cortando el agua, todas las aletas dorsales a la vez en una misma respiración.

Repiten lo mismo más de diez veces. Incluso si volviera a salir el sol no podría abandonar toda esta alegría, toda esta vida, para bajar a buscar la Beaulieu. Nunca había visto un ballet tan perfectamente orquestado. Y siempre van hacia la derecha en un ángulo de 90°, durante unos treinta metros llenando el mar de espuma. No hay duda de que obedecen a una orden precisa. Pero no sé si siempre se trata del mismo grupo de veinte a veinticinco; hay demasiados delfines para poder reconocerlos. Parecen estar nerviosos. No lo comprendo. Los otros también parecen estarlo, nadan en zigzag salpicando mucho, golpeando a menudo el agua con su cola, en lugar de hacerlo con la cabeza como de costumbre. Todo el mar vibra con sus gritos.

Una pasada más de atrás a la proa, con ese mismo viraje brutal y flexible a la derecha. ¿A qué juegan hoy? Nunca había visto esto… ¿Por qué están nerviosos? Porque lo están, de eso estoy seguro. Y eso, tampoco lo había visto nunca.

Hay algo que me atrae, que me empuja; miro el compás… el *Joshua* marcha viento en popa a 7 nudos, de lleno sobre la isla Stewart escondida tras los estratos. El viento del oeste que parecía estable ha cambiado al sur sin que me haya dado cuenta. El cambio de rumbo no ha sido detectado a causa del mar muy poco agitado, sin mar de fondo, en el cual el *Joshua* no cabecea en absoluto ni tampoco se balancea. Normalmente, el *Joshua* me advierte de los cambios de rumbo sin que tenga necesidad de mirar el compás si el cielo está cubierto. Pero en este caso, no me podía avisar.

Arrío la vela de estay, cazo las escotas y ajusto la veleta del piloto para ceñir. Estamos seguramente a más de quince millas de los arrecifes a ras de superficie que desbordan la isla Stewart. Pero ¿desde cuándo iba el *Joshua* hacia la costa ocultada por los estratos? ¿Desde justo antes de la última pasada de los delfines con viraje a la derecha de 90°… o bien antes de su llegada, antes incluso de sus primeras exhibiciones?

Bajo a ponerme el chubasquero, pues está lloviznando además de las salpicaduras de las olas, ya que estamos ciñendo. El viento ha disminuido un poco, pero no ha caído del todo a pesar de la lluvia. Me seco bien las manos y lío un cigarrillo bien a cubierto en el camarote. Pienso en los delfines, cuyos silbidos siguen oyéndose. Intento percibir un cambio de intensidad en sus silbidos.

No estoy seguro de que haya alguna diferencia. Sería extraordinario si la hubiera. Pero mi oído no es lo bastante fino y mi memoria auditiva podría inducirme a error. Si yo sufriese de ceguera podría responder con seguridad. Los ciegos se acuerdan exactamente de todos los sonidos. No sé a qué atenerme. Es tan fácil equivocarse y creer entonces cualquier cosa. Y luego contar tonterías.

Subo de nuevo a cubierta tras haber dado solo algunas caladas a mi cigarrillo. Los delfines son tan numerosos como hace un rato. Pero ahora van con el *Joshua*, en abanico por la proa, en fila por los costados, con mucha agilidad y alegría en sus movimientos, como siempre he visto a los delfines.

Y es entonces cuando ocurre algo maravilloso: un gran delfín negro y blanco salta a tres o cuatro metros de altura en un formidable salto mortal, dando dos vueltas completas sobre sí mismo, para caer de plano con la cola hacia adelante.

Repite tres veces seguidas su doble pirueta, dando rienda suelta a su alegría. Se diría que me grita a mí y a todos los otros delfines: «¡El hombre ha comprendido que le estábamos diciendo que fuera a la derecha!... ¡Has comprendido!... ¡Has comprendido!... ¡Sigue así, no tienes ningún obstáculo ante la proa!...».

De pie con mi impermeable, mi capuchón, mis botas y mis guantes de cuero, me sujeto con una mano a un obenque del palo mayor, a barlovento. Casi todos mis delfines nadan cerca de la borda, a barlovento ellos también. Esto me sorprende todavía un poco.

A veces se ponen de lado. Entonces se distingue perfectamente su ojo izquierdo. Creo que me miran. Deben verme bastante bien, gracias al chubasquero amarillo que se destaca sobre el blanco de las velas por encima del casco rojo.

Mis delfines nadan alrededor del *Joshua* desde hace más de dos horas. Otros delfines con los que me he encontrado, rara vez han jugado más de quince minutos antes de seguir su camino. Estos de ahora permanecerán por aquí más de dos buenas horas.

Cuando se fueron, todos juntos, dos de ellos se quedaron conmigo hasta el crepúsculo, cinco horas en total. Nadan con el aire de aburrirse un poco, uno a la derecha y el otro a la izquierda.

Durante tres horas nadan así, cada uno por su borda, sin jugar, acomodando su velocidad a la del *Joshua*, a dos o tres metros del barco. Nunca había visto tal cosa. Los delfines no me habían acompañado jamás durante tanto rato. Estoy seguro que habían recibido la orden de quedarse cerca de mí hasta que el *Joshua* estuviera absolutamente fuera de peligro.

No los miro todo el rato; estoy un poco agotado después de esta jornada, y por la enorme tensión que no se siente en los momentos en que hay que arriesgarlo todo para pasar a un nuevo océano.

Bajo a tumbarme un momento, subo, observo el indicador de la corredera. Mis dos delfines siguen ahí, cada uno en su sitio. Bajo para anotar en la carta la última distancia recorrida. Vuelvo a acostarme un momento. Cuando vuelvo a cubierta y trepo por el palo mayor por décima vez para ver más lejos, mis dos delfines siguen ahí, como dos hadas envueltas en la luz del atardecer. Bajo y me tumbo otro poco.

Es la primera que vez siento en mi interior una paz así, una paz que se ha transformado en certeza, en algo que no se puede explicar, como la fe. Sé que lo conseguiré y lo encuentro muy normal con esa certeza absoluta en la que no hay temor, ni orgullo, ni asombro. Todo el mar canta, simplemente, sobre una octava que no conocía aún, y eso me revela lo que es, a la vez, la pregunta y la respuesta.

Sin embargo, por un momento estoy tentado de volver a cambiar de rumbo, hacia los arrecifes, para ver qué harían mis delfines. Algo me retiene. De pequeño, mi madre me contaba cuentos de hadas. He aquí que una vez un pescador muy pobre pescó un gran pez que tenía los colores del arco iris. El bonito pez le suplicó que no le matase. Entonces el pescador le perdonó la vida, y el pez mágico le dijo que formulara un deseo cada vez que necesitase algo. El pescador le pidió al pez que arreglara las goteras del techo de su choza y que pudiera disponer de alimentos más a menudo, si fuese posible. Cuando volvió a su choza, esta tenía un tejado nuevo, la mesa estaba puesta y la sopera estaba llena de sopa de lentejas con picatostes. El pobre pescador nunca había sido tan feliz, comiendo su sopa de lentejas, calentita y llena de picatostes flotando en ella, en su choza, en la que ya no había goteras. Además, la cama estaba hecha y estaba provista de un jergón bien seco y una manta nueva así de gorda. Pero el pescador no tardó en pedir más cosas, y más, y siempre más. Y cuanto más tenía, más quería. Sin embargo, incluso cuando tuvo un palacio con numerosos sirvientes y el patio lleno de carrozas, era mucho menos feliz que cuando comía su sopa de lentejas con picatostes, en su choza, donde no se colaba el agua por el techo y donde se dormía en seguida sobre su jergón bien seco al principio de su amistad con el pez mágico que tenía los colores del arco iris. Entonces pidió ser el rey. En ese momento el pez mágico se enfadó de verdad, le retiró su amistad y le devolvió a su choza con el techo lleno de goteras, el jergón húmedo y la sopera vacía.

Cosas maravillosas se agitan en mi cabeza y en mi corazón, como si algo fuese a desbordar. Sería fácil largar las escotas e ir viento en popa durante algunos minutos hacia los arrecifes para ver lo que harían mis delfines.

Sería fácil... pero el mar está aún lleno de sus silbidos de amistad, y no me atrevo a estropear lo que ya me han dado. Creo que tengo razón, ya que nunca hay que tomarse a la ligera los cuentos de hadas. Me han enseñado a comprender y respetar muchas cosas. Gracias a los cuentos de Kipling sé cómo Pau Amma, el gran cangrejo, inventó las mareas en aquel tiempo de todos los comienzos, y por qué todos los cangrejos de ahora tienen pinzas (es gracias a las tijeras de oro de la chiquilla), y que al elefante le salió la trompa a fuerza de hacer preguntas, y cómo al leopardo le salieron sus manchas[15] y cómo pasaré quizá el Hornos gracias a mis delfines y a los cuentos de hadas, que me han ayudado a volver a encontrar el Tiempo de Todos los Comienzos, donde todo es sencillo.

En cuanto he señalado en la carta la última situación estimada, que me coloca por fin más allá del arrecife a ras de agua, subo rápidamente a cubierta. Mis delfines ya no están.

Es de noche. El cielo se ha despejado, ha vuelto el viento del oeste. La luna en cuarto creciente parece como suspendida detrás de la vela de mesana, hace brillar al mar en la estela. El arrecife está superado; mis delfines están lejos; el camino está libre hasta Hornos.

Libre a estribor, a babor, libre por todas partes.

15. *Nota del editor: Precisamente así,* Rudyard Kipling, Juventud.

III

14

EL HERMANO MAYOR

El océano Índico se había mostrado clemente, con muchas calmas y sol caliente. El mar de Tasmania, también. Y he aquí que el Pacífico parece seguir el mismo camino, con trazos diarios de ciento veinte a ciento cincuenta millas. No he tomado un rizo desde hace mucho tiempo. Ni un temporal desde hace una eternidad. Ayer, el viento soplaba con fuerza 5, después disminuyó a 4, más tarde a 3… y ahora solo a 2. Pero viene de la buena dirección, es lo esencial.

Ochenta millas, veinte millas…, sesenta y tres millas, cincuenta y cinco millas, después ciento treinta y ciento cuarenta millas. Por un momento, el viento pasó al sector este, flojillo. Ha vuelto al oeste, gracias a Dios. ¡Sol, sol!

Con este buen verano y todo este calor del cielo que llega quizá muy al sur, espero no encontrar icebergs en mi camino.

Esta incógnita me atormentaba un poco y escribí a una quincena de viejos conocedores del cabo de Hornos pidiéndoles información que me permitiera sacar provecho de su experiencia personal acerca de los hielos que se hallan a la deri-

160°
180°
160°
NUEVA GUINEA
Islas Fidji
Atolon
Nuevas Hébridas
Isla Cook
TAHITÍ
AUSTRALIA
OCÉANO
Sídney
NUEVA ZELANDA
TASMANIA
Calma
Calma
Vientos flojos
Vientos flojos del sector este
17
19
21
24
27
29/12/68
1/1/69
3
5
10
13

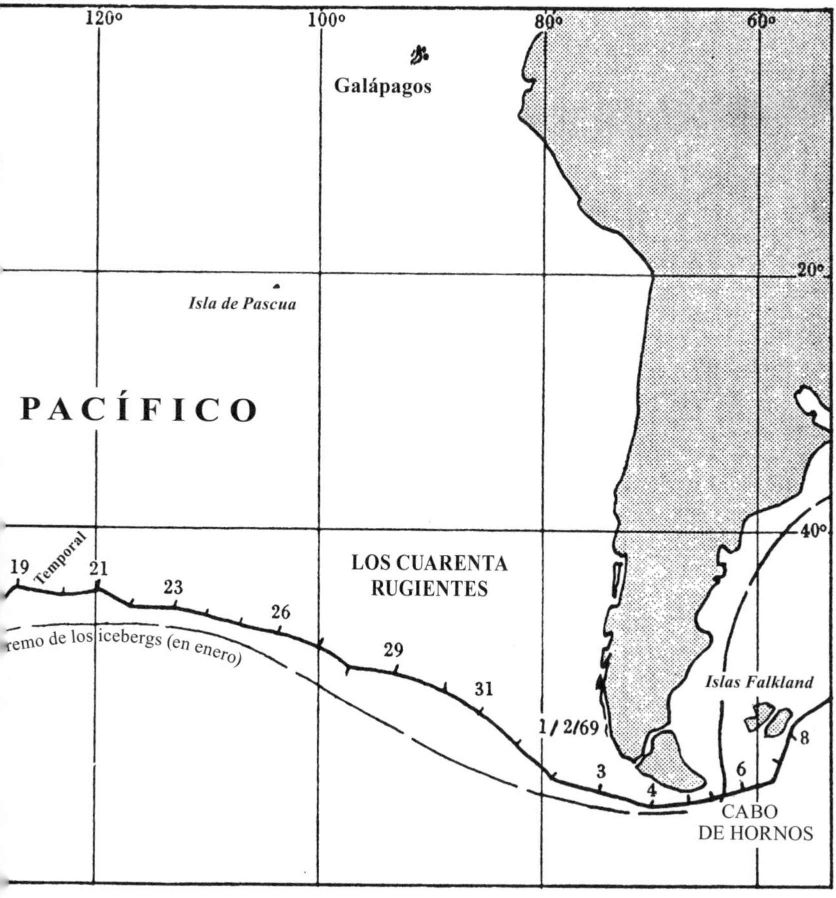

Del 17 de diciembre de 1968 al 8 de febrero de 1969.

va: «*Además de la detección visual, ¿cuáles eran los signos que anunciaban la proximidad de un* iceberg *a sotavento de su embarcación?*». Desde la era del radar, las instrucciones náuticas a este respecto son bastante vagas, y no tuve tiempo de ir a París para investigar en los antiguos archivos de la Marina.

Preguntaba también cuáles eran las zonas conocidas como las más peligrosas para un viaje de oeste a este, teniendo en cuenta el hecho de que los hielos eventuales se encontraban entonces a sotavento de la nave y que la marejada no cambiaba de aspecto, y si habían encontrado a menudo hielos en los alrededores de las Falkland, después del paso de Hornos. Es sobre todo ahí donde hay que temer a los icebergs, pues a veces suben mucho hacia el norte a causa de la corriente. Envié todas mis cartas al azar, tomando las direcciones de cada uno de la lista de la Asociación de Cabohornenses.

El comandante Francois Le Bourdais, a quien conocía personalmente, me tranquilizó en seguida. Acababa de estar en una reunión de cabohornenses y ninguno de sus compañeros allí presentes había encontrado hielos a lo largo de su carrera. Él tampoco los había visto nunca. Ciertamente, los hielos existen, pueden ser mortales..., pero no se les encuentra corrientemente, ni siquiera en las latitudes muy elevadas por donde pasaban los antiguos grandes veleros.

Idéntica respuesta obtuve de los quince cabohornenses a los que había escrito: no habían encontrado hielos, salvo tres de ellos, uno era Georges Aubin, autor de *La huella de la vela*, mi libro de mar preferido junto con el de Slocum. Georges Aubin había visto icebergs al este de las Falkland, pero no al norte.

Las otras dos respuestas afirmativas correspondían a los comandantes Francisque Le Goff (siete pasos del Hornos) y Pierre Stéphan (once pasos), que no habían encontrado hielos más que una sola vez en el curso de su larga carrera en las altas latitudes.

El hermano mayor

Contando uno de sus viajes a Chile, Francisque Le Goff me escribía:

«... *Habiendo tardado veinte días antes de poder doblar el Hornos y encontrarnos suficientemente al oeste para ir rumbo norte, encontramos numerosos bancos y campos de hielos. A diferencia de los hielos del Banco de Terranova, que no se ven de noche, los del cabo de Hornos se veían muy bien. ¿A qué se debe esta diferencia de visibilidad? Supongo que estos hielos están compuestos de agua de mar de gran salinidad, mientras que los de Terranova deben provenir de los glaciares de Groenlandia y están formados de agua dulce.*

»... *Después de haber sudado lo nuestro, y encontrándonos bastante al oeste, corregimos el rumbo con los juanetes altos cuando entramos en un banco de bruma. En seguida nos vimos rodeados de un montón de pequeños hielos. Doblamos las guardias y, unos minutos después el vigía del castillo de proa señaló la presencia de icebergs delante de nosotros. El capitán ordenó la maniobra necesaria y pasamos más o menos a una milla de dos verdaderas islas flotantes unidas por un mar de hielo...*

»... *Qué hay que sacar como conclusión, sino que en las proximidades de la banquisa hay numerosísimos pequeños hielos. Hielos que no siempre son una señal inequívoca de su proximidad, pues las banquisas que derivan más de prisa, dejan a menudo detrás de ellas campos de pequeños hielos...*».

Releo mis quince cartas, lentamente. Aquí tengo tiempo. Muchas son bellas. Todas, alentadoras.

«... *Habiendo perdido casi la vista y dado que apenas veo lo que escribo, le pido que me excuse por lo que pueda haber de deshilvanado en lo que va a leer, pues voy a responderle al hilo de mis recuerdos, bastante precisos a pesar de mis ochenta y ocho años, pero no puedo releerme...».*

Y los recuerdos de este anciano cabohornense están llenos de la mar y del viento. Hay ocho páginas llenas de estas cosas en la carta del comandante Pierre Stéphan, con todas las rutas del sur y once cabos de Hornos en su haber:

»... Un poco al este de Hornos, varios barcos quedaron rodeados por los hielos flotantes desprendidos de la masa de hielos situada más al sur. Fue así como el Hantot, *un tres palos que desplaza 3.500 toneladas cargado y que había salido de Nueva Caledonia quince días antes que yo, que entonces era capitán del cuatro palos* President Felix-Faure, *de 3.800 toneladas, debió quedar atrapado entre los hielos después de su paso por Hornos. En todo caso, no se le ha vuelto a ver...*

»... El único iceberg que he visto en el Atlántico Sur estaba situado sobre el Banco de las Falkland, al sur de estas islas. Lo vimos al amanecer. El tiempo no estaba mal, y di el rumbo para pasar a dos o tres millas de ese enorme iceberg, lo *que nos permitió conocer sus dimensiones con el sextante: ochenta metros de altura y de ochocientos cincuenta a novecientos metros de longitud. Era magnífico, una mole enorme, contra la que hubiéramos podido estrellarnos si hubiese habido niebla. No sentimos ninguna diferencia de temperatura al pasar a sotavento de ese iceberg. Cierto es que estábamos a dos millas de distancia...».*

Guardo de nuevo todas las cartas de los cabohornenses en el mismo sobre forrado. Desde el punto de vista práctico no aportan gran cosa, pero me enseñan mucho. Y yo... no les contesté siquiera en aquella época nerviosa y agitada de mis preparativos. No les he dado las gracias, pero sus cartas están ahí, con sus deseos de éxito y su manera sencilla de alentar, propia de viejos marinos que saben que ciertos barcos pasan siempre y otros no. ¿Dónde están Bill King, Nigel, Loïck? Ya ni siquiera escucho la BBC, de poco sirve. Knox-Johnston está quizás al otro lado de Hornos, seguramente que era de él de quien me hablaban los pescadores de Hobart. Buena suerte a todos, si es verdad que no estamos del todo solos en este juego.

La Cruz del Sur se ve en el cielo a gran altura, a mucha mayor altura que la prevista a la salida, pues el tiempo sigue siendo bueno y mantengo al *Joshua* bajo en latitud, hacia el paralelo 48°, casi sobre la línea discontinua roja que marca el límite de los icebergs en la carta.

En un año normal hubiera puesto en seguida rumbo nordeste después de Nueva Zelanda, para alcanzar el paralelo 40° y quedar alejado de las rachas de verdadero mal tiempo habituales en las altas latitudes, incluso en verano. Después hubiera seguido el mayor tiempo posible por el paralelo 40° antes de doblar el cabo de Hornos. Pero ahora creo que nos beneficiamos de un año excepcional. Es verdad que estamos en pleno verano austral..., pero el tiempo de todas formas es sorprendente para una latitud tan alta, con el cielo completamente azul en general, y este mar relativamente calmado, aparte de la larga marejada habitual del sudoeste, que parece la respiración sosegada del universo.

Casi todas las estrellas son visibles en un momento u otro de la noche, hasta muy abajo sobre el horizonte, a pesar de la luna llena. Hay nubes a menudo, muy redondas, aunque poco grandes, y muy pocos cirros allá en lo alto del cielo. Y no ha habido un solo halo solar desde las proximidades del cabo Leeuwin durante semanas enteras.

La luna cada noche sale más tarde, cada noche cambia de forma, cada vez más y más pequeña. Comprendo que los pueblos de Asia prefieran medir el tiempo con la luna, que cambia, se va y luego vuelve. Ayuda a sentir mejor no sé qué exactamente, pero creo que todos los que están en la mar prefieren la luna al sol.

Ciento treinta millas, ciento cuarenta y seis, ciento cuarenta y ocho, ciento cuarenta y tres, ciento cuarenta y nueve, ciento cuarenta y ocho. Nada excepcional, pero sigo sin rizos en las velas, sigo con mis noches francas, durante las cuales doy alguna que otra vuelta por cubierta sin necesidad de chubasquero, sin malos presagios en el cielo ni cirros en forma de bigotes de gato, y la línea trazada sobre el globo del *Damien* se estira con regularidad. Está ya casi a mitad del Pacífico, sin embargo, el mar no brama todavía, la escotilla de la cabina permanece siempre abierta, todo está seco en el interior, el mar salpica raramente la cubierta.

Tres años antes, sobre la misma derrota, pero mucho más al norte, la escotilla se dejaba cerrada a partir del paralelo 40°, con una buena junta cortada en una toalla para impedir que el agua helada pudiera pasar con la presión. Y solo excepcionalmente Françoise o yo salíamos a cubierta a maniobrar o, simplemente, a tomar un poco el aire sin amarrarnos. En cuanto a tomar el sol, ni lo soñábamos, en aquella época del crucero Tahití-Alicante.

En este viaje no he tenido aún necesidad de amarrarme desde Buena Esperanza, salvo de vez en cuando para tomar de noche un rizo a la trinqueta al principio del océano Índico. Mi cuerpo está colmado de sol, bronceado como en los alisios.

El fondo sonoro de Tahití-Alicante fue el bramido continuo del mar durante toda la travesía del Pacífico. Un bramido potente o al menos perceptible según el tiempo. Pero ese bramar en derredor nuestro nos había acompañado hasta después de Hornos, donde la inmensa marejada del oeste se ve bloqueada por la Tierra del Fuego. Entonces, nos causó sorpresa dejar de oír ese ruido de fondo que recordaba el del mar en una playa pedregosa.

Es verdaderamente un buen año, un año como rara vez se encuentra en esta ruta del sur. Pienso en los calcetines dobles de lana por encima de los cuales nos poníamos unas bolsas de plástico sujetas con gomas a los tobillos, para no mojar nuestros valiosos calcetines al andar sobre el suelo siempre húmedo de la cabina. Los guantes de lana en el interior, las manoplas, los guantes de cuero para maniobrar en cubierta, los dedos agrietados, las indispensables botas, la ropa interior que dejábamos a secar todos los días sobre el hornillo. Incluso las mantas estaban más o menos mojadas y llenas de sal.

Ahora, la temperatura es de 24 °C a mediodía en la cabina sin calefacción, y 13 °C al amanecer. Mi provisión de bolsas de plástico está intacta, voy casi siempre descalzo para maniobrar en cubierta, a veces incluso totalmente desnudo durante la meridiana. Toda la ropa está seca, como a la salida.

Pero este magnífico tiempo que dura desde hace más de dos meses habrá provocado seguramente un deshielo precoz al sur, y no me sorprendería enterarme de que los icebergs han subido más allá de su límite habitual este año. De todos modos, no sé rigurosamente nada, y dejo la mente vacía según mi antigua costumbre, como suelo hacer cuando todo marcha bien y basta con seguir respirando tranquilamente dando gracias al cielo por sus dones. Por lo demás, es muy posible que el deshielo de la banquisa, que es lo que da lugar a que los icebergs se suelten, obedezca más a sacudidas sísmicas y a fuertes temporales que al sol. ¡Ya está... vuelvo de nuevo a pensar en todas las direcciones! Pero no con angustia, al contrario. Me siento alegre, como protegido por algo que flota en el aire a mi alrededor y que yo llamo Hermano Mayor, como uno llama a sus amigos en Asia. Le hablo a menudo, pero no me contesta. Creo que tenemos la misma opinión, pero debe tener mucho trabajo para alejar las borrascas. ¿O estima que debo hallar la respuesta yo solo, en mi soledad tan grande, poblada por tantas cosas? Me ha crecido mucho el cabello, me cubre la nuca casi hasta las espaldas. Mi barba también está bastante larga, hasta el punto que debo recortármela cada semana alrededor de los labios para poder comer mi papilla de avena por la mañana sin mancharme la cara. Mi último enjabonado completo se remonta a una lluvia en el Pot-au-Noir; de esto hace meses..., sin embargo, no tengo ni una espinilla en la piel.

Al parecer, un pueblo guerrero de no sé qué época pasaba por las armas a todo hombre de su ejército al que cogieran lavándose, porque eso le hacía perder la virilidad. Y un buen día el general fue sorprendido bañándose en el Ganges. En el consejo de guerra se libró *in extremis*, asegurando que había perdido el anillo de su prometida y que un *brahman* le había dicho que el anillo había caído en el lugar donde lo estaba buscando. En fin... que el mariscal hizo una excepción por esta vez, quizá porque estaba muy unido a ese jefe, o quizá también porque la próxima gran batalla no había de tener lugar hasta algún tiempo después, lo que daría al general tiempo suficiente para recobrar su virilidad.

Me gustaría darme un baño en el Ganges... no para lavarme, no lo necesito, no, sino porque sí.

El *Joshua* está a medio camino de Hornos. La media se mantiene. Llevo cinco días seguidos haciendo mis ejercicios de yoga desnudo en la bañera, antes de la meridiana. Siento que el sol penetra en mí y me da fuerza. Cuando no hay sol, o bien por la tarde, llevo un jersey y un pantalón de lana. El aire que respiro me da entonces su fuerza.

Tal equilibrio físico y nervioso después de cinco meses de mar, me sorprende a pesar de todo, cuando contemplo la línea, tan larga ya, trazada sobre el pequeño globo. Es verdad que sabía desde el principio que era posible. Todo es posible..., es una cuestión de actitud ante las cosas, una cuestión de adaptación instintiva. Pero nunca hubiera creído poder alcanzar esta plenitud de cuerpo y de espíritu al cabo de cinco meses en circuito cerrado, y con una úlcera de estómago que arrastro desde hace diez años.

No consigo comprobar mi peso, pues el mar de fondo del oeste que se deja sentir a pesar del buen tiempo falsea completamente la lectura de la báscula; sin embargo, es probable que haya ganado otro kilito desde que dejamos Tasmania. Pocas veces me he sentido tan lleno de salud. Mi úlcera no me molesta desde que dejamos atrás la mitad del océano Índico, y mi apetito es excelente.

Si muchas tripulaciones se veían diezmadas por la enfermedad y el escorbuto durante los largos viajes de exploración de los siglos pasados, otras volvían casi intactas (las del capitán Cook en particular) a pesar de una permanencia de meses y meses en el mar en condiciones a menudo extremadamente duras. Cook encontró un remedio para combatir la avitaminosis al obligar a sus hombres a tomar cada día una especie de «cerveza» fabricada a bordo con hojas de pino maceradas.

Antes de la salida hablé largo y tendido con Jean Rivolier, médico-jefe de las expediciones polares francesas (Misiones Paul-Émile Victor). Su experiencia práctica es real gracias a sus expediciones árticas y antárticas, así como en alta montaña. Anoté lo más esencial de nuestras entrevistas.

«Para una larga navegación de altura de la clase que pensaba emprender, las necesidades del organismo son del orden de unas 3.000 calorías diarias, como máximo. Algunas personas comen más que otras. No debemos contrariar nuestra naturaleza ni nuestras costumbres.

»Es indispensable que la nutrición sea equilibrada en glucosa, proteínas y materias grasas. Los alimentos ricos en glucosa (azúcar, cereales, patatas, arroz) son los más útiles para el rendimiento energético. Las proteínas (carnes, huevos, pescados, algunas féculas, como la soja) permiten una mejor recuperación después del adelgazamiento. Las materias grasas (como son las grasas propiamente dichas, aceites vegetales, mantequilla) facilitan la lucha contra el frío y también nos proporcionan energía.

»Desconfíe de la deshidratación, que puede pasar inadvertida, y que puede tener consecuencias graves. Algunos sorbos de agua de mar, como suplemento, nos proporcionan también sales minerales.

»No existe ningún riesgo de avitaminosis cuando se consumen exclusivamente alimentos envasados siempre y cuando se coma de todo. El análisis de algunas conservas de legumbres y de frutas revela a menudo un porcentaje vitamínico superior al de esos mismos productos consumidos frescos en las condiciones en que se consumen en la ciudad (cuando esas legumbres frescas llevan demasiado tiempo en un escaparate, por ejemplo). Los grandes dramas del pasado tenían mucho que ver con el consumo exclusivo, o casi exclusivo, de productos secos o salados, sin variedad.

»Es innecesario tomar vitaminas adicionales sintéticas, pero no hay que privarse de ellas si eso le da a uno tranquilidad de espíritu. En todo caso, una sobredosis vitamínica, que consiste en tomar vitaminas sintéticas como medicamentos en dosis superiores al régimen equilibrado, no proporciona al

hombre un rendimiento mejor en lo que concierne a la adaptación al frío, al calor, a la altitud o al esfuerzo».

Así, pues, Jean Rivolier me tranquilizó: bastaría con ser lo suficientemente razonable para prepararme comidas apetitosas y variadas, evitando deslizarme por la peligrosa pendiente de la anarquía alimenticia, que podría consistir por ejemplo en comer demasiado a menudo lo mismo, preparado de la misma manera, o sin prepararlo en absoluto.

Tengo montones de conservas de todas clases con las que aguantar un año si fuera necesario, en caso de desarboladura o para poder ser independiente y estar listo para cualquier eventualidad si un accidente desagradable me obligase a quedarme en un atolón perdido sin otros recursos que los cocos que Dios me dé y los erizos del arrecife (el pescado suele ser venenoso en los atolones). Realmente tengo a bordo todo lo que me hace falta... salvo talento para la cocina. Siempre falta o sobra algo, pero nunca sé qué. Se tienen las cualidades o no se tienen. Yo no las tengo, y con la cocina me pasa un poco como con la buena música: soy capaz de apreciarla, de disfrutarla, pero no de interpretarla.

Apenas hace cinco meses que estoy en el mar. Los veintiocho hombres del *Endurance* llevaban ya once meses cuando el barco, aplastado por los hielos del mar de Weddel, hubo de ser abandonado. Y durante otros diez meses esos hombres continuaron a pie sobre la banquisa, remolcando dos balleneras a través de los bloques de hielo. Todos volvieron intactos (salvo un tripulante a quien se le congeló un pie) veintiún meses después de haber levado anclas.

Aparte de algunos hombres excepcionales en aquella dotación, los otros eran, sin duda, de tipo normal. Pero los límites de la resistencia humana se encuentran bastante más allá de lo que se cree a primera vista. En Asia he podido ver lo que aguantan los culis que trabajan de sol a sol, tomando como único alimento un poco de arroz, pescado seco y una sopa donde flotan algunas hierbas.

El barómetro empieza a bajar. El cielo está cubierto de cirros en forma de olas. Hay mucho viento allá arriba. La línea del barógrafo está llena de altibajos. Después de dos meses de buen tiempo, esto tenía que llegar, de todos modos, un día u otro, a pesar de la protección de los dioses. El mar no ruge todavía, pero se asemeja ya a la línea del barógrafo, llena de estremecimientos nerviosos.

En cubierta se han tomado todas las medidas: tormentín de 5 m^2, un rizo en la trinqueta, dos rizos en la vela mayor, vela de mesana rizada al máximo. Cambio la veleta normal por otra la mitad más pequeña, y modifico el rumbo hacia el ENE (casi nordeste) para alejarme, a la vez, del camino de esta depresión y del límite de los hielos.

Si este temporal va fuerte quizá tenga varios días y noches de trabajo con la caña en el interior. En dos ocasiones tuve que permanecer en el puesto de mando durante setenta y dos horas; la primera vez con el *Marie-Thérèse* en el estrecho de Malaca para vigilar la costa y los arrecifes, la segunda en el *Marie-Thérèse II*, al pasar Buena Esperanza. En esa ocasión gobernaba durmiéndome profundamente en el seno de la ola y despertándome justo antes de cada cresta para darle la popa.

Durante el largo temporal de la Tahití-Alicante fue agotador, porque tardé en encontrar el ritmo adecuado y llegué demasiado rápido al límite de la extenuación.

Ahora estoy probablemente mucho mejor preparado para hacer frente a un cansancio prolongado, gracias al yoga que practico a diario desde el peligroso bajón a la entrada del océano Índico. En aquella ocasión estuve a punto de aban-

«En cubierta se han tomado todas las medidas: tormentín de 5 m², un rizo en la trinqueta, dos rizos en la vela mayor, vela de mesana rizada al máximo».

donar y dirigirme a la isla Mauricio. Me dolía la úlcera. Nada iba bien, ni moral ni físicamente.

Un año antes de la salida, un amigo me envió la obra *Yoga para todos*, de Desmond Dunne, junto con una carta en la que intentaba explicarme que yo estaba nervioso y cansado por el ritmo de Europa. La disciplina del yoga, que él practicaba desde hacía dos años, le había devuelto su equilibrio, así como a su mujer. Todo lo que me decía era verdad, lo sabía. Yo lo sabía incluso desde hacía tiempo.

Cuando hojeé el libro por primera vez, en el océano Índico, vi reflejados en él todos los valores de mi Asia natal, toda la sabiduría del antiguo Oriente, y hallé en la obra algunos pequeños ejercicios que ya hacía instintivamente siempre que estaba cansado. Mi úlcera dejó de hacerme sufrir. Y no volví a tener lumbago. Pero sobre todo, he encontrado algo más. Una especie de estado de gracia indefinible. Unos lo tienen quizá de nacimiento o por instinto, otros pueden encontrarlo un día en el camino de su vida, nunca lo sabremos, y esto importa poco. Lo esencial es que existe, y que con él las cosas vuelven a su lugar natural, a su equilibrio en el universo interior.

Ya no hay luna. Volverá dentro de algunos días, como una sonrisa, tímida primero, luego cada vez más grande.

El barómetro baja, pero la vida sigue a ritmo normal, incluso cuando existe la amenaza de temporal. ¿Cuánto tiempo durará todavía esta paz que he encontrado en el mar?

Es toda la vida la que contemplo: el sol, las nubes, el mar, el tiempo que pasa y ahí se queda. Es también, a veces, ese otro mundo que se ha vuelto desconocido, que dejé hace siglos. Ese mundo moderno artificial, donde el hombre ha sido transformado en una máquina de ganar dinero para satisfacer falsas necesidades, falsas alegrías.

El mar se ha vuelto blanco de espuma con el temporal. He arriado la mayor y después la mesana. El *Joshua* avanza en la noche con la trinqueta a un rizo y el tormentín, surfeando de vez en cuando en la pendiente de las olas. La pequeña veleta se ocupa de todo, corrige las guiñadas y aprovecha la calma entre dos olas para retomar el buen rumbo.

Sentado en la silla del puesto de pilotaje interior miro el agua fosforescente a través de las ventanillas de la cúpula que me protege de los golpes de mar y me los acerca. Casi he llegado al punto decisivo de mi viaje. Desde que dejé atrás el océano Índico, sé que no quiero volver.

El ruido del mar, atenuado en el interior, me dice muchas cosas del pasado, del presente y del futuro. Todo está ahí, en el mar, y, creo que la alegría es la expresión más elevada del pensamiento. Pero sé que el verdadero giro será después del cabo de Hornos.

Si el *Joshua* y yo aguantamos, entonces intentaremos continuar. Volveremos a pasar Buena Esperanza..., a pasar Leeuwin y Tasmania y Nueva Zelanda..., atravesaremos de nuevo todo el océano Índico, todo el Pacífico..., anclaremos en las Galápagos para hacer allí balance tranquilamente.

También podría ir ahora a las Galápagos. Bastaría con poner un poco de caña a estribor, hacia el norte; están cerca, podría llegar en algunas semanas. Pero es demasiado pronto para presentarnos en las Galápagos, pues, en realidad, no he encontrado aún mi Ganges; me lo reprocharía toda mi vida, sería como si ni siquiera lo hubiera intentado. Recuerdo un pequeño templo que encontré en la selva..., no, no recuerdo nada, será mejor no recordar nada.

Y hasta Hornos no tener presente otra cosa que no sea mi barco, pequeño mundo blanco y rojo hecho de espacio, de aire puro, de estrellas, de nubes y de libertad en su más profundo sentido, en el más natural. Olvidarme completamente de la Tierra, sus ciudades despiadadas, sus muchedumbres sin mirada y su sed de un ritmo de vida carente de sentido. Allá... si un comerciante pudiera apagar las estrellas para que sus letreros publicitarios destacaran más durante la noche, quizá lo hiciera. Olvidar todo eso.

Vivir identificado solamente con el mar y mi barco, para el mar y para mi barco.

«El temporal pasa. No es para tanto.
Veinte horas con fuerza 8, llegando a 9 en las rachas...».

15

«JOSHUA» CONTRA «JOSHUA»

El temporal pasa. Casi nada. Veinte horas a fuerza 8, con 9 en las ráfagas y la veleta rota por una ola durante la noche. Sustituida rápidamente por otra ya preparada.

En general, un temporal del sector oeste en las altas latitudes australes es debido a una depresión en la que el viento sopla primero con fuerza del NW antes de pasar al W y después al SW. Entonces, la fuerte mar picada, levantada por la primera fase del temporal, se cruza y se superpone al oleaje constante del W, que se ha vuelto muy grande bajo el empuje del viento del oeste. Esto provoca rompientes a veces peligrosos, que golpean por el través de la popa y obligan a modificar el rumbo hacia el SE cuando el mar se enfada de verdad.

Se enfada, pero no demasiado. No tengo necesidad ni de llevar el timón. El mar se ha arbolado rápidamente, el *Joshua* se pone a surfear, pero se lo consiento. Se ha aligerado un poco más con el paso de los meses, entre los víveres y el petróleo consumidos. La proa descarga muy bien, puede surfear sin peligro de pasar por ojo... al menos con este mar.

El tiempo sigue desapacible. El viento disminuye y rola al sudoeste. Después el cielo se despeja en menos de media hora. ¡Sol..., mucho sol!

Aprovecho el cubo de agua dulce recogida por la vela mayor, para lavar cuatro pares de calcetines. Los pongo a secar en lo alto, en los obenques de mesana, después de haberlos ensartado en rosario sobre una pequeña cuerda, como se hace con los peces por las agallas. Esto hace quizá que se corran algunos puntos, pero es más seguro que las pinzas de tender, y prefiero los calcetines con algún punto suelto a que se los lleve el viento. Uso muchos ahora. Trato de no olvidar nunca la rondana de cámara de neumático que sirve para mantener el pantalón impermeable pegado a las botas para impedir que pase el agua, pero pasa a menudo. Prometo cada vez ponerme el par de calcetines mojados cuando tenga que salir a cubierta a maniobrar... pero me quedo con los calcetines secos que llevaba en la cabina, y se mojan una de cada tres veces cuando me quedo fuera más de lo necesario.

Empieza a hacer frío. El agua está helada. Seguramente ya lo estaba antes, pero como no salpicaba la cubierta, no notaba hasta qué punto estaba fría aquí. Cuando me entra por las botas se me pone la carne de gallina durante algunos segundos.

Este primer temporal del Pacífico parece haber establecido una especie de frontera entre el «antes» y el «después». Se notan de verdad las altas latitudes donde el mar está siempre algo encolerizado, incluso cuando todo marcha a pedir de boca.

El cielo se cubre de nuevo. Cirros en forma de olas. Cirros en forma de bigotes de gato. Cirrostratos invisibles, revelados solo por el halo solar. La línea del barógrafo llena de pequeños escalofríos. Cuatro albatros y tres *malamocks.* Y la corredera gira, gira, gira.

Ciento cincuenta y dos millas, ciento setenta, ciento cincuenta y ocho, ciento cuarenta y siete, ciento sesenta y dos, ciento sesenta y nueve millas.

El sonido del casco se oye día y noche. Sonido inquieto, o tranquilo o alegre, todo depende de pequeños detalles: un rayo de sol que atraviesa a veces las nubes, la línea del barógrafo, oleaje del noroeste, oleaje largo del oeste.

El *Joshua* hace sus diez grados de longitud cada tres días, más de mil millas por semana. Y dos barcos que son el mismo hacen una regata entre sí, sobre la carta donde tres años antes había marcado las posiciones diarias del Tahití-Alicante. La derrota actual es casi recta, rápida, clara, sobre la carta y sobre el globo del *Damien* donde presiono fuertemente con el bolígrafo, al sur, por el camino más corto, que es a la vez razonable y posible, lejos del tímido trazo a lápiz del Tahití-Alicante, mucho más al norte, mucho más lento, algo irregular, como atenazado por una especie de miedo. Ahora también tengo un poco de miedo. Pero no es lo mismo.

Me parece que hace días y días que tengo la escotilla cerrada y que el cielo está casi siempre gris. A veces debo quedarme más de una hora en cubierta para llegar a atrapar un pálido sol en el sextante entre dos bancos de estratos. Llueve a menudo y el mar resuena sin interrupción. Frecuentemente, olas cruzadas golpean con fuerza, sin avisar. Entonces torrentes de agua barren la cubierta a sotavento con tal violencia que arrastrarían cualquier cosa. Necesitaría un traje de buzo pesado para que no se me empapasen los calcetines. Tres pares están tendidos por encima del hornillo.

Nada de maniobrar ya sin arnés, podría resultar mortal un día u otro. Pero todavía no he conseguido habituarme a él, me encuentro como maniatado, no me muevo con soltura. Para estar seguro de no olvidarlo, lo meto en el bolsillo del pecho del chubasquero en cuanto lo desengancho y vuelvo a la cabina después de una maniobra. De esta manera lo tengo siempre a mano, puesto que no subo ya nunca sin el chubasquero.

Cuando voy simplemente a tomar el aire en la bañera para llenarme los pulmones y charlar con el mar, lo dejo en el bolsillo, pues me agarro entonces a la empuñadura de la compuerta de la cabina, vista y oídos atentos a todo para vigilar las olas erráticas, dispuesto a abrir la escotilla y saltar al abrigo en un segundo y medio. Es el máximo tiempo que necesito para abrir la escotilla, pasar la compuerta, sentarme rápidamente en la silla del puesto de pilotaje interior y cerrar la escotilla por encima de mí, estirando bien para que la junta de neopreno selle toda la superficie de unión. Con el arnés me sentiría menos ágil. Además, no sé..., creo que hay otra cosa importante, que es la participación íntima con las cosas que me rodean. El arnés me uniría únicamente a una cornamusa de acero, pero no al resto. Tiene escrito «Annie» con tinta china. Formaba parte del armamento del *Captain Browne* cuando Loïck compró ese barco a los Van de Wiele. Loïck se quedó con el de Louis y me dio el de Annie. Quité los tirantes, demasiado cortos para mí, que me hubieran molestado de todas formas. Sin tirantes resulta menos técnico, pero más rápido de poner y sacar. Además, sin tirantes, me siento menos prisionero.

El descenso hacia el Hornos comenzó hace una semana, con un poco de indecisión al principio a fin de dejar pasar un segundo temporal.

Lluvia, granizo, olas grandes, surfeadas a veces impresionantes. Ni averías ni emociones demasiado fuertes, aparte de la belleza del *Joshua* navegando con los rizos tomados bajo la luz del cielo y del mar cuando el viento pasó al SW después de rolar (*).

Nada de averías... pero me temo que mi cámara Beaulieu no funciona. Se tragó un buen montón de agua mientras filmaba el oleaje, y entró el agua por el agujero lateral que sirve para enchufar la toma de mando a distancia. Debí haberlo tapado con cinta aislante.

Sin demasiadas esperanzas introduzco una cerilla envuelta en algodón en la toma de mando a distancia para absorber el agua salada. Repito cinco o seis veces la operación hasta que el algodón sale seco. Prosigo después con algodón ligeramente humedecido con agua dulce para disolver la sal que pudiera haber quedado, y después un algodón pasado por encima de la llama para que esté bien caliente y lo seque todo.

Pruebo el disparador. ¡Milagro..., funciona! Comienza a resucitar tosiendo un poco al principio. Rebobino poco a poco la película: se ha salvado. Es una suerte. Espero poder ver en ella la ola que ha provocado todo esto. Retiro la bobina para poder calentar con cuidado la cámara encima del Primus y forrarla de papel de periódico caliente y seco.

Ahora caliento en una cacerola las bolsitas de sílice que sirven para absorber la humedad. Caliento algunos periódicos más, vuelvo a poner los objetivos que había desatornillado durante la operación Primus; envuelvo la cámara en los periódicos calientes con las bolas de sílice después de haber comprobado que funciona bien. Hubiera sido un duro golpe si no la hubiese podido arreglar. Me ha ayudado a ver cosas que no hubiera visto con tanta nitidez sin ella durante este viaje.

El barómetro se estabiliza, pero el viento sopla de 6 a 7. Después disminuye hasta fuerza 3 y vuelve al noroeste fuerza 4 con llovizna al día siguiente. No me gustan los vientos del noroeste, es casi siempre por ahí por donde empiezan los problemas.

Un nuevo balde de agua bajo la botavara de la vela mayor. La cantidad recuperada hasta ahora en el Pacífico es de 72 litros, las tres cuartas partes de mi consumo de treinta y cinco días (2,5 litros por día). Recogí algo más de lo necesario en el océano Índico, pues fueron 150 litros para una travesía de ciento cincuenta y seis días, durante la cual consumí unos 130 litros.

En cualquier caso estoy bien abastecido, ya que el nivel del depósito es casi el mismo que a la salida (400 litros). Creo que un barco lo bastante grande para llevar víveres y material de recambio suficientes podría dar varias vueltas al globo contando solo con el agua del cielo.

Utilizo el balde de agua de esta mañana para lavar el trapo de la cocina. Es un error. Ese paño sin lavar desde el Pot-au-Noir del Atlántico me ayudaba a prever las variaciones atmosféricas ahora que ya no estoy aquejado de lumbago y que mi espalda me deja en paz durante los cambios sutiles del grado higrométrico.

Cuando el paño de la cocina se mantenía tieso, es que el aire estaba seco y podía contar con cierta persistencia de vientos del sudoeste con buen tiempo relativo y un cielo bastante azul, aparte de los cirros. Cuando estaba menos rígido debido a vientos del sudeste, era casi siempre señal de una rotación próxima al oeste, y el aire era menos seco. Y cuando mi paño estaba flácido y pegajoso como si hubiera limpiado todos los pescados del mundo, entonces no cabía esperar más que la llegada de vientos del sector norte cargados de humedad.

Pero no importa, mi traje acolchado del ave que canta y del pez que hace burbujas me avisa también de la misma manera. Sin embargo, no valen lo que el paño en sus buenos tiempos.

Se seca, azotado alegremente por el viento, con seis pinzas de tender lo más arriba posible en los obenques de mesana.

Cuatro jornadas apacibles con ciento treinta, ciento once, ciento cuarenta y siete y ciento cuarenta y dos millas, casi sin salpicaduras sobre cubierta. Hacia las diez, el cielo se despeja del todo y me permito el lujo de tomar un baño integral de sol durante la meridiana, 49° de latitud, a mil millas de Hornos.

El aire es seco; tiendo dos mantas en los obenques de mesana, sacudo fuerte las fundas de almohada contra la cubierta, la escotilla está completamente abierta por primera vez desde hace mucho tiempo. ¡Todo vuelve a estar seco, como el día de la salida!

Sin embargo, hay muchos cirros y cirrocúmulos, el cielo se ha cubierto de nuevo, el sol calienta tímidamente, pero el mar está bien, sin oleaje ni rociones, el viento cae a fuerza tres solamente. Todas esas nubes elevadas cortan el viento de superficie en ángulo recto y vienen de la izquierda cuando se hace proa al viento. Es señal de una depresión que se aproxima por el oeste o el sudoeste, además había un halo de 22° alrededor del sol a mediodía. Pero el barógrafo no indica nada, su línea es regular, sin un altibajo. Incluso está dos milímetros por encima de lo normal y no llego a descubrir el oleaje característico del noroeste.

Cielo cubierto, llovizna, viento del oeste-sudoeste de fresco a frescachón a pesar de la lluvia. Atrapo el sol por milagro a través de la capa de estratos bajos después de permanecer dos horas sobre cubierta, helándome los pies mientras jugaba al escondite con el sol.

El Tahití-Alicante continúa perdiendo entre veinte y cuarenta millas por día. No nos ha superado más que dos veces en tres semanas en períodos de veinticuatro horas. Pero el

Tahití-Alicante nos lleva aún muchísima ventaja..., ha pasado ya el Hornos sin contratiempo alguno.

Día y noche paso largos ratos sobre cubierta. En la cabina contemplo a menudo el pequeño globo del *Damien.* Las Galápagos están a tres mil millas al norte. Ahí al lado. Todavía un buen trecho hacia el este. Pero no hay que mirar demasiado hacia el este...

No estoy triste ni alegre. Ni verdaderamente tenso, ni verdaderamente relajado. Me siento quizá como cuando un hombre mira las estrellas haciéndose preguntas a las cuales por falta de madurez no puede responder. Entonces, un día está alegre y al siguiente se siente triste, sin saber por qué. Se parece un poco al horizonte: por más que se vea el cielo y el mar unirse en la misma línea, por más que se vaya siempre hacia él, lo vemos constantemente a la misma distancia, cerca, pero inaccesible. Sin embargo, en nuestro interior sabemos que lo único que cuenta es el camino recorrido.

Tasmania está a más de cinco mil millas por la popa, el Hornos a novecientas millas de la proa. El *Joshua* se encuentra ahora apenas un poco al sur del camino recorrido hace tres años. Teníamos la misma clase de tiempo. Inquietos como Chuchundra, la rata almizclera que pasa rozando las paredes sin atreverse a correr por el centro de las habitaciones; nosotros nos manteníamos el mayor tiempo posible al norte de la ruta antes de girar para pasar por una zona donde las rachas eran menos frecuentes, menos violentas también que más al sur. Pues acabábamos de recibir una buena paliza sobre el paralelo 43°. Una de esas palizas de las que uno se acuerda hasta el fin de sus días. La experiencia de poco sirve ante un verdadero temporal de las altas latitudes del sur, donde el mar puede ponerse monstruoso, con olas difíciles de imaginar. Durante mucho tiempo creí que podían golpear a una velocidad de quince a veinticinco nudos. De hecho, las olas del más fuerte temporal encajado por el *Joshua* tres años antes en el Pacífico Sur no sobrepasaban a lo sumo los quince nudos, y su velocidad de choque era del orden de diez u once nudos, puesto que el barco navegaba en el mismo sentido. Pude conocer la velocidad de las olas cronometrando el tiempo que empleaban para pasar del codaste a la proa. Y una rompiente que golpea a diez u once nudos de velocidad relativa es bastante soportable para un buen barco si se la recibe por la popa... a condición de no correr el riesgo de pasar por ojo.

Durante este mismo temporal vi lo que los marinos ingleses llaman la «ola piramidal», provocada por la superposición de varias olas grandes que se cortan al mismo tiempo en ángulos diferentes formando una ola colosal. Se desplomó en forma de avalancha. Durante algunos segundos, el ruido que produjo anuló por completo el del resto del mar y el del barco, como si se hubiera oído el fragor del trueno en la lejanía. Sin embargo, había roto a doscientos o trescientos metros y el retumbar del mar se escuchaba por todas partes alrededor de nosotros. Pero no se oían ya la mar ni el barco, solo el sonido del trueno bajo el gigantesco alud. Yo miraba y escuchaba, con los ojos bien abiertos, la respiración entrecortada y todos los pelos de punta.

Hace dos semanas que el mar resuena, utilizo siempre para trabajar en cubierta el cable de acero de 5 mm que se extiende de proa a popa por cada costado de cubierta. Bill King me dio la idea. Tiene que emplear este sistema de seguridad al no contar en su barco con guardamancebos ni obenques donde sujetarse. Más tarde lo había visto en el *Corsen* de Jean-Michel Barrault, algunas semanas antes de la salida, y entonces nos dimos prisa Loïck y yo para equipar nuestros barcos de la misma manera. Es tan práctico que no podía prescindir de él: es suficiente enganchar en el cable el mosquetón del arnés y se puede circular libremente por cubierta sin necesidad de cambiar de punto fijo, pues el mosquetón se desliza a lo largo de él. El segundo mosquetón se lleva en la mano, listo para engancharlo a un obenque o donde sea. Es un sistema seguro casi al ciento por ciento. Sería necesaria una rompiente descomunal para que nos fuéramos al agua, puesto que además tenemos las dos manos libres para agarrarnos a lo primero que encontremos. Pero eso no impide que tengamos que chapotear de vez en cuando por cubierta con las botas llenas de agua helada, aparte de la que se cuela por el cuello y las mangas del chubasquero.

El viento pasa al oeste-noroeste y un fuerte oleaje viene del noroeste. El barómetro sigue bajando. El viento sopla con fuerza seis, a veces siete. No falta, pues, ningún indicio, arriaré le vela de estay y quizá ponga un rizo más en la mesana y en la vela mayor antes de la puesta del sol. Después pasaré la noche medio en vela medio dormido como un gato que espera el momento de actuar pero que no mueve ni un pelo antes del instante preciso. El viento, la calma, la niebla, el sol, todo es lo mismo, algo que vive, se estremece, es una sola presencia donde todo se mezcla y se confunde en una gran luz que es la vida. Plenitud animal del cuerpo y del espíritu.

A veces se deja también sentir la angustia. Pero en lo más hondo de esta angustia vibra la alegría interior del mar. Entonces, eso borra todo el resto.

El temporal se acerca; diría que es casi seguro. Sin embargo, no me inquieto… casi.

Ciento setenta y seis millas… ¡y no hay temporal! Me encuentro bien. Pero casi siento no estar equipado para hablar con los radioaficionados, que me habrían dado noticias de los compañeros, nos habríamos comunicado gracias a ellos.

El paralelo 50° está superado desde ayer y nos encontramos de lleno en las altas latitudes, donde el tiempo cambia muy rápidamente, para bien o para mal.

Ayer, al atardecer, el viento aumentó a fuerza siete; arrié la vela de estay, tomé un rizo más de la mayor y otro en la mesana como había previsto. Dos horas más tarde, el cielo se despejaba parcialmente, el gran oleaje del noroeste disminuía de altura, y yo sabía ya que no habría temporal. Llovió un poco hacia las once de la noche al paso de un gran cumulonimbo, y pasé al cazo un litro y medio de agua recogido por la vela mayor. Me causó una impresión algo extraña esa agua de lluvia transvasada directamente de las velas al cazo en previsión del desayuno. En seguida me hice un café que saboreé mientras fumaba un cigarrillo. El barómetro ya no bajaba, el viento no sobrepasaba la fuerza seis, la luna, casi llena, iluminaba todo el mar por la popa cuando salía entre las masas de cúmulos; ya no había cirros en lo alto, las estrellas centelleaban normalmente. Largué un rizo a la mayor y otro a la mesana. El viento se aprestaba a pasar al oeste, luego al sudoeste y aumentaría un poco conforme subía el barómetro. Pero quizás aumentara mucho en el momento de su rotación. Finalmente, preferí volver a poner el segundo rizo a la vela mayor y el segundo a la mesana hacia la una de la noche, para poder dormir tranquilo hasta el amanecer. Después me tomé otro café, a pequeños sorbos, sentado en el puesto de pilotaje interior, observando la franja clara que se aproximaba por el oeste. Las estrellas, cada vez más numerosas, llenaban el cielo por la popa. La rolada al oeste no fue demasiado fuerte. Subí a cubierta a cazar las escotas y el *Joshua* empezaba un surf por la pendiente de las olas del noroeste, que se habían vuelto amistosas, redondas, regulares.

Más tarde, me acurruqué en la litera, seco y al calor, no sin haber vuelto a mirar el trazo sobre el globo. Está muy cerca de Hornos: otros cinco o seis días si todo marcha como es debido. Pero evito mirar más allá de Hornos. Solo pienso que mi traje acolchado estará mañana menos pegajoso, y esta idea me llena de paz.

El amanecer presenta buen aspecto. Siempre estoy levantado antes del amanecer. En las altas latitudes, el alba indica cómo será el tiempo. Cuando el sol sale rojo, es un mal presagio. Aquí es necesario que el alba sea un poco lechosa. Lo contrario que en los alisios, donde un sol rojo en levante anuncia una buena jornada, mejor que de costumbre.

Hoy el amanecer se presenta simplemente bien. No es poco, y largo todos los rizos, incluido el de la trinqueta.

Ciento sesenta y nueve millas a mediodía, sin cansarme demasiado y siempre sin emplearme a fondo. Y el Tahití-Alicante ha perdido otras cuarenta millas. Esta diferencia de eficacia proviene en gran parte del juego de velas pequeñas y manejables, llenas de bandas de rizos, que he puesto a mi barco para este viaje, así como a los winches que no existían en aquella época.

Hace tres años, el *Joshua* no habría hecho más de ciento veinte a ciento treinta millas en veinticuatro horas en estas condiciones de inestabilidad meteorológica. Habríamos arriado el tormentín antes del anochecer: el tormentín antiguo medía unos ocho metros cuadrados, demasiado para un verdadero vendaval. Tal vez nos habría dado por arriar la vela mayor ayer por la tarde, y los 18 m² de superficie con todos los rizos tomados de la otra vela mayor podían plantear serios problemas para arriar y amarrar la vela, en caso de que el tiempo cambiase bruscamente. Entonces el *Joshua* hubiera avanzado muy despacio toda la noche.

Por las mismas razones vacilaba a menudo para largar un rizo en la vela mayor, diciéndome que si hubiera que tomarlo un poco más tarde sería una maniobra difícil. Cosa que me haría perder más millas todavía. El tensado del velamen después de una toma de rizos o después de haber largado uno era igualmente penoso. Era necesario hacerlo todo a mano y terminar con el aparejo, sin olvidar los guantes para que no se me infectasen las heridas. Ahora dos vueltas al winche y, ¡hop!, la vela se iza y tensa sin hacerse de rogar.

¡Ahora sí! Ciento setenta y dos millas en lugar de las ciento cuarenta o ciento cuarenta y cinco que habríamos hecho hace tres años. Apenas tengo llagas en los dedos. Los cuido de antemano frotándolos dos veces por día con una barra de Dermophil Indien después de haberme lavado bien las manos en agua dulce.

Mi salud general sigue siendo buena. Duermo, velo, me alimento, vuelvo a dormir, me despierto, leo, mantengo a menudo conversaciones a media voz conmigo mismo:

–¿Qué hacemos? ¿Le largo uno a la vela mayor?

–Habrá que volverlo a tomar antes de la meridiana...

–¡Es fácil, vamos, muévete, holgazán, larga ese rizo, nos estamos arrastrando!

Viento de fuerza 8 y granizo. Hay que estar a la caña para no guiñar demasiado, y ponerse de cuando en cuando viento en popa, lo que descarga un poco las velas. Fuerza 5 solamente entre los chubascos; no está mal.

Las nubes están llenas de flecos al ponerse el sol. Flecos en las nubes, mala señal, pero forman parte también de las cosas del mar y es bonito mirarlos.

Todo se calma al empezar la noche, los cúmulos disminuyen de tamaño, el viento no supera ya la fuerza 6, el horizonte se despeja al oeste y salen las estrellas en la noche que comienza.

Vuelvo a izar la vela de estay bajo el claro de luna. Hay luna llena esta noche, y la habrá todavía al pasar el Hornos dentro de unas cuarenta y ocho horas, si sigo a este ritmo.

No tengo sueño, me quedo un buen rato en la bañera, el Hornos está tan cerca, el mar tan hermoso, respira verdaderamente. Un rayo de luna rebota en lo alto de una nube, muy lejos al sur, y se transforma en un pequeño haz luminoso vagamente fosforescente que sube derecho hacia el cielo. Me quedo estupefacto. ¿Cómo ha podido la luna hacer algo tan bonito?...

El haz se alarga, se vuelve muy fosforescente. Como un enorme proyector que busca en las estrellas. He visto tres veces en mi vida el rayo verde por encima del sol poniente, esa lengua de color esmeralda que sale como un *flash*, pero nunca hubiera creído que le fuese posible a la luna hacer este otro milagro de jugar con una nube.

De repente siento un poco de frío en todo el cuerpo. No es la luna la que juega con una nube, es algo excepcional que yo no conozco. Sin duda, el arca de cabo de Hornos, esa cosa terrorífica de la que habla Slocum, y que anuncia un fuerte temporal. Me parece que el mar adopta un cariz amenazador; las estrellas brillan mucho, la luna se ha vuelto glacial.

Un segundo haz se eleva junto al primero. Después, un tercero. No tarda en haber una decena, como un ramillete de luz sobrenatural en el sur. Y me doy cuenta ahora que no es el arca maldita. Es una aurora austral, la primera de mi vida, quizá mi mejor regalo de este viaje.

La aurora austral se embellece con nuevos ramos, se alarga, sube como un surtidor. Uno de los haces, casi tan ancho como la mano, se eleva a más de sesenta grados hasta la Cruz del Sur, cuyas cuatro estrellas lucen en un segundo plano. Otros rayos fluorescentes disminuyen, titubean hasta casi desaparecer, después vuelven al cielo con movimientos de barrido en cámara lenta que recuerdan las espinas de ciertos erizos azulados cuando se les acerca la mano. Ahora casi todos los haces tienen rosa y azul en la cúspide, todo el ramillete vive como el fuego, con la fuerza y el dulzor del fuego, por encima del blanco reflejado por la banquisa, al sur, muy lejos.

Los estratos vuelven durante la noche. Ocultan primero la luna, luego las estrellas, por encima del barco, luego mi aurora. La habré contemplado durante casi una hora, es lo más bello que he visto en mi vida.

El amanecer no es extraordinario. Cielo cubierto, llovizna, niebla. Sin embargo, el Hermano Mayor se ha portado bien, haciendo descender el anticiclón lejos, hacia el sur, pues el barómetro está más alto de lo normal. Espero que se mantenga en la misma cifra durante otros dos días. El barómetro... pequeño genio malvado o amable, según su humor. Siempre me dan ganas de pegarle cuando desciende y de abrazarle cuando sube.

Ciento veintiocho millas de media diaria en el Pacífico, contra las ciento quince millas de hace tres años... pero por ahora el Tahití-Alicante sigue primero. Y Chuchundra corre veloz.

«La experiencia de poco sirve ante un verdadero temporal de las altas latitudes del sur, donde el mar puede ponerse monstruoso, con olas difíciles de imaginar».

16

UNA NOCHE...

La noche parece envuelta en algodón en rama de color lechoso. La luna llena se deja ver cuando los bancos de niebla se vuelven más fluidos bajo los estratos. Todo el mar está lleno de reflejos verdosos fosforescentes. Produce solo un rumor sordo porque la niebla amortigua los ruidos. Quizá también porque el Hornos está muy cerca ahora y los trenes de olas secundarias no son ya los mismos que los de alta mar.

Por un lado está la Tierra del Fuego, a una distancia fuera de peligro, pero lo suficientemente cerca como para que ninguna ola mayor venga de ahí. Por otro, la tierra de Graham con sus banquisas, a quinientas millas al sursudoeste, muy lejos en mi escala, muy cerca para la del globo. Y delante, la isla Hornos, con otras islas al lado que bloquean el camino a las olas que pudieran venir del este.

Es, sin duda, la razón por la que el mar hace poco ruido a pesar del viento y de la altura sorprendente de las olas en esta zona de Hornos. Además, hay que tener en cuenta que el viento viene del noroeste, casi del nornoroeste.

No es un temporal en el verdadero sentido de la palabra, pues el barómetro está casi bien, aunque ligeramente bajo. Sin embargo, el viento sopla al menos con fuerza 7 y el *Joshua* avanza con la mesana rizada al máximo, la vela mayor con dos rizos, en la trinqueta uno y el tormentín de 5 m^2. Va a mucha velocidad zigzagueando tal vez demasiado sobre la mar gruesa. Pero es difícil decidirse a reducir tela cuando no existe una amenaza real y se tienen ganas de encontrarse lo antes posible al otro lado.

Conseguí por los pelos una altura impecable por la mañana. El sol no había querido salir durante horas, después se descuidó un momento al paso de un estrato algo menos espeso, y pude ver su sucia cara pálida sobre el horizonte. Tuve la misma suerte en la segunda recta de altura, apenas dos horas más tarde. Dos horas entre dos rectas de altura no es lo ideal, pero estaba contento, pues llovía en la meridiana, y desde entonces no ha vuelto a salir el sol.

Espero que aparezca un momento mañana por la mañana para no verme obligado a pasar a tientas entre Diego Ramírez y el Hornos. Demasiado al norte está la Tierra del Fuego, demasiado al sur el riesgo de los icebergs.

La proa retumba durante la noche algodonosa; hay que acercarse para oírlo bien. Por el contrario, se oye desde cualquier punto de la cabina. Trabaja muy duro.

El sol se ha puesto a las ocho, según las efemérides. No lo he visto por culpa del mal tiempo. Pero sí la luna, por encima de los estratos: ilumina la noche. Además aún es de día en la zona de los hielos, mucho más al sur. Si el cielo no estuviera cubierto vería todo el horizonte blanco a mi derecha gracias a los rayos de sol reflejados por el hielo. Navegar en los canales abiertos de la banquisa... Pero tendría miedo de adentrarme demasiado en el país de la blancura.

Justo después de Nueva Zelanda, cuando el tiempo era tan

bueno, miraba a menudo hacia allí. Cambiar de rumbo, ver, sentir y marcharme rápidamente, antes de que fuera demasiado tarde, conservando en la mente ese sueño blanco salpicado de icebergs azulados.

Llevo horas al pie del palo, preparado para arriar la vela mayor, con las hebillas del arnés sujetas a dos puntos diferentes. El *Joshua* avanza entre el límite del exceso de velocidad y el de la lentitud relativa, sobre esta mar muy picada tapizada de manchas de espuma blanquecina, siempre en esta noche lechosa que amortigua los ruidos.

El viento sube a fuerza 8. Estoy muy contento de haber puesto el tormentín en lugar del foque esta mañana. Hacer ahora este cambio de velas me sería molesto por muchas razones. Tengo ganas de estar tranquilo, y lo estoy.

Poca agua sobre cubierta, aparte de los salpicones. Mis pies, bien protegidos por los calcetines de lana y las botas, están calentitos. Son las mismas botas que usé para el Tahití-Alicante. Botas de campesino en cuyas gruesas suelas hice dibujos con el cuchillo para hacerlas antideslizantes. Ahora son formidables después de este concienzudo trabajo, que me llevó un día entero, y como son de caucho, sin tela, se secan rápido por dentro mientras mis pies siguen calientes. Las prefiero, con mucho, a mis verdaderas botas de mar que retienen la humedad a causa de la tela.

De vez en cuando me quito un guante y me lo vuelvo a poner cuando los dedos empiezan a entumecerse de frío. Después me quito la capucha de lana y me la vuelvo a poner cuando me arden las orejas. Esta noche, más que nunca he sentido el deseo visceral de dejar una parte de mi cuerpo en contacto directo con el exterior para sentir y palpar las cosas que viven en el fondo de la noche. Los ojos, los oídos, las manos. Incluso la nuca. Si pudiera estar descalzo... pero eso no es posible.

Busco el olor de los glaciares y las algas de la Tierra del Fuego. Aspiro la noche hasta lo más profundo de mi ser, y siento algo así como presencias amigas que buscan este olor al mismo tiempo que yo. Pero las algas y los glaciares están bastante lejos, a más de cien millas a mi izquierda.

La temperatura es algo baja para un viento del noroeste en esta estación. Creo que en este momento sopla del norte sobre los canales de Patagonia, enfriándose al contacto con la tierra helada. Y sin duda es en alta mar donde el cinturón de vientos del oeste lo desvía a la izquierda para convertirse en viento del noroeste frío contra toda razón aparente. Esto explicaría el falso temporal, puesto que el barómetro no está demasiado bajo. Explicaría también este mar bastante normal a pesar de la excepcional altura de las olas. Rompen en grandes masas, pero no demasiado altas, sin formar grandes cascadas, como harían en un verdadero temporal. De ahí que haya tan poca agua sobre cubierta, aparte de las salpicaduras heladas que sacuden mi somnolencia.

Un oleaje tan alto anuncia quizás un temporal del oeste para mañana o pasado. Hay que darse prisa, intentar andar siempre al máximo. Si es pasado mañana estaré protegido por el Hornos, que parará las olas, pues el *Joshua* hará ya rumbo a las Falkland, en el Atlántico. Pero si ocurre mañana en los parajes de fondos de cien metros, donde puede levantarse una mar enorme como en las orillas de nuestras playas, entonces espero que, al menos, haya un poco de sol antes de Diego Ramírez para apuntar justo, ni demasiado cerca, ni demasiado lejos. Mientras tanto... a tope.

La parte baja de la trinqueta está llena de perlas vivientes. Llegan casi a un tercio de la vela, y luego gotean a lo largo del pliegue formado por el rizo. Es la espuma fosforescente levantada por la roda y pulverizada por la cadena del barbiquejo. A pleno día y con el sol del lado bueno habría un gran arco iris horizontal a quince metros a sotavento de la proa. No les ganaría en belleza a esos millares de astros verdes que brillan a la débil luz de la noche austral. El botalón está también lleno de ellas, más brillantes que las de la trinqueta, ya que el botalón pintado de negro se destaca netamente sobre el fondo claro de la noche.

Aquí y allá aparecen en el mar grandes resplandores del tamaño de un balón, como gusanos gigantescos lucientes, de un brillo muy vivo. Los he visto a menudo en la zona de los alisios, y a veces los he seguido con la mirada durante más de treinta segundos antes de que se apagasen. Al principio, los tomaba por ojos de animales extraños surgidos de las profundidades. Los he arponeado desde la cubierta de mi segundo *Marie-Thérèse*, decepcionado y aliviado a la vez al no subir un calamar gigante en la punta de mi arpón.

Pronto será medianoche. No tengo sueño. Espero, al pie del palo mayor. Lo siento vibrar bajo mi mano durante las rachas. Por el momento todo va bien…

Estoy casi seguro de que el viento disminuirá, pues ha pasado al nornoroeste, prueba absoluta de que no se trata de una depresión. Sin embargo, sé que no hay pruebas absolutas en las altas latitudes. La prueba viene después, cuando ya hemos pasado. Y sigue sin ser una prueba.

De todas formas me decido a tomar el último rizo a la vela mayor. Está minúscula ahora, con su gran número «2» cerca del palo. Me siento mejor, mis pies están más calientes que hace diez minutos.

El mástil no vibra ya, salvo cuando la trinqueta tira en una racha. No es necesario tomarle su segundo rizo. El segundo rizo en la trinqueta es solo para cuando el viento sopla a matar.

La escampada en la que ya no me atrevía a pensar por pura superstición. ¡La escampada de las altas latitudes! Llega como una luz que lo inunda todo. El cielo se despeja con el viento, toda su claridad envuelve al barco y empuja hacia el sudeste los últimos bancos de estratos junto con la bruma que había dejado.

En unos minutos, las estrellas han vuelto a llenar el cielo. Hay mucho viento ahí arriba, titilan vivamente. Pero los cirros abundan poco ante la luna totalmente redonda. Espero que siga ahí mañana al pasar el Hornos, al anochecer si todo va bien. Está baja, aunque ya hemos pasado su altura meridiana, pues su declinación está al norte, mientras que nosotros nos hallamos entre los 56° de latitud. Nunca había visto la Cruz del Sur tan alta ni tan brillante. Las dos pequeñas nebulosas que se encuentran en la prolongación de su rama más larga, exactamente en la vertical del polo, me hacen pensar en dos islas fosforescentes. Sin embargo, el cielo se asemeja al amanecer. A la izquierda, la luna llena; a la derecha, el reflejo de la banquisa en el cielo del sur y, rodeándolo todo, la plateada alfombra del mar que rompe suavemente.

Las bolas de fuego que veía hace un instante en las olas se distinguen ahora a más de cien metros, puesto que ha desaparecido la niebla. Se trata de aglomeraciones de plancton, nada de ojos de calamares gigantes; leí esta explicación en alguna parte. Pero sin duda no sabré nunca por qué despiden tales destellos para apagarse tan bruscamente sin ningún motivo aparente. Me gustaría que el *Joshua* tropezase con alguna. A esta velocidad tendríamos unos fuegos artificiales formidables en la trinqueta.

Más de medianoche. El viento no afloja. Las crestas de las olas son altas, muy altas. La presencia de la luna acentúa sin duda esta impresión de altura, porque deja en la sombra su cara de ataque, que queda a oscuras en comparación con la blancura que las rodea. Debería arriar el resto de la vela mayor y quizá también la trinqueta. El *Joshua* iría todavía bien y se mantendría debajo de la velocidad límite. Pero los planeos me siguen llevando, sorprendentes a veces, y la corredera marca cuarenta y nueve millas en seis horas. La velocidad límite de carena ha sido sobrepasada. No sé si... reducir trapo ahora, no. El Hornos está demasiado cerca como para reducir trapo mientras todo va bien, incluso si no fuera bien del todo.

Rachas de fuerza 9 durante algunos segundos en cada ola, durante el último tercio de la vertiente de ataque. Entonces todo se vuelve blanco en derredor nuestro; el barco orza unos diez grados durante la ráfaga y yo me agarro fuerte a la driza de la mayor. Este último tercio de la vertiente de ataque provoca siempre esta racha que aproa el viento una decena de grados, hincha las velas e inicia el planeo. Tengo ganas de ir al púlpito del botalón... No me atrevo a pasar de la trinqueta. Esta marca el límite máximo de la prudencia. El agua, en una planeada, no es agua, es una roca.

Los torbellinos de espuma levantados por la proa vuelan unos momentos a sotavento del casco, lo que hace que se forme una ligera neblina suspendida en los remolinos de aire de la trinqueta, del lado de su cara hinchada. El torbellino sigue su rumbo y el barco intenta alcanzarle. Lo consigue a veces durante los planeos. Es un juego peligroso muy emocionante en este mundo irreal. Euforia de la velocidad... pero es aún mucho más que eso.

Las orejas me arden. Me pongo el pasamontañas y la capucha del chubasquero por encima; entonces el ruido del mar se transforma en un sonido lejano, como cuando se le escucha en una caracola.

Escucho, siento, busco a través de lo invisible. Un calor delicioso desciende a lo largo de mi pierna. Quedo algo sorprendido; ya pasó, eso me ha evitado todas las complicaciones de los cierres de cremallera y botones del pantalón, que tal vez me habrían impedido captar algún detalle esencial.

Intento sentir el hielo y las algas que viven allá a lo lejos. Sé que es imposible a tal distancia, pero tengo necesidad de buscar su olor para ver más lejos que el olor.

Un torbellino de espuma pasa a ras del agua a barlovento de la borda. Cónico al principio, toma la forma de una pequeña ola en el momento en que un remolino de la proa lo desvía a la derecha. La noche es tan clara que aún lo veo cambiar de forma. El *Joshua* persigue al pequeño fantasma después de una planeada que le ha hecho guiñar demasiado a la derecha. Guiñar arribando..., no orzando como debería haber hecho.

Una racha. El *Joshua* orza con más escora esta vez. El botalón se sumerge durante la planeada en diagonal y el agua en forma de masa sólida llega hasta cubierta. Me mantengo firme al estay de la trinqueta. Tengo las botas llenas de agua. La veleta sigue ahí, seguramente se ha metido bajo el agua al escorar, pero está intacta. Le mando un beso.

Se acerca una ola, bastante alta, blanca su cresta, negro el resto... y ¡zas!..., la quilla apenas se desvía unos veinte o veinticinco metros. Una montaña de espuma se eleva a cada lado de la proa y sube muy alto, llena de remolinos que el viento deshace en la trinqueta e incluso un poco en el tormentín.

Escucho. Un planeo mal dominado en la noche clara... y mi bella ave marina de los Cabos seguiría su rumbo en compañía de los fantasmas de la espuma y de los veleros que pasaban por aquí en otro tiempo, guiada por una gaviota o por un delfín. Todavía no sé qué es lo que preferiría, ¿una gaviota o un delfín?

El *Joshua* avanza hacia el Hornos bajo el resplandor de las estrellas y la ternura algo lejana de la luna. Las perlas resbalan por la trinqueta; quisiera cogerlas en mi mano, son verdaderas piedras preciosas que se retienen solo en la mirada, y la estela serpentea hasta muy lejos por la popa, hasta lo alto de las olas, como una lengua de fuego.

Las velas, con todos los rizos, se recortan contra el claro cielo de las altas latitudes, con la luna que hace brillar el mar por la popa. Veo el reflejo blanco de los hielos en el sur. Las anchas placas verdosas de la espuma en el agua. Las crestas, puntiagudas como dientes, que ocultan el horizonte, el ruido sordo de la proa que lucha y juega con la mar.

Todo el mar está blanco, y blanco también el cielo. No sé ya a ciencia cierta dónde estoy, aparte de llevar mucho tiempo navegando más allá de las fronteras de lo excesivo. Pero nunca he sentido a mi barco tan fuerte, jamás ha rendido tanto.

No me he quitado el chubasquero desde ayer por la mañana; el cuello y las mangas de mi jersey están mojados, tengo el pantalón empapado y solo me zampé dos latas de sardinas para cenar. No siento ningún cansancio, ni fatiga, como después de un gran esfuerzo de natación, pasado el cual el espíritu comienza a elevarse por encima del cuerpo. Mil metros, mil quinientos, dos mil, dos mil quinientos, pronto se pierde la cuenta de los largos de piscina recorridos, se evoluciona en la frontera de algo diáfano donde la carne y lo que hay dentro se acercan para alcanzar juntos otra dimensión, y no queda entonces aire ni agua, ni esfuerzo ni fatiga.

Vuelven en cálidas oleadas los recuerdos de mi infancia; los alejo dulcemente, no es el momento. Vuelven y se van delicadamente cuando les digo que me dejen solo esta noche con el Hornos; vuelven para acariciarme con una ternura infinita... Las carreras, descalzo, con mis hermanos por las selvas de Indochina para coger miel silvestre..., los picotazos de las abejas; las cacerías con tirachinas; el mar del golfo de Siam con nuestras finas piraguas..., es extraño, ese cielo de Indochina y este de Hornos, tan cercanos que se tocan.

El púlpito del botalón desaparece enteramente bajo el salpicón de un planeo extraordinario en el que la luna consigue un pálido arco iris a la izquierda de la proa durante una fracción de segundo. El *Joshua* ha dado un salto, algo así como los barcos de vela ligera, y se diría que la carena ha tocado algo duro a juzgar por el sonido que producía. Me quito la capucha y guardo la de lana en el bolsillo delantero del chubasquero.

El aire está helado. Escucho. Siento en lo más hondo de mi ser, con una lucidez espantosa, que debo reducir tela, frenar, dejar de planear. Y al mismo tiempo siento algo en mi interior, algo que canta y que quisiera oír todavía, más lejos todavía, la gran onda luminosa sobre la cual podría nadarse por toda la eternidad. Volver al pie del mástil..., volver sea como sea..., no jugar más con los fantasmas de la espuma y las gaviotas y los delfines..., volver cuanto antes al pie del mástil para arriar la vela mayor y mantener firmes mi barco y mi mente.

«La mar sigue empeorando.
Arrío la mesana para disminuir los planeos».

17

UN DÍA... UNA NOCHE...

El viento disminuye, la velocidad también. Tengo la impresión de salir de un sueño. Me duele en parte haber arriado la vela mayor. Lo olvido pronto.

Puede suceder que dentro de poco las olas rompan de manera peligrosa, como pasa a menudo cuando una fuerte brisa se calma después de haber levantado mucha mar. En Buena Esperanza se calmaba en cuanto el viento disminuía un poco. Aquí, no sé todavía. Quizá pase lo mismo. Tal vez lo contrario. Aquí mismo, hace tres años, el mar se calmaba al bajar el viento. Pero habría que pasar diez veces el Hornos para estar seguros... y aun así...

Bajo a ver el barómetro y me sorprende que haya bajado tanto durante el falso temporal, puesto que la dirección del viento no ha variado después de la encalmada: siempre entre el noroeste y el nornoroeste. Es curioso este descenso de 10 mm.

Subo a olfatear la noche, después de haber encendido el hornillo para hacer el café. El viento ha bajado a fuerza 6. Ya no son dientes los que se destacan contra el cielo, sino bellas dunas plateadas. La vela mayor me mira, muy bien aferrada (*).

¿La izo, no la izo? Finalmente, largo un rizo a la mesana. Es la solución más sencilla y prudente.

Echo un vistazo a la corredera. Sostengo la linterna con los dientes para tener las manos libres. La velocidad ha pasado de 6 a 6,6 nudos, gracias al rizo largado en la mesana. Esto marcha, no demasiado lento ni tampoco demasiado aprisa. En caso de alguna rompiente provocada por lo que sea, la vela mayor se quedará al abrigo y no podrá causar averías en el aparejo. La volveré a izar dentro de dos horas si no ocurre nada mientras tanto.

Se acabaron los delfines, las gaviotas y los fantasmas. Vuelvo a dominar la situación. Nada de andar sin arnés, bastaría con un mal golpe de mar y, ¡zas!, no quedaría un alma sobre cubierta, como si me hubiesen volado la cabeza de un tiro.

Bajo a hacerme café. Lo bebo lentamente, rodeando con las dos manos la taza caliente. Dios mío, qué bueno está. No sabía que mis manos estuvieran tan frías. Están abotargadas por haber estado tanto tiempo húmedas dentro de los guantes.

No hay manera de quedarse quieto. Subo a ver. Se puede circular sin arnés, pues la noche es tan clara que habría de estar uno muy despistado para dejarse sorprender... «No hagas el idiota..., ponte el arnés». Bueno, de acuerdo. Me lo dejo puesto, pero con una sola hebilla, y únicamente cuando me quedo quieto en la bañera, no cuando me paseo entre el botalón y la mesana.

Echo todavía un vistazo a la corredera antes de señalar la posición estimada sobre la carta y disponerme a dormir un poco. Hemos ido bastante bien desde ayer a mediodía: casi ocho nudos de media sin contar con la corriente favorable que supondría un nudo más de regalo. La isla de Hornos está, a lo sumo, a unas ciento treinta millas, y son casi las dos de la mañana. Procuraré izar pronto la vela mayor para que esta buena media no decaiga. Si todo va bien, el Hornos estará a proa al ponerse el sol. Bajo a dormir un momento.

La claridad de la noche y de las estrellas ha pasado. Amanece. No he visto el alba. Me doy prisa por izar la vela mayor y largar los rizos, salvo el de la trinqueta, que resulta difícil de tomar cuando azota el viento. Hay alegría y sol en todo el cielo. No he visto el amanecer, pero sé que hará buen día.

Todo el mar está azul. Debería ser verde, según las *Instrucciones Náuticas*, a causa de un tipo de plancton que da a las aguas de Hornos un color verde botella. Pero no es así, es azul.

Sube el sol. Aumenta el viento y la vela mayor vuelve a estar con todos los rizos. El viento aumenta todavía pasando progresivamente del noroeste al oessudoeste. Habrá que arriar la vela mayor y tomar todos los rizos a la mesana. El barómetro no ha bajado más a partir del ventarrón de anoche, y no está muy bajo tratándose de esta zona. Pero la situación de la meridiana me decepciona, ciento setenta y una millas apenas marcadas en las últimas veinticuatro horas. Confiaba en que serían unas veinte millas más.

Diego Ramírez está todavía a cuarenta y siete millas. Así pues, no pasaré el Hornos antes de que anochezca, que será a eso de las diez.

La mar se pone muy gruesa, se estira y se eleva con el viento de fuerza 9 que sopla desde mediodía. Observado desde la primera cruceta, el espectáculo es impresionante con la minúscula mesana ante esas olas inmensas, que dan la impresión de encapillarlo todo. Seguramente, las masas provocan un efecto hipnótico. Las miro, las miro..., las miro... Estoy algo preocupado, pero también creo que no hay verdadero peligro, gracias a la corriente bastante fuerte (1,5 nudos en principio), que va en el sentido del viento, de manera que las olas son regulares. Además, la costa está demasiado cerca a la izquierda (40 millas) como para que ningún oleaje secundario pueda venir de allí. Sin embargo, la mar es gruesa, verdaderamente gruesa. Avanza en anchas y altas crestas casi horizontales salvo unas prominencias y unas grietas, pero que nada tienen que ver con los puntiagudos dientes o las dunas irregulares de la noche anterior.

A veces, una cresta más alta que las otras se convierte en un muro líquido en el que el sol penetra al sesgo por la parte superior dándole reflejos de color azul verdoso. Se diría entonces que la mar tiene ganas de cambiar de vestido. Pero el resto sigue de un azul oscuro en el que los matices se funden en cada instante con otros tonos azulados, como una gran onda musical que vibra perpetuamente. La blanca espuma se desliza por la pendiente, irisada de azules, en los que el verde se transparenta también en breves reflejos. De vez en cuando una parte del muro se destaca de la parte superior y bascula hacia delante, provocando un estruendo enorme que resuena como una cascada.

El viento sopla igual de fuerte, siempre del oessudoeste. El sol pasa lentamente hacia la popa. Los reflejos verdes

desaparecen, los azules se vuelven casi violetas. Gruesas nubes rosas, allá en el norte, me indican dónde está la tierra, pero estoy contento de no verla en este momento, su lugar no es este.

La mar se hace más gruesa todavía. Arrío la mesana para limitar los planeos. No se puede prever nunca qué puede pasar durante un bandazo en las altas latitudes. El barco parece tan feliz, que uno teme que invente algo nuevo. Me pregunto cómo me atreví a forzar tanto la noche anterior. Borrachera de alta mar.

De pie sobre el púlpito del botalón busco la mancha azulada de Diego Ramírez entre las placas blancas que centellean en el horizonte. La relinga del tormentín acaricia mi puño enguantado, que se agarra firmemente al nervio. Me hace bien. Había importunado tanto al maestro velero a causa de los refuerzos, que incluso me dio la dirección de su competidor para que le dejara en paz. Entonces me di cuenta de que era como una ceremonia, cogí mi tormentín y me hice yo mismo el refuerzo del puño de escota para que no se rompiera nunca, pasase lo que pasase. Y ahora, ahí está, recoge todo el viento y acaricia mi puño enguantado empujando con toda su pequeña fuerza.

No he comido nada esta mañana, ni a mediodía; no es por pereza ni por nerviosismo. Simplemente, no tengo ganas de comer. Las focas y los pingüinos permanecen largo tiempo sin nutrirse cuando están en celo. Otros animales hacen lo mismo en la época de sus grandes migraciones. Y existe en el fondo del hombre ese fuerte instinto que le empuja a desdeñar el alimento, como hacen los animales en los momentos importantes de su vida.

Miro este mar formidable, respiro sus rociones y siento florecer aquí en el viento y en el espacio algo que la inmensidad del Universo necesita para llevar a cabo sus fines.

Diego Ramírez aparece por fin: pequeña vida azul oscuro sobre el horizonte difuso. Y cada vez que el *Joshua* es llevado por una cresta, la pequeña vida aparece más claramente. Y cada vez es como el destello de un faro en el fondo de mi corazón.

El sol se ve cerca del horizonte, con Diego Ramírez de nuevo pequeño, perfilándose netamente lejos por la popa. El viento ha amainado mucho, fuerza 6 o 7. La mar ha calmado, cada vez se oye menos su rugido. Ahora no se oyen más que los ruidos del barco con el mar.

El Hornos está muy cerca, apenas a treinta millas, invisible tras los gruesos cúmulos que ocultan las montañas de la Tierra del Fuego. A veces me parece distinguir vagamente algo a una cuarta por la amura de babor. Y Diego Ramírez, que lo era todo para mí cuando la vi aparecer unas horas antes, es ya un bello recuerdo de la derrota del sur.

Se ha puesto el sol. Todo el cielo se prepara para la noche. Aparecen los primeros planetas. La luna saldrá dentro de una hora. Ascenderá, ciertamente, pues el horizonte está muy claro por su lado. Claro delante, detrás, a la derecha y en lo alto. Las estrellas están poco menos que invisibles. Pronto serán mayores. Esta limpidez del cielo es excepcional aquí; ha durado más de quince horas. El barómetro está tan claro como el cielo, casi sin oscilaciones. Es de noche, noche llena de estrellas. Mi cuerpo agotado reposa en la litera, pero mi mente está atenta al aparejo y a las velas, presta a escuchar el mar, palpar el aire que se vuelve más fresco con la aparición de estrellas, palpar el viento que sigue cayendo, y me dice que la noche será verdaderamente hermosa.

Todo se alarga, se difumina. El largo oleaje me mece. Un último atisbo de lucidez, el despertador para la una de la mañana..., pasaré a veinte millas del Hornos..., estaré en cubierta desde bastante antes por si..., pero no aumentará el viento, ni girará al sursudoeste, ni siquiera al sudoeste... «Duerme, pequeño, duerme, ya has hecho todo lo que había que hacer, soy yo quien tiene ahora que velar por ti...». La mar de fondo me adormece y pienso en el pequeño islote que descubrí con mis hermanos durante nuestra infancia en el golfo de Siam. Su pequeña playa pedregosa de cara al monzón del sudoeste, su otra playa de arena blanca, minúscula también, del lado del monzón del nordeste. No había ni agua ni frutas. Tan solo cangrejos y bígaros. Llevábamos el agua en nuestras piraguas y comíamos los bígaros y los cangrejos. Para nosotros era el fin del mundo, nuestro islote puro, verde, sus árboles de Indochina, sus rocas negras, sus guijarros por un lado, su arena blanca por el otro, y por todas partes el sol del mar y de la selva, el sol de los grandes viajes de expedición. Mucho después, durante un viaje de Kampot a Rach-Gia en mi gran junco lleno de azúcar y de un poco de contrabando, planté tres cocos ya germinados y un mango en semilla para que también hubiera agua y frutas en el islote de nuestra infancia. Un cocotero para cada uno de mis hermanos y el mango para mí. Si no les ha pasado nada tendrán ahora veinticinco años. «Duerme tranquilo, hermanito, he estado echando un vistazo..., hay un junco de Kampot en la playa pedregosa, con su vela de antena recogida, y tres pescadores bajo los cocoteros. Hay también un muchacho que apunta con un tirachinas a los nidos que las hormigas jóvenes han construido con las hojas de tu mango...». La mar de fondo me envuelve y me acaricia, duermo sin darme cuenta.

Veo un faro en la noche, parpadea entre las olas y me despierto lentamente. La luna entra por el portillo de babor, roza mis párpados, baja hasta la barbilla, vuelve sobre mis ojos justo una fracción de segundo, se va a mirar lo que hay sobre el hornillo, vuelve a rozarme los ojos, insiste dulcemente, se va, vuelve a mí.

Me quedo tumbado, sin moverme. Escucho. El viento ha disminuido aún más. Hace un momento se oía un cuchicheo ligero al borde de la compuerta entreabierta, como una conversación a media voz. Ahora también, pero más bajo. Los ruidos del agua han cambiado también. Hay un ligero balanceo sobre estribor que no estaba cuando me acosté. Intento adivinar si el balanceo se debe a que el viento da menos en las velas o si bien se trata de una diferencia de rumbo. No lo entiendo, puesto que la luna está en su lugar en el cielo. No podría entrar por el portillo como lo ha hecho hace un momento si hubiera cambiado el rumbo hacia la costa. Esto es lo que me indican los balanceos, pero la luna me dice lo contrario. Busco quién tiene razón, tanteando con mis sentidos. Tengo tiempo, no hay peligro. Si hubiera peligro, la lucha del oleaje con la costa llena la cabina con su estruendo. No oigo más que el murmullo del agua al rozar la carena, un murmullo que sale de las entrañas del *Joshua* y que me dice que todo va bien a pesar de la disputa entre la luna y el balanceo. No quiero iluminar el compás para saberlo, eso ha de venir por sí solo.

Sí, es eso; la luna tiene razón, el balanceo tiene razón y el *Joshua* también. No tengo necesidad de mirar el reloj para saber que no oí el despertador a la una. Tampoco tengo necesidad del compás para saber que el viento ha pasado al sudoeste y que el barco ha cambiado su rumbo alrededor de 15° hacia el Hornos. Y sé exactamente dónde está: se encuentra a quince millas, justo bajo la luna, muy cerca; puedo verlo sin dejar mi litera. No es verlo de verdad, quince millas son quince millas, incluso en una noche clara, y hay casi siempre, incluso cuando hace buen tiempo, nubes sobre los relieves de esta costa. También sé que el *Joshua* está en el Atlántico desde hace poco más de una hora, puesto que la luna ha recorrido unos diez o quince grados al oeste de su meridiana y el Hornos está justo debajo, no lo olvidemos.

Me desperezo, me levanto. Echo un vistazo por la escotilla. Sé que no puede estar ante la proa... pero eso forma parte de las cosas siempre posibles en el mar. Nada, seguro. Y siento la presencia de esa cosa colosal distante 15 millas a nuestra izquierda. Siento no haber oído el despertador cuando ha sonado hace una hora. Hubiera modificado el rumbo para pasar bien cerca. Pero ya está hecho, el Hornos está por la aleta de babor; estamos en el Atlántico, y no hay que entretenerse en esta zona. En este momento, las cosas están muy bien, dentro de doce horas pueden estar muy mal; más vale estar lejos cuando esto ocurra. Me siento alegre, feliz, emocionado, tengo ganas de reír, de bromear y de rezar, todo a la vez.

Otro largo vistazo por la proa, por si veo icebergs. No me habían preocupado hasta llegar aquí. En principio, no los hay tan cerca del Hornos. Saco la cabeza por la compuerta para observar mejor. Me gustaría ver alguno por aquí; estaría fosforescente bajo el claro de luna, pero después me pasaría dos semanas sin dormir.

El aire es frío; viento solo de fuerza 5. Miro por babor hacia el Hornos. Nada. De todas formas debemos estar demasiado lejos para verlo. Una pequeña nube bajo la luna y grandes nubes a su izquierda. Es una pena, pues el aire está tan puro que se vería quizá, incluso a esta distancia.

Me empiezan a picar los oídos. Cierro la escotilla, enciendo el hornillo, pongo la olla encima. Mis gestos son lentos, medidos, como si nada hubiera pasado. Como si el *Joshua* no se encontrara de nuevo en el Atlántico, con sus tres grandes cabos en la estela.

No..., no del todo tres cabos, la mar sigue siendo la mar, no hay que olvidarlo nunca. Buena Esperanza fue superado de verdad una semana después de su punto geográfico, quinientas millas más lejos. El Leeuwin estuvo realmente a popa en el instante preciso en que los dos delfines nos dejaron después de los últimos peligros de Nueva Zelanda, a dos mil quinientas millas del cabo Leeuwin. Y el Hornos estará en la estela cuando haya dejado también atrás las Falkland, no antes.

Pues la geografía del marino no es siempre la del cartógrafo, para quien un cabo es un cabo, con su latitud y su longitud. Para el marino, un gran cabo representa un conjunto a la vez muy simple y extremadamente complicado de arrecifes, corrientes, mares picados y mares calmados, brisas y rachas, alegrías y miedos, fatigas, sueños, dolor de manos, el estómago vacío, minutos maravillosos y a veces momentos de sufrimiento.

Un gran cabo para nosotros no puede estar traducido tan solo en longitud y latitud. Un gran cabo tiene un alma, con sus sombras y sus colores, muy suaves, muy violentos. Un alma tan limpia como la de un niño, tan dura como la de un criminal. Y es por eso que nos atrae.

Me pongo las botas para ir a dar una vuelta por cubierta. Rutina. Rutina, pero también, sobre todo, la religión de las noches de mar, en las que mi barco es la más bella constelación.

La pequeña nube que estaba bajo la luna se ha ido hacia la derecha. Miro... «Él» está ahí, muy cerca, a menos de diez millas, justo bajo la luna. No hay más que el cielo y él, el cielo que permite a la luna jugar con él.

Miro. No llego a creerlo. Tan pequeño y tan grande. Un montículo pálido bajo el claro de luna, una roca colosal, dura como el diamante. El Hornos es largo, toda la Tierra del Fuego, desde los 50° de latitud en el Pacífico, hasta los 50° de latitud en el Atlántico. Sin embargo, es esa roca, sola sobre el mar, sola bajo la luna, y que encarna toda la grandeza de los glaciares, de las montañas, canales, icebergs, días de temporal y de buen tiempo de la Tierra del Fuego, el olor de las algas, los colores de todas las auroras australes y la serenidad inaccesible de los grandes albatros planeando con sus inmensas alas a ras de agua sin mover una sola pluma, ya sea en el seno de las olas o en su cresta, para los cuales todas las cosas son iguales.

La hervidora de agua me llama con su silbido. Sonrío. Es posible que ella tenga también su pequeña alma, después del tiempo que lleva con nosotros.

Bajo, me seco bien las manos, lío un cigarrillo y lo fumo tranquilamente a la vez que tomo un café humeante. Miles de pequeñas cosas calientes atraviesan todo mi ser. Subo un poco la mecha de la lámpara de petróleo, y las sombras se animan. Aún más mecha y mi pequeño universo luce dulcemente en la semipenumbra. Vuelvo a ver mi aurora austral con los ojos cerrados, tal como la vi la otra noche en el cielo. Parece que es un fenómeno magnético perfectamente explicable, una ionización o algo así en el cielo. Para mí no está mejor explicado que el fuego, la flor roja y amarilla que baila, y que Mowgli alimentaba con ramitas de la selva para que nunca muriese.

Cojo el globo del *Damien* y observo la línea trazada desde la salida. Plymouth está tan cerca..., apenas diez mil millas al norte... Pero salir de Plymouth para volver a Plymouth se ha transformado con el tiempo en algo así como salir de ninguna parte para ir a ninguna parte. Es formidable este pequeño globo que tengo entre mis manos.

Y estamos solos mi barco y yo. Solos con el mar inmenso, para nosotros solos.

IV

«Observado desde la primera cruceta,
el espectáculo es impresionante».

18

SUEÑOS VERDADEROS… Y FALSOS SUEÑOS

¿Dónde está Nigel? ¿Dónde está Loïck? ¿Dónde está Bill King? ¿Y Knox-Johnston? ¿Se trata realmente de él de quien oyeron hablar los tres pescadores de Hobart? ¡Hace tanto tiempo que no sé nada de nadie! Más de seis meses sin saber dónde están los compañeros del largo viaje…

El Hornos queda ya mil trescientas millas atrás, y dentro de tres días el *Joshua* se encontrará lejos de la zona donde todavía podría encontrar un iceberg. Pero ¿dónde están los demás? Pienso sobre todo en Nigel, tan vulnerable sobre su trimarán. Esos chismes pueden zozobrar y no hay forma de enderezarlos. También pueden romperse. Cinco multicascos desaparecidos el año pasado en aguas australianas, quince muertos, ningún superviviente.

Loïck y yo intentamos convencer a Nigel para que llevara una gran sierra bien afilada, resistente, con mucha vía para que no se atascase en la madera mojada. Esto le habría permitido cortar los brazos en caso de zozobrar, para seguir navegando tranquilamente sobre un flotador transformado en piragua hacia una isla del Pacífico. El flotador de un trimarán puede resultar una buena piragua y no debe ir mal a vela. Alain Brun y Jean Pélissier construyeron una pequeña balsa en plena mar con los restos de la gran balsa de Erick de Bishop, que se hundía.

Pierre Auboiroux fabricó también una balsa miniatura en la bañera del *Néo-Vent*, con bidones y un chasis construido con los tangones (*) del foque, para salvar el pellejo en el océano Índico, mientras su barco estaba a punto de hundirse.

Pero Nigel no quería ni oír hablar de nuestra idea de la sierra, creía que bromeábamos. Nada más lejos de la verdad. Nigel era nuestro compañero y queríamos volver a verle. Al menos había comprado un traje de inmersión para poder trabajar en el agua helada sin morirse al instante. Además consintió en llevar un segundo bote salvavidas. Así, si el bote amarrado fuera, en popa, resultase arrancado por una ola, le quedaría otro en el interior. Y si el *Victress* se diese la vuelta como una tortilla sin que el bote de fuera se desatase, lo tendría a su alcance sin necesidad de bucear en la oscuridad. Pero ¿dónde está ahora? ¿Cómo les va a los demás?

A mí me va bien. Pero lo pasé mal después de lo de las Falkland. Estaba muy cansado debido a la enorme tensión nerviosa, unida al paso del Hornos, y apenas me tenía en pie cuando el *Joshua* llegó a la vista del faro de Port Stanley, a la entrada de la cala, el 9 de febrero, cuatro días después del Hornos.

Yo quería llamar la atención mediante señales con el espejo para, luego, mandarle un mensaje al piloto para que informara al Lloyd's del paso del *Joshua*. Eso habría tranquilizado a mi familia y a los amigos. Pero era domingo, el faro parecía vacío, y nadie contestó a los pequeños reflejos de mi espejo. El viento se había endurecido desde primera hora de la mañana, de proa, arreciando más tarde. Yo había estado luchando largo rato, y se me nublaba por momentos la vista al intentar alcanzar al menos la entrada de la pequeña ensenada.

Se puede o no se puede. Pero a veces el límite está difuminado. Hubiera podido... pero luego quedarían todavía dieciséis millas nocturnas y entre las corrientes de marea para alcanzar Port Stanley justo al final de la cala. Con rachas que tumban y encalmadas terroríficas cuando hay que pasar afeitando los arrecifes. Todo esto para pedir por megafonía o con el tirachinas a un individuo medio dormido, y quizá borracho ese domingo, que diera mi posición al Lloyd's. Y luego salir de la cala muerto de cansancio y ya sin la luna para indicarme el camino.

Demasiados riesgos, muchas luciérnagas bailan ante mis ojos. Ya conozco eso. Uno se obstina, no por voluntad, sino porque la mente está como hipnotizada, en dirección a las luciérnagas. Se las sigue y... el precioso viaje termina sobre una roca a flor de agua. Demasiado estúpido después de haber superado los tres cabos.

Todo esto lo pude ver en un momento de lucidez; me agarré a ese momento y me puse rápidamente a la capa, a una milla del faro, lejos del peligro. Descansar un poco, dejarme mecer dulcemente por mi barco, vuelto a la calma con este viento de locos que soplaba con su buena fuerza 7 bajo el duro oleaje de las corrientes de marea. La capa es lo mejor cuando no se sabe qué hacer, se vira sin tocar las escotas, se deja el foque a la contra, se pone la caña a sotavento, se estira uno en la bañera cerrando los ojos y entonces se ven las cosas tal como son..., el gran cansancio acumulado últimamente, con el Hornos, el pequeño temporal, no verdaderamente malo, del día siguiente en el Banco de Burdwood, no molesto, pero siempre con la preocupación de un iceberg varado en las pequeñas profundidades, la guardia noche y día, la recalada en

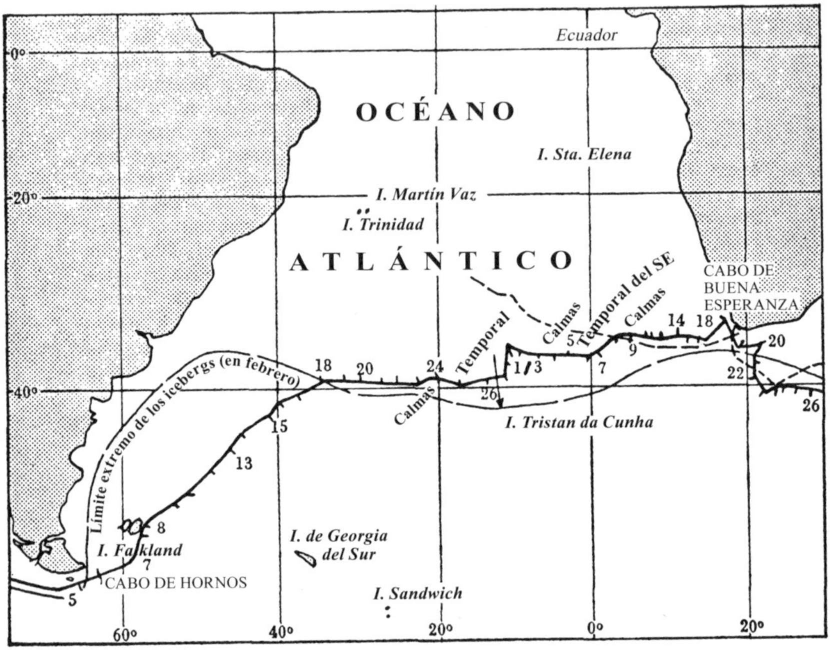

Del 5 de febrero al 26 de marzo de 1969.

las Falkland con una altura tomada por los pelos, la bruma, la fatiga que se hace inmensa, que desaparece de pronto y te deja exhausto, con el cerebro lleno de lucecitas.

La capa permite verlo todo de nuevo en detalle y en conjunto, mientras que el cuerpo, los nervios, el cerebro, reposan encontrando otra vez el ritmo simple del mar. Después de un rato así, tranquilo, pensando, lo vi todo claro, todo había vuelto a cobrar su verdadera dimensión. Había amollado las escotas para dejar Port Stanley en la estela, me acurruqué en mi litera, lo olvidé todo, barómetro, viento, mar, barco, viaje, todo. Descansar tan solo, descansar. No me levanté ni una vez en toda la noche; el gran sobre forrado que contenía las cartas de mis amigos cabohornenses sabría guiar al *Joshua* lejos de los icebergs, si encontrábamos alguno en el camino. Tan solo el ruido del agua y del barco, que escuchaba en mi interior.

Al día siguiente supe de verdad a qué se parece el agotamiento. Un gran vacío en el que uno se lo replantea todo. Afortunadamente, estaba obligado en cualquier caso a seguir hacia el noroeste durante unos diez días para salir de la zona de los hielos. Así que me puse a la «capa moral» para dar tiempo al tiempo. De pequeño, leyendo a Monfreid, aprendí este truco de la capa moral: no pensar más, no actuar, no decidir nada, dejar que pase el tiempo que lo calma todo. Un guiso, un buen guiso cuidado, mientras se charla con las cacerolas pidiéndoles montones de consejos; largas siestas, buenos libros, volver a dormir después de algunas páginas, subir tres o cuatro veces al día a lo alto del palo mayor para buscar icebergs inexistentes y contemplar la inmensidad; mi yoga mañana y tarde... que olvido de vez en cuando... No pensar ni en Plymouth; ni en el Pacífico, ni en nada. Entonces, las toxinas de la fatiga abandonan poco a poco mi cerebro y el problema de la ruta a seguir no vuelve a plantearse.

Algunos días más rumbo al noroeste para acabar con la zona de hielos y poner después proa al este, hacia Buena Esperanza, Leeuwin y el Pacífico.

Henos aquí lejos del Hornos, si bien todavía en una zona en la que un encuentro con los hielos no sería imposible. Sin embargo, el mar se ha calentado mucho, la brisa ha perdido fuerza desde las altas latitudes, incluso es algo floja a veces, y hoy tenemos calma. La temperatura era de 8 °C en los alrededores del Hornos, hace doce días. Ahora es de 25 °C en la cabina.

Aprovecho la calma para bajar, en traje de inmersión, a comprobar el estado de la carena. El agua no está demasiado fría, tampoco caliente.

Muchos percebes, del tamaño de una falange, se han adherido fuertemente a toda la parte posterior y hubieran podido reducir la velocidad del *Joshua.* Hay también una variedad que no conocía, sin concha, que miden hasta quince centímetros de longitud. Casi me entran ganas de comerlos con vinagreta para variar mi menú cotidiano, pero temo un envenenamiento provocado por la pintura tóxica a la que están adheridos. Creo que las mejores pinturas antiincrustación no evitan que se adhieran los percebes, pues yo los he visto sobre todas las carenas de los yates en la Martinica, después de una travesía por el Atlántico.

Mis percebes gigantes solo proliferan en las inmediaciones de los ánodos de cinc de la parte posterior y en las zonas que no han podido ser pintadas con el antiincrustante, bajo la quilla. Con un cuchillo voy arrancando todos estos indeseables, grandes y pequeños, con cuidado para no estropear la pintura.

Hoy es como el descanso de un partido muy largo, un rato especial de recreo. Nunca había estado tantos meses sin nadar. Es formidable volver a encontrarse en esta situación en la que el cuerpo reposa libre del efecto de la gravedad. No temo demasiado los tiburones. He llegado a verlos, pero raramente, y nunca durante mis numerosas sesiones de natación en los mares calientes. He nadado kilómetros en períodos de calma o de brisas débiles desde mi primera salida de Indochina en el *Marie-Thérèse.* Me quedo cerca de la proa y un poco a sotavento, listo para subir por el barbiquejo si el pequeño soplo aumentara de manera alarmante o si apareciera un tiburón. Con mi primer *Marie-Thérèse* (sin botalón), nadaba

En las encalmadas, Bernard Moitessier no duda en zambullirse para rascar el casco con la ayuda de una espátula.

contra la borda, a sotavento, junto a la parte más baja de la cubierta, por las mismas razones. Algunas veces dejaba un cabo arrastrando por la popa, puesto que en aquella época podía hacer *sprints* de cincuenta metros en menos de veintiocho segundos.

Se distingue fácilmente un tiburón con malas intenciones por su forma de nadar irregular, nerviosa, muy diferente de su comportamiento habitual lleno de flexibilidad e indiferencia. Pero la mayoría de los tiburones son tímidos y se atemorizan ante un movimiento brusco del hombre. Salvo, quizá, los muy grandes. He visto tantos haciendo pesca submarina en la isla Mauricio, que nadar teniendo cinco mil metros de agua bajo la quilla no me impresiona en absoluto, a condición de estar cerca del barco, listo para trepar con rapidez.

Cuando tengo que trabajar bajo la carena, como hoy, arrío normalmente las velas de proa y cazo al máximo la vela mayor y la mesana para limitar los balanceos. En poco más de media hora, lo he hecho todo tranquilamente.

No como la noche anterior, cuando el cable de la corredera se enganchó en el *fletner* por culpa de la calma. Había perdido seis hélices desde la salida (el cable se cortaba contra el plomo por el roce) y no me quedaban más que dos de reserva en la bodega, además de esa, que estaría ya partida al amanecer si no me las ingeniaba para liberarla. Imposible con el bichero; lo intenté durante más de diez minutos. Dos hélices de reserva no serían suficientes para que la corredera girase durante todo el viaje. Entonces, me desvestí y me lancé al mar tras largas vacilaciones. Una impresión horrible: sentía todos los tiburones del mundo chasqueando sus mandíbulas a mi alrededor mientras desenredaba rápidamente el cable enganchado en el *fletner.* Volví a cubierta en pocos segundos; misión cumplida, pero jurando que había que estar completamente trastornado y que no volvería a cometer semejante locura.

Los polinesios se reirían de esto, puesto que ellos pescan la langosta durante las noches sin luna, buceando, con ayuda de una linterna estanca. Sin embargo... también deben saber que los tiburones se alimentan preferentemente de noche.

Esta calma es buena. Siempre es buena cuando se tiene tiempo. Arrío la mayor y repaso algunas costuras que se han aflojado por el roce contra un obenque. Es la primera vez que repaso una costura desde la salida. Después compruebo las ligaduras de los patines y veo que hay que reemplazar varias.

En definitiva, el material ha aguantado bastante bien en los seis meses que hace que el *Joshua* se hizo a la mar. Todo está más o menos nuevo, no se ha roto ni una driza; subo al menos una vez por semana para engrasar el asiento de las poleas de los mástiles, gracias a los escalones atornillados a ellos, que hacen tan fácil este trabajo. No he reemplazado más que la escota de la trinqueta antes de comenzar el descenso hacia el Hornos. La carena, limpia de los percebes adheridos a ella desde hacía cuatro meses y medio (la había limpiado en el Atlántico, después de la isla Trinidad), está tan lisa como el día de la salida.

El *Joshua* ha superado, por fin, el trazo rojo discontinuo que marca el límite extremo de los hielos en la *pilot chart*. Se acabaron los riesgos y las noches en vela; bastará ahora con ir matando el rato, rumbo al este, hacia el Pacífico. Sin embargo, a veces me siento vagamente inquieto: no ha caído del cielo ni una gota de agua desde hace bastante tiempo.

Pero los días pasan sin problemas y la luna comienza a crecer de nuevo. Y aquí estamos, a mitad de camino entre el Hornos y Buena Esperanza.

Durante la siesta he tenido un sueño extraño: Loïck y Nicole Van de Kerchove estaban en Plymouth. Se trataba seguramente de Plymouth y, sin embargo, nada me recordaba ese puerto. Hablábamos del viaje. Loïck me decía que su vuelta al mundo había terminado, pero yo no veía su barco, y el *Joshua* estaba encerrado en una dársena. Yo intentaba desesperadamente volver a bordo trepando por encima de un tejado para poder continuar el viaje. Estaba angustiado, le decía a gritos a Loïck que mi viaje no había terminado, y, entre tanto, Loïck se dirigía a la estación con Nicole.

Dicen que no se pueden ver los rasgos de un muerto en sueños. Loïck estaría entonces vivo. Esto no me extraña, tiene un buen barco y sabe navegar. Pero ¿dónde está? ¿Dónde se halla Nicole? Cuando dejamos Plymouth, ella estaba terminando la construcción de su barco de acero *Esquilo* y debía partir pronto hacia las Antillas. ¿Dónde está ella ahora? ¿Dónde están Bill King y Nigel? Es en Nigel en quien pienso más a menudo y, sin embargo, no lo he visto nunca en sueños. Espero que no le haya sucedido nada...

Enciendo el hornillo y me preparo un té. Es un rito casi sagrado después de la siesta. El esmalte de mi vaso está amarillento debido a los posos de la hoja de Oriente. Me pregunto cuántos miles de años ha tardado el hombre en descubrir las propiedades relajantes de esta planta. Y queda tanto por descubrir –por redescubrir– en campos de los que no parecemos siquiera sospechar.

Algún día tendremos minúsculos *walkie-talkie* a pilas, no más grandes que un paquete de cigarrillos, de miles de millas de alcance para que los amigos puedan comunicarse entre sí sin pasar por otros oídos... «*Oye, viejo, estamos fondeados ocho barcos en un rincón verdaderamente apacible, cinco parejas que tienen cada una un hijo, las otras tres han decidido no tenerlos, pero es como si cada una de ellas tuviera cinco chavales, cinco hijos únicos, que tienen cuatro hermanos; no tardes en reunirte con nosotros...». «¿Y qué hacéis en ese rincón tan apacible?...». «No hacemos nada, vivimos, simplemente; hemos plantado cosas en la tierra y cosechamos patatas, taros, lechugas; hemos sembrado por todas partes las semillas de nuestra planta, las pequeñas hojas de cinco dedos crecen ya. Y tenemos libros a escala planetaria escritos por verdaderos sabios. Ven, si estamos juntos, no necesitamos pronunciar la palabra dinero. Aquí se está bien, deja a los otros, no te preocupes por ellos, ya se nos unirán un día, los que quieran, ya verás... ¡ven!...».*

El sol se posa sobre el horizonte, limpio, ni un fleco, rojo en un cielo totalmente despejado. Más tarde, por la noche, casi asisto a la puesta de Venus, hasta tal punto está límpido el cielo. Pude hacer mi yoga desnudo, antes de la meridiana. La brisa de fuerza 4 resultaba dulce y cálida, la sentía entrar en mí con el sol.

La vida es maravillosa cuando puedes vivirla realmente, cuando solo cuenta el momento presente, como los animales. Quisiera acariciar las focas y los pingüinos de las Galápagos.

Escucho los ruidos del agua, leo, hago alguna chapuza de vez en cuando, duermo mucho. Pero siempre escucho el ruido del mar, cuando arreglo algo, cuando duermo, cuando no hago nada.

El barómetro baja, pero no importa, todo está bien, pues todo ha vuelto a encontrar el sitio que le corresponde.

Hace una semana, el *Joshua* volvía a atravesar la longitud que había atravesado el 29 de septiembre. Estaba camino de Buena Esperanza y quería dar la vuelta al mundo. Ahora, ya ha dado la vuelta al mundo, y sigue con rumbo hacia Buena Esperanza.

Ha dado la vuelta al mundo... pero qué es la vuelta al mundo, dado que el horizonte es eterno. La vuelta al mundo va más lejos que el fin del mundo, tan lejos como la vida, quizás más lejos todavía. Cuando se entrevé esto se siente un poco de vértigo, un poco de miedo. Y al mismo tiempo, lo que se entrevé ahí es tan…

¿Tan qué? No lo sé. Más lejos que el fin del mundo…

El temporal se ha desplazado al sur, bastante lejos a juzgar por el mar de fondo que ha mandado hacia aquí. Y en nuestra zona la brisa sigue débil o moderada, fuerza 4 a 5. Vamos siempre a lo largo del paralelo 40° en dirección a Oriente. El sol sale por la proa y se pone por la popa, como antes. La luna ha crecido notablemente.

Nada ha cambiado… El espacio y el tiempo no existen en absoluto, como una especie de satelización, con el horizonte siempre ahí, eterno.

No sé todavía si intentaré dar mi posición al acercarme a Buena Esperanza, o si tomaré la ruta más prudente del sur, lejos de todo. Si opto por esta segunda solución, la familia y los amigos se inquietarán mucho, sin noticias mías desde que pasé por Tasmania. ¡Pero fue tan duro la última vez, cuando abordé al mercante negro, las averías, la fatiga, el retraso!

Mejor no pensar en ello, dependerá de montones de cosas que no conozco todavía. La flotabilidad del *Joshua* me da qué pensar.

Se ha aligerado mucho, con solo ciento cincuenta litros de agua en el depósito que normalmente contiene cuatrocientos, todos los alimentos consumidos al cabo de seis meses. Los víveres no son un problema; dispongo aún de provisiones. Pero ¿y el agua?…

Espero no tener que detenerme en Australia por falta de agua. Últimamente pienso a menudo en Bombard. Verdaderamente llegó hasta el límite. A veces intento imaginármelo sobre su pequeño bote de caucho, sin abrigo, bebiendo agua de mar, recogiendo agua de los chubascos para intentar nivelar la cuenta, arponeando dorados para extraerles los jugos y no morir de hambre. Todo esto durante más de dos meses de sufrimientos y de angustias, llevado por su fe y por su verdad, mientras que los del *Pamir* murieron casi todos a pesar de una disciplina y una organización técnica que podían parecer perfectas a la salida. Ochenta muertos en unos días, tal vez en unas horas, después del naufragio de este buque escuela. Muertos de desaliento. Y si los veintiocho hombres del *Endurance*, atrapado en los hielos del mar de Weddell, volvieron todos después de diez meses pasados sobre la banquisa, es porque encontraron lo que une al alma con lo esencial, más allá del agotamiento y del frío polar. Henri y José Bourdens salieron también bien librados sobre su balsa, con cuatro trozos de cordel...

Miles y miles de alondras del Cabo vuelan por estos parajes desde ayer; nunca había visto tantas; llegan a formar verdaderas nubes a veces. Si no estuviera seguro de haber dejado hace tiempo la zona de los hielos, tal cantidad de pájaros no me dejarían dormir tranquilo, pues sospecharía la presencia de hielos no muy lejos. Miro si hay pingüinos entre ellos. No los hay. El mar sería demasiado caliente para ellos. Si los hubiera, eso querría decir que también había icebergs. ¡Vamos, vete a dormir, se acabaron los hielos!...

Ver un iceberg con tiempo soleado es seguramente lo más bello que puede contemplar un marino; ese diamante de mil toneladas, brillando bajo el sol de las altas latitudes. Eso me bastaría tal vez para el resto de mi vida.

El viento amaina. Me ocupo mucho del trimado de las velas para sacar el máximo partido. Mi oído se ha vuelto tan sensible al lenguaje del barco, que llego a captar las más pequeñas diferencias de velocidad. La estación avanza, el otoño

«Miles y miles de alondras del Cabo vuelan por estos parajes desde ayer. Si no estuviera seguro de haber dejado hace tiempo la zona de los hielos, tal cantidad de pájaros no me dejarían dormir tranquilo, pues sospecharía la presencia de hielos no muy lejos».

substituirá pronto al hermoso verano de estos últimos meses. Conviene ir rápido si no quiero llegar algo tarde al mar de Tasmania y a la altura de Nueva Zelanda. Pues, a partir de ahí, todavía me quedarán algunas semanas en las altas latitudes antes de poder comenzar a poner norte en mi oriente, hacia Tahití o las Galápagos.

¿Cuál de las dos? ¿Tahití o las Galápagos? Cuando has pasado tanto tiempo en grandes espacios que llegan hasta las estrellas y más allá de las estrellas, se regresa con otros ojos. De ahí que dude entre Tahití –y su sólido muelle para echar amarras– y las Galápagos, donde no hay nada. Solo paz. Donde podría volver a tomar contacto con mis semejantes poco a poco, sin que me brutalicen, sin brutalizarlos.

Todo me habla de las Galápagos, con sus focas y sus pingüinos, que uno puede acariciar... Todo me habla de Tahití, donde están los amigos con los que poder pelearse de vez en cuando para no perder la costumbre.

El calor de los amigos..., la confianza sin límite de las focas y los pingüinos, que se expresan en un lenguaje secreto. ¿Dónde está la verdad?

¿Dónde está *mi* verdad?

Ya están cubiertos dos tercios del Atlántico. En la carta, el Hornos parece muy pequeño, minúsculo, casi irreal entre los ruidos del agua, más apagados por momentos, pues el viento sigue disminuyendo. Más que un ruido, es ahora apenas un murmullo, sobre todo por la noche. Y la luna continúa creciendo.

Me pongo a trabajar entre la cámara de popa y la cocina para concentrar por última vez todos los pesos en medio del barco. Dos horas de trabajo tranquilo. La temperatura es benigna, pero sudo más que de costumbre. Tengo la impresión de cansarme demasiado aprisa. La falta de entrenamiento, sin duda. A fuerza de no hacer nada y dejarse vivir, el más pequeño esfuerzo le agota a uno.

Una vez le dije a un amigo, que también navegaba, que la navegación de altura era la mejor cura de sueño que conocía. Nunca supo si bromeaba o no. Y yo tampoco.

Mi pelo está tan largo que se me forman nudos en la coronilla; el peine no puede ya pasar por ahí desde hace unas semanas. Al principio pensé que me habría caído brea en la cabeza al apoyarme contra el palo mesana (*). He tardado mucho tiempo en comprender que eran nudos, no brea. Pero no me molestan.

Lo que es realmente asombroso es que mi piel siga intacta, sin que me haya enjabonado desde hace tanto tiempo. Vaya..., habré dado la vuelta al mundo sin lavarme ni sentir deseo de ello, puesto que mi última enjabonada se remonta al Pot-au-Noir del Atlántico, y acabamos de pasar la longitud en la que el *Joshua* estaba empapado bajo trombas de lluvia cálida. De esto hace casi seis meses. Y ni un grano en la piel, ni deseos de rascarme.

Ayer, viento de fuerza 7 del oessudoeste; pero el mar no ha tenido tiempo de formarse. Hoy está de nuevo calmado. Es un verano excepcional para el paralelo 40°. El viento cae.

Tiro por la borda el paquete que contenía el cemento y el yeso, veinte kilos, destinados a las reparaciones bajo el agua en el caso de un desgarrón contra un iceberg. (Ver en el apéndice el apartado «Reparaciones»). Ya no habrá más icebergs; así que es inútil cargar al *Joshua* con este peso, que ocupa lugar y dificulta la concentración de cosas indispensables. Amaso distraídamente el terrón de arcilla, inútil ahora que el cemento y el yeso ya no serán empleados.

Es extraña... esta cosa suave y tibia que amaso con las manos, cuya consistencia había olvidado. Me la acerco al rostro. Su olor me penetra lentamente al principio... y luego no sé bien lo que ocurre, toda la tierra entra en mí, como un rayo.

Pienso en mi nodriza china. De niño, me enseñaba a tum-

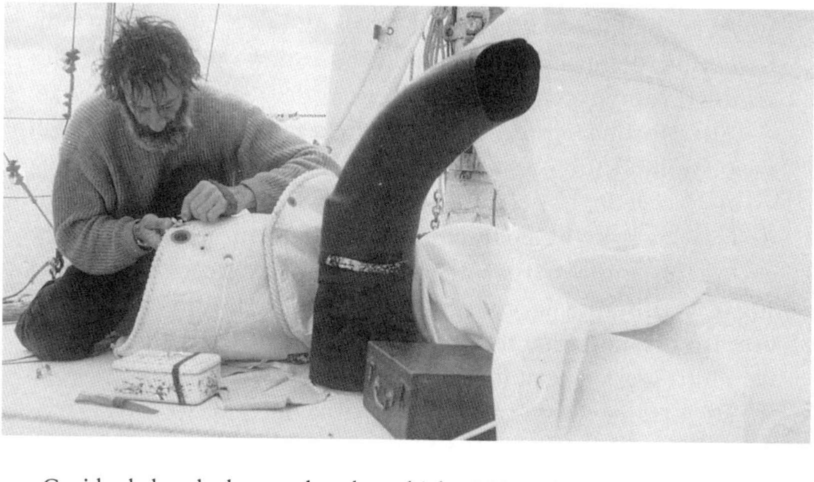

Cosido de la vela durante la calma chicha. Nótese la cámara de aire que sirve de toma de aire, la caja del sextante, la Opinel y la caja de galletas que sirve de caja de costura cerrada con un trozo de goma de neumático.

barme boca abajo cuando estaba agotado por un esfuerzo demasiado violento o bien porque había sido malo. Más tarde, siendo ya mayor, me decía que la tierra da su fuerza y su paz a los que la aman y saben reconocer su aliento.

El viento, muy suave, vuelve; el mar está calmado, muy calmado, y el agua, monótona, canta a lo largo de la borda. Escucho. Hace meses y meses que escucho. ¿Vive la tierra? Seguramente, puesto que las plantas viven. Respiran, oyen, sienten, pueden ser felices o infelices, como nosotros. Un hombre de ciencia lo demostró de una manera irrefutable. Se valió probablemente del microscopio electrónico. Pero había añadido algo de él, además del microscopio electrónico, de lo contrario nunca habría comprendido nada.

Escucho los ruidos del mar, amaso mi arcilla y sé que la tierra vive. Vive a un ritmo muy lento, muy profundo, muy poderoso, muy apacible. Un ritmo demasiado diferente del nuestro como para que podamos medir esa vida. Pero vive de verdad.

Tumbado en la bañera, el sol calienta dulcemente mi cuerpo. Detrás de mis párpados vuelvo a ver la tierra tal como yo la amo, la que huele a tierra, aquella en que se puede vivir. Y recuerdo la página más bella y terrible de *Las uvas de la ira*, de Steinbeck, en la que narra la violación de la tierra por un monstruo. Ese monstruo que entró en el hombre.

En mi Asia natal, la gente se saluda juntando las manos sobre el pecho, exactamente igual que cuando se dirigen a una divinidad. Y eso simplemente quiere decir: «Saludo al dios que hay en ti».

Y en los cuentos de la tierra de Asia aparece también el monstruo que intenta matar al dios que hay en nosotros. Pero no puede hacerle nada mientras se ame a la tierra, puesto que el dios que está en nosotros es parte de ella, y toda la tierra le protege. Mi nodriza china me decía también que la tierra no podía proteger a ese dios que está en nosotros si no la respetamos.

Decía muchas cosas más. Yo no lo entendía muy bien, creía que eran cuentos.

El viento se vuelve fresco, la proa resuena día y noche, todo el cielo es mío, como lo son también todo el mar y toda la tierra. Soy tan feliz, que quisiera decírselo a mis amigos que se han quedado en tierra, no guardármelo para mí solo, decirles cómo se está aquí en el mar, después de tanto tiempo. Tanto, que casi no recuerdo cuánto. Y eso es lo que cuenta, lo que queda cuando uno no se acuerda ya de casi nada.

Las fotos de mis hijos sobre el tabique de mi litera me nublan los ojos, Dios sabe que los amo. Pero el caso es que todos los niños del mundo se han vuelto mis hijos, y es todo tan maravilloso que desearía que pudieran sentirlo como yo lo siento.

Encontré un pequeño templo de una época olvidada, perdido en la selva, muy lejos. Me quedé mucho tiempo cerca de él, completamente solo, para descifrar los signos grabados sobre su piedra. No me quedaba nada de lo que había llevado y me alimentaba de raíces y de miel silvestre para poder quedarme cerca del templo el tiempo que hiciera falta para lograr mi objeto. Entonces, poco a poco, muy lentamente, un nombre surgió de la piedra para decirme que siguiera avanzando, que buscase lo verdadero en el interior de las cosas, más lejos.

Pero ¿cómo explicárselo?

¿Cómo decirles que los ruidos del agua, los ruidos del silencio y las burbujas de espuma sobre el mar son como los ruidos de la piedra y del viento, y que ellos me ayudaron a encontrar mi camino?

¿Cómo decirles todas estas cosas que no tienen nombre... que me conducen hacia la verdadera tierra?

Decírselo sin asustarlos, sin que crean que me he vuelto loco.

19

HORA DE ELEGIR

25 febrero

Buena Esperanza está a dos semanas si esto marcha al ritmo de estos últimos días, a lo sumo tres semanas.

Pequeño temporal del noroeste y lluvia muy fuerte en los chubascos, con algunos rociones de espuma. Aun así consigo recoger cincuenta litros de agua, mitad de día, mitad de noche, o sea veinte días de autonomía suplementaria. Pero tengo la moral baja.

No sé cómo explicarles mi necesidad de continuar hacia el Pacífico. No lo entenderán. Sé que tengo razón; estoy convencido de ello. Sé exactamente adónde voy, aunque no lo sepa. ¿Cómo podrían entender eso? Sin embargo, es muy sencillo. Pero no se explica con palabras, sería inútil intentarlo.

La llovizna ha cesado. Sale el sol, muy limpio ante la proa. Es un mal presagio en las altas latitudes.

Estoy verdaderamente cansado, no he dormido en toda la noche. Hay algo que no encaja en el cielo.

El cielo está azul por todas partes ahora, el viento fresco del sudoeste y el barómetro, bien. El mal presagio del amanecer era falso. Debería alegrarme de que el buen tiempo haya vuelto tan rápidamente. Pero ya no sé dónde estoy.

¿Comprenderán Françoise y mis hijos que las reglas del juego han cambiado poco a poco, que las antiguas han desaparecido en la estela para dejar su lugar a las nuevas, de otro tipo? Esto no lo puedo expresar en absoluto. Harían falta horas y horas al calor de una hoguera.

26 de febrero

172 millas recorridas. Cielo cubierto y mar gris. Nada.

27 de febrero

94 millas recorridas. Cielo y mar azules. Nada.

28 de febrero

Abandono… Mi instinto me dice que es lo más prudente.

Desde hace una semana tenía la moral hecha añicos. Estaba cansado físicamente. Mi apetito había disminuido, la fatiga acumulada en las altas latitudes y al paso del Hornos no estaba eliminada de verdad.

Durante el pequeño temporal de hace tres días pasé todo el rato en cubierta para recuperar la mayor cantidad posible de agua de lluvia. Esto me agotó. No era más que un pequeño temporal, viento de fuerza 8, por la popa. Sin embargo, tenía las piernas como de algodón y recuerdo haberme preguntado: «¿Podrás aguantar aún cuatro meses hasta Tahití, tres de ellos en las altas latitudes, con dos grandes cabos todavía por pasar, y temporales que no serán ya temporales de verano? Acuérdate del Tahití-Alicante, de aquel formidable temporal que duró seis días... Recuerda que en *El viejo y el mar* se planteaba un problema semejante. Y su respuesta era: «Porque he ido demasiado lejos».

Siento que mis fuerzas flaquean, necesito el sol de los alisios si no quiero caer enfermo. Necesito sentir resbalar por mi cuerpo baldes de agua tibia, la de los alisios, y necesito tenderme sobre la cubierta para que el sol entre en mí y me dé fuerza. Es preciso que el sol sea caliente, muy caliente, para que pueda penetrar hasta mis huesos. Lo necesito.

También necesito otra cosa: tranquilizar a los míos, puesto que seguirían todavía durante meses sin una sola noticia mía si continuara hacia el Pacífico. Realmente no podría correr el riesgo de aumentar mi cansancio acercándome a tierra para enviar el correo al paso de Buena Esperanza, ni en Tasmania. Y de todas formas, ¿qué les diría?

Además, quisiera volver a ver a mi madre. No sé cuándo podré abrazarla si recalo en el Pacífico. El Pacífico está tan lejos de Francia, es tan vasto..., el tiempo toma en él otra dimensión.

Pienso también en el *Joshua*. Su molinete (*) está en Plymouth, en casa de Jim y Elizabeth, con muchas otras cosas indispensables para un barco que descansa..., cabos de fondeo, pintura, un chinchorro, velas de recambio que tenía de más para este viaje pero que el *Joshua* necesitará más tarde, anclas, cadena, ánodos de zinc, incluso el pequeño motor de cuarenta y cinco kilos, muy cómodo para cambiar de fondeo cuando hay calma chicha. Había pensado renunciar a todo este material, pedirle a Jim que lo vendiera o que lo diera, y volverme a equipar poco a poco en Tahití. Pero es más fácil decirlo que hacerlo...

Y ni siquiera sé si tendré ganas de ir a Tahití una vez alcanzado el Pacífico. Quizá siga hasta las Galápagos por las focas y los pingüinos, llevado por el instinto. En tal caso no tendré ni un bote de pintura para los cuidados más indispensables de mi barco, ni siquiera un buen fondeo, puesto que tiré el rollo de cabo de nailon de 20 mm antes del primer paso de Buena Esperanza. No dispondré de un chinchorro para ir a tierra, ni con qué construirme uno con los medios de a bordo. Y ninguna posibilidad de aprovisionarme allí, en el fin del mundo.

Cansancio excesivo para mí, inquietud, angustia y pesar para mi familia y mis amigos, deseos de ver a mi madre, cuidados que hay que prodigar al *Joshua*..., es preciso poner rumbo al norte, hacia Europa. Allí podré arreglarlo todo bien para otro viaje a las Galápagos y las islas del Pacífico; con el *Joshua* como nuevo, bien equipado de anclas, cabos, víveres y material.

Pienso también en mis películas. Noventa y dos rollos de treinta metros utilizados. Casi todo el *stock*. Tengo la esperanza de que se hayan conservado bien... Pero si esperara demasiado se estropearían tal vez para siempre. Y hay tantas cosas en esas imágenes. Tantas cosas verdaderas que me gustaría compartir con los demás.

¡Rumbo al norte! No es simple abandono, es cordura: en lugar de zamparme el bocado de un golpe, con el riesgo de ahogarme y ahogar a los míos, mejor me lo zamparé en dos veces.

El viento pasa al estenordeste con fuerza 3. Una señal más del cielo, este viento contrario para Buena Esperanza y favorable para la ruta a Europa. Estoy dispuesto a dar mi posición a Lloyd's por mediación de la isla Tristán da Cunha, muy cercana, apenas noventa millas al noroeste. Estaré allí mañana. No..., no tengo la carta de gran escala. Sería estúpido arriesgarme con los arrecifes que rodean aquella tierra.

28 Février

J'abandonne... mon instinct me dit que c'est la sagesse. Depuis une semaine, j'avais le moral en dents de scie, car je me sentais fatigué, physiquement. Mon appétit avait diminué, la fatigue accumulée sous les hautes latitudes et au passage du Horn n'était pas vraiment éliminée. Pendant le petit coup de vent modéré, il y a trois jours de cela, j'avais passé la journée sur le pont pour récupérer le plus possible d'eau de pluie. Cela m'avait épuisé, ce n'était qu'un coup de vent très modéré, pas plus de force 8, au vent arrière, pourtant, j'avais les jambes comme du coton et je me suis posé cette question : pourras-tu tenir encore quatre mois jusqu'à Tahiti, dont trois sous les hautes latitudes, avec encore deux grands caps à passer, et des coups de vent qui ne seront plus des coups de vent d'été ? Souviens-toi de Tahiti-Alicante, et de ce coup de vent formidable qui a duré six jours... Souviens-toi, dans « le Vieil homme et la Mer », il se posait aussi une question assez semblable, et sa réponse était « parce que j'ai été trop loin ».

Maintenant mon instinct me dit que je vais peut-être me trouver trop loin

1er Mars

J'ai remis le cap vers le Pacifique...

La nuit dernière a été pénible, je me sentais devenir vraiment malade à l'idée de regagner l'Europe, de retrouver ce panier de crabes. C'est terrible à quel point le physique et le moral sont liés – j'étais physiquement fatigué par le Horn, le moral a donc suivi la même pente, et flanché quand j'ai décidé hier d'abandonner. Certes, il y avait des raisons très valables, et même assez sérieuses, sages. Mais est-ce la sagesse, que de se diriger vers un lieu où l'on sait qu'on ne sera pas en paix. Je revois l'existence que j'ai menée en France, cette existence de dément en comparaison de celle que j'ai connue sous d'autres civilisations plus sages que la nôtre. Ce serait folie, pour moi, de regagner l'Europe maintenant, je n'y serais pas heureux, on n'a pas le temps de vivre là-bas, du moins en ce qui me concerne. Les quelques années que j'y ai passées se sont écoulées à courir, courir, courir. Courir après des chimères, courir après le fric, ce fric qu'on fout en l'air pour des soi-disant besoins de la vie moderne, qui n'est qu'une vie artificielle. Je n'ai jamais eu le temps de vivre vraiment pendant un mois plein, en France.

Certes, il y a un risque à vouloir gagner directement Tahiti. Mais le risque serait bien plus grand, en fin de compte, à vouloir regagner l'Europe :

Santa Elena está a mil trescientas millas. Solo con mirar la carta puedo sentir toda la dulzura de los vientos alisios en el camarote. Me acarician, son agradables, suaves. Miro un poco más al norte. Ascensión, mil setecientas millas, casi en la ruta directa. Entonces, mejor Ascensión. Si el cielo me es propicio y puedo llegar a la zona de los alisios sin tardar, estaré en Ascensión dentro de dos semanas como máximo, aun durmiendo veinte horas diarias si me apetece.

¡Dos semanas! ¡Qué alivio para los míos! ¡Y, claro, para mí!

Me siento bien ahora que se ha tomado una decisión razonable para todos.

Sueño con el sol de la zona de los alisios, con su mar tibio, donde nadaré el primer día de calma. Nadar…, nadar…, me pasaría los días nadando sin parar.

Quizá Santa Elena, en lugar de Ascensión. Tengo tiempo aún para decidir. Incluso mucho tiempo en Santa Elena. Es una isla tan bella. Pero quizás escoja Ascensión por su inmensa playa blanca y dorada a la vez, llena de tortugas y de sol. Ya veré, tengo tiempo, y ninguna prisa por decidirme.

Tener tiempo…, poder elegir…, no saber adónde se va, pero ir de todas formas tranquilo, sin preocupaciones, sin hacerse más preguntas.

20

EL CAMBIO

He vuelto a poner rumbo al Pacífico... Esta noche pasada ha sido muy dura, sentía que me enfermaba realmente la idea de volver a Europa. Estaba físicamente agotado por el Hornos, mi ánimo siguió la misma pendiente y cedió cuando decidí abandonar.

Ciertamente, había razones válidas y serias. Pero ¿acaso es sensato dirigirse a un lugar donde se sabe que no se encontrará la paz? Santa Elena o Ascensión, sí... pero no me habría detenido, me habría dicho: «Es una tontería; es mejor hacer un pequeño esfuerzo para intentar ganar el premio del *Sunday Times* y volver a partir en seguida...». ¡Ya sé cómo funciona eso!

Existe el riesgo de querer alcanzar Tahití sin escala. Pero el riesgo sería mucho mayor hacia el norte. Cuanto más me acercara, más enfermo me pondría. Y si no aguanto físicamente hacia el Pacífico, siempre habrá una isla en alguna parte.

Mauricio..., una isla llena de amigos del océano Índico, justo después de Buena Esperanza. Pero aguantaré hasta el Pacífico, creo que puedo y que vale la pena.

Mi madre posee una moral tan elevada y una vida interior tan rica... Sé que no se preocupará y que la volveré a ver. Pero quizá sea mejor que no vaya tan lejos como las Galápagos. Françoise y mis hijos aguantarán.

No puedo soportar los falsos dioses de Occidente, siempre al acecho, como arañas que nos comen el hígado y nos chupan la médula. Estoy contra el mundo moderno, él es el Monstruo. Destruye nuestra tierra y pisotea el alma de los hombres.

–Sin embargo, gracias a nuestro mundo moderno tú tienes un buen barco con winches, velas de tergal, un casco de metal que no te da problemas, soldado herméticamente y sólido.

–Es verdad, pero es a causa del mundo moderno, de su pretendida «Civilización», de sus pretendidos «Progresos», por lo que me voy con mi *hermoso* barco.

–Entonces, eres libre de largarte, nadie te lo impide, todo el mundo es libre aquí, con tal que eso no moleste a los demás.

–Libre por el momento..., pero llegará el día en que nadie será libre si las cosas siguen por la misma pendiente. Hay cosas que ya son inhumanas. Por eso los hay que parten por los mares o por las carreteras en busca de la verdad perdida, y los hay que no pueden o que ya no quieren, porque han perdido incluso la esperanza. La «Civilización occidental» transformada casi totalmente en tecnocrática ha dejado de ser una civilización.

–¡Si se hiciera caso de tipos de tu especie, más o menos vagabundos, más o menos *hippies*, iríamos aún en bicicleta!

–Eso es, se iría en bicicleta por las ciudades, desaparecerían esos miles de coches con sus duros y solitarios ocupantes encerrados dentro, se verían chicos y chicas cogidos del brazo, se oirían risas, se oiría cantar, se vería la belleza en los rostros, la alegría y el amor renacerían por todas partes, los pájaros volverían a las ramas de los pocos árboles que quedan en nuestras calles y se volverían a plantar los árboles destruidos por el Monstruo. Entonces percibiríamos las verdaderas sombras, veríamos los verdaderos colores y los verdaderos ruidos, nuestras ciudades volverían a encontrar su alma, y la gente también.

Y sé muy bien que todo esto no es un sueño, todo lo bueno y bello que han hecho los hombres, lo han construido con sus sueños... Pero el Monstruo ha substituido a los hombres, es él quien sueña en nuestro lugar. Quiere hacernos creer que el hombre es el ombligo del mundo, que tiene todos los derechos, con el pretexto de que ha inventado la máquina de vapor y muchas otras máquinas, y que algún día irá a las estrellas si se apura un poco antes de la próxima bomba.

Pero no hay que inquietarse, el Monstruo está totalmente de acuerdo en que nos demos prisa..., incluso nos ayuda a ello..., el tiempo apremia..., ya no tenemos tiempo... «*¡Corred!, ¡corred!, y sobre todo, no os detengáis a pensar, soy yo, el Monstruo, quien piensa por vosotros..., corred hacia el destino que os he marcado..., corred sin deteneros, hasta el fin del camino donde he colocado la Bomba, o el embrutecimiento total de la humanidad..., casi hemos llegado, corred con los ojos cerrados, es más fácil, gritad todos a una: Justicia – Patria – Progreso – Inteligencia – Dignidad – Civilización... ¡Qué! Tú no corres... ¡Te paseas con tu barco para pensar!... ¡y te atreves a protestar en tu grabadora!... y dices lo que sientes... Espera un poco, pobre idiota, te voy a derribar en llamas..., los tipos que se enfadan en voz alta son muy peligrosos, debo cerrarles la boca; si hubiera muchos que se rebelarían, no podría conducir el rebaño humano según mi ley, la vista y el oído tapados por el Orgullo, la Estupidez y la Cobardía... Estoy deseando que lleguen, satisfechos y balando, a donde los llevo...*».

Toda la violencia que llevaba dentro ha desaparecido durante la noche. Miro el mar, y me responde que he escapado a un gran peligro. Me cuesta creer en los milagros y, sin embargo, los hay en la vida. De haber persistido el mal tiempo algunos días más con vientos del este, ahora estaría muy al norte y habría seguido hacia el norte, creyendo sinceramente que era mi destino. Dejándome llevar por el alisio como por una corriente fácil, sin torbellinos ni nada malo. Creyendo que era verdad... y engañándome. Las cosas esenciales se aguantan a veces por un hilo. Quizá no se deba juzgar a los que abandonan y a los que no lo hacen. Por la misma razón..., el hilo del milagro. He estado a punto de abandonar. Sin embargo, soy el mismo, tanto antes como después.

Dios creó el mar y lo pintó de azul para que se estuviera bien sobre él. Y ahí estoy, en paz, proa al oriente, mientras podría encontrarme rumbo al norte con un drama en mi interior.

El tiempo es bueno, la estela se alarga suavemente. Sentado en la bañera contemplo el mar mientras escucho la nota que canta contra la proa. Y veo una pequeña gaviota posada sobre mi rodilla.

No me atrevo a moverme, ni a respirar, porque temo que se vaya y no vuelva más. Es totalmente blanca, casi transparente, con los ojos negros, muy grandes, y un pico muy fino. No la había visto venir, ni había notado el batir acelerado de sus alas al posarse. Mi cuerpo está desnudo bajo el sol, pero no la siento sobre la desnuda piel de mi rodilla, no tiene ningún peso perceptible.

Lentamente, acerco la mano. Me mira acariciándose las plumas. Acerco más la mano. Deja de alisarse las plumas y me mira sin temor. Sus ojos parecen hablarme.

Acerco todavía más la mano y comienzo a acariciarle

suavemente la espalda, así, muy dulcemente. Entonces, ella me habla, y en ese instante comprendo que no se trata de un milagro, sino de algo completamente natural. Me cuenta la historia del Hermoso Velero cargado de seres humanos. De cientos de millones de seres humanos.

Al zarpar se trataba de un largo viaje de exploración. Esos hombres querían saber de dónde venían y adónde iban. Pero se habían olvidado completamente de por qué estaban en ese barco. Entonces, poco a poco, fueron engordando, se volvieron unos pasajeros exigentes, la vida del mar y del barco les dejó de interesar. Solo les interesaba su comodidad. Aceptaron volverse mediocres, y se entregaron a la abulia mientras decían «es la vida».

El capitán también se resignó porque temía indisponer a los pasajeros cambiando de rumbo para evitar los arrecifes desconocidos que percibía desde el fondo de su instinto. La visibilidad disminuye, el viento aumenta, el Hermoso Velero sigue con el mismo rumbo. El capitán espera que se produzca un milagro que calme el mar y permita cambiar de rumbo sin molestar a nadie.

El sol ha subido hasta la meridiana. La ha pasado, y yo sigo sin moverme. Ahora mi gaviota duerme sobre mi rodilla.

La conozco desde hace mucho tiempo. Es el Charrán Blanco, la golondrina de mar, habita en todas las islas en las que el sol es el dios de los hombres. Sale hacia el mar todas las mañanas y vuelve a su isla por la noche. Entonces, basta con seguirla. Y ha venido a avisarme a más de setecientas millas, cuando normalmente no se suele alejar más de treinta o cuarenta millas. La busqué en vano en el océano Índico, mientras el *Marie-Thérèse* iba hacia los arrecifes. Y yo perdí mi barco aquella noche.

Lo cierto es que yo dormía por la tarde en mi cómodo camarote cuando el Charrán Blanco quiso mostrarme la isla que se escondía detrás de sus arrecifes.

Luego se despierta y me sigue hablando del Hermoso Velero en el que muchos hombres siguieron siendo marinos. Hombres que no llevan guantes para sentir mejor la vida de los cabos y de las velas, que van descalzos para conservar el contacto con su barco, tan grande, tan hermoso, tan alto, cuyos mástiles llegan hasta el cielo. Hablan poco, observan el tiempo, leen en las estrellas y en el vuelo de las gaviotas, reconocen los signos que les hacen los delfines. Y *saben* que su Hermoso Velero avanza hacia la catástrofe.

Pero no tienen acceso al timón, ni a las cabillas, montones de hombres descalzos mantenidos a distancia de bichero. Se les dice que huelen mal, que vayan a lavarse. Y muchos han sido colgados por intentar cazar las escotas de las velas de popa y amollar las de las velas de proa para modificar siquiera un poco el rumbo.

El capitán espera el milagro, entre el bar y el salón. Tiene razón en creer en los milagros... pero ha olvidado que un milagro solo puede darse si los hombres lo crean ellos mismos, poniendo de su parte lo mejor que hay en ellos.

Es un verano maravilloso para estas latitudes. La suerte me es propicia desde la salida, todos los milagros a la vez, sueño mi vida a la luz del cielo y escuchando el mar. Hace ya meses y meses que sueño mi vida y, sin embargo, la vivo de verdad.

Durante diez días, la brisa seguirá moderada, con calmas a veces prolongadas, aparte de un pequeño temporal del sudeste, pasado a la capa al principio y luego ciñendo al aflojar el viento. Más calmas todavía, pequeñas brisas. Con frecuencia el sol será rojo al atardecer.

He charlado un buen rato con mis amigos. Varias casetes repletas de cosas. De todas las cosas. Lo bueno y lo malo,

Dibujo del autor

los temporales, las puestas de sol, las gaviotas, los delfines, el Hornos, la soledad, el amor también. Las cosas simples del mar donde englobo a todos los hombres, en las que lo rechazo todo en bloque. Sin renegar del hombre.

Quizás dos días más todavía y estaremos ante el puerto de Ciudad del Cabo, con la montaña de la Mesa por encima de nosotros. Escucho la nota que canta en la proa. Otra nota resuena debido al ligero oleaje del sudeste que subsiste del último temporal. No escucho la nota que resuena, solo la que canta como un arroyuelo que fluye a lo largo de la proa, es la más bella y la más verdadera; he escogido la mejor parte.

La montaña de la Mesa puede verse en la lejanía, a unas treinta millas. El parte meteorológico de Ciudad del Cabo anuncia niebla para la noche. Mientras tanto, el cielo es de una limpidez absoluta, con este viento ligero del sursudeste a punto de cesar del todo. Creo que pasará al noroeste suave en la noche, y entonces vendrá la niebla.

Los cormoranes y los alcatraces van hacia tierra. Llegarán a sus nidos al ponerse el sol, para alimentar a los pequeños. Pienso en mis hijos. Sé que lo comprenderán, Françoise también. Y aquí estoy, solo, con mi tierna y cálida paz. Y toda la humanidad está aquí, amistosa, en el camarote donde ya está encendida la pequeña lámpara.

Todo está en orden. Siento una gran paz, una gran fuerza en mí. Soy libre. Libre como nunca lo había sido. Unido a todos, si bien solo ante el destino.

Amanece. La niebla ha desaparecido. Las casas de Ciudad del Cabo se ven perfectamente, tan lejos y tan cerca a la vez. Oleadas de calor atraviesan la bahía, vienen de todos esos hogares. Luego el frío, la indiferencia..., otra vez el calor. Como olas.

Cierro de nuevo el bidón de plástico. He puesto dentro las casetes, diez rollos de película en color de 16 mm y una buena cantidad de películas de fotos, entre las cuales, las del diario de a bordo. Si me ocurriera un accidente, mi editor tendría todos los elementos para escribir el libro por mí. Y mi familia estaría a salvo.

De repente, la gran ola llega ardiente, me cubre y empuja con toda su fuerza. Siento unas ganas irresistibles de detenerme en Ciudad del Cabo, descansar dos o tres meses en ese Yacht-Club tan simpático donde ya estuve un año con Henry. Detenerme...

Hace mucho tiempo, los indios mataban a los blancos que penetraban en sus bosques. Y los tramperos blancos iban siempre más lejos en sus expediciones, incluso corriendo el riesgo de perecer bajo las flechas silenciosas de los indios mientras dormían al pie de un árbol. Algunos se salvaban. Ni ellos sabían por qué. Nadie lo sabía. A estos, los indios los dejaban partir con las pieles preciosas que habían ido a buscar al corazón del bosque. Entonces todos hablaban de milagro o de traición.

Estos no decían nada. Habían aprendido el valor del silencio escuchando los signos mágicos sobre las pistas secretas. Sin embargo, a veces temían ir demasiado lejos. Y sus pasos flexibles y silenciosos les conducían siempre al corazón profundo del bosque.

Por supuesto que voy a continuar hacia el Pacífico. No recuerdo quién decía: *«Hay dos cosas terribles para un hombre: no haber realizado su sueño… o haberlo realizado».*

Quizá pueda superar mi sueño, entrar en su interior, donde se encuentra la verdad, la única piel verdaderamente preciosa, la que da calor para siempre. Encontrarla o no volver más, quizá.

La motora está llegando. La avisé mediante un rayo de sol en el espejo de Tasmania. De lejos me parecía negra, pero ahora que se acerca veo que es azul. Facheo las velas y pongo la caña a sotavento. Preparo el megáfono de pilas para pedirle que no se acerque demasiado. El mar está completamente calmado en la bahía… pero un obenque se arranca fácilmente si se le frota con algunas toneladas de lancha.

Lanzo el bidón. Un marinero lo atrapa al vuelo. El patrón es un proveedor de buques. Le pregunto si puede llevar urgentemente el paquete al cónsul de Francia. Me promete hacerlo en seguida. También le pregunto si sabe algo de los del largo viaje. Me dice que cuatro han naufragado. Pero no sabe los nombres. ¿Ha oído hablar de un trimarán? No lo sabe. Dios mío, espero que Nigel…

Ya está, la motora vuelve hacia la entrada del dique. El cónsul francés mandará el paquete a mi editor.

Paso las escotas al lado correcto, y me dirijo hacia un gran petrolero anclado en la bahía. Zas... exactamente en el puente. Es un mensaje que le he mandado valiéndome del tirachinas para cablegrafiar a Robert, del *Sunday Times*:

Querido Robert, doblé el Hornos el 5 de febrero y estamos a 18 de marzo. Sigo sin escala hacia las islas del Pacífico porque soy feliz en el mar, y quizá también para salvar mi alma.

Apenas lanzado el proyectil me ha invadido una ligera inquietud. ¿Lo comprenderán? Una vez alguién pronunció un santo y seña: «Esopo», pero el centinela lo que entendió fue «¡Eh, Sopo!».[16]

No os inquietéis, incluso si no lo comprendéis demasiado bien, no os inquietéis, no todos podéis comprender hasta qué punto soy feliz en este momento sobre el botalón, viendo a mi barco avanzar a más de siete nudos con un gran arco iris frente a la proa, para doblar Buena Esperanza.

He doblado Buena Esperanza entre los ruidos del agua, el sonido del viento, el canto de todas las estrellas, de todos los soles y de todos los claros de luna a la vez, la lucha y el amor del hombre y del barco con el viejo océano sobre las grandes olas y los signos mágicos que nos llegan de lo más profundo del mar.

La tierra se aleja. Ahora es algo entre el *Joshua* y yo, entre el cielo y yo, una bella historia exclusivamente nuestra, una gran historia de amor que a nadie incumbe.

16. *Nota del editor:* En el texto original francés aparecía como «Il y avait une fois un mot de passe. C'était "Esope". La sentinelle avait compris "Et Zob!"». Esta referencia se había suprimido en anteriores ediciones y en la presente ha sido rescatada.

La tierra está lejos, lejos, lejos..., más allá del fin del mundo. Una bella historia para nosotros solos con los ruidos del barco, que avanza hacia el horizonte, los ruidos del mar y la luz del cielo. No os inquietéis más, incluso si el *Joshua* tuviese que proseguir hasta más allá, mucho más allá de los cabos, guiado por una gaviota.

Pero vosotros, en tierra, cuando veáis las gaviotas, dadles algo de vuestro calor, lo necesitan. Y vosotros también necesitáis de ellas, vuelan con el viento del mar, y el viento del mar vuelve siempre a tierra, siempre.

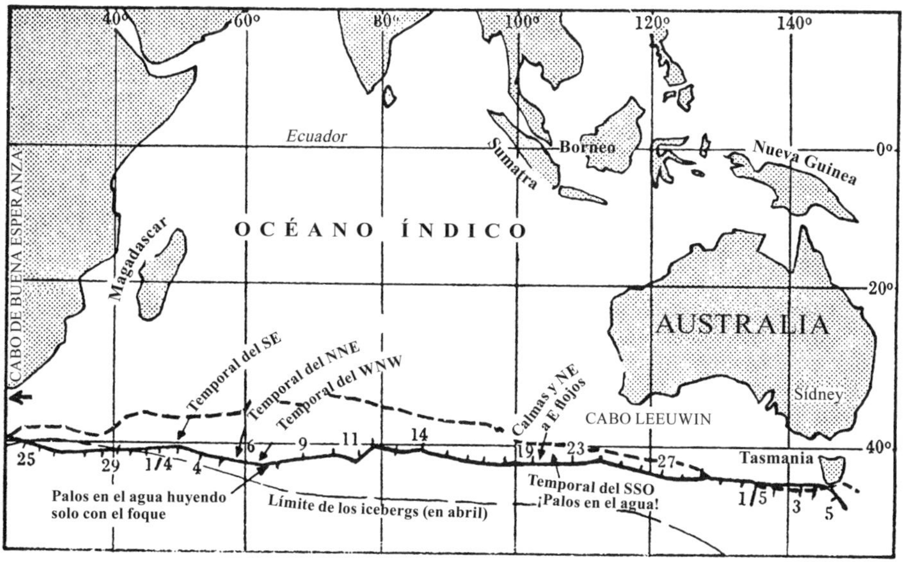

Del 25 de marzo al 5 de mayo de 1969.
En línea discontinua: primera travesía del *Joshua*
del 21 de octubre al 30 de diciembre de 1968.

21

ESCUCHA, «JOSHUA»...

Temporales agotadores, olas peligrosas, negras nubes que se arrastran a ras de agua y que llevan consigo toda la tristeza del mundo, todo su desaliento.

Sin embargo, seguimos adelante, quizá porque uno sabe que es necesario seguir, incluso si no se sabe por qué.

Cielos límpidos, puestas de sol color sangre, color de vida, sobre un mar que brilla de luz y de poder, y nos da toda su fuerza, toda su verdad.

Entonces sabemos por qué seguimos, por qué vamos hasta el fin. Y queremos ir aún más lejos.

Los ruidos del agua... ruidos del agua... ruidos del agua...

En otro tiempo el Alquimista trabajaba la materia durante mucho, mucho tiempo. Y todo el mundo creía que quería fabricar la Piedra Filosofal, la que convierte las cosas en oro. Lo que en realidad buscaba el Alquimista no era la Piedra Filosofal que transformara las cosas en oro. Era solamente la transformación que sufría el propio Alquimista al transcurrir el tiempo y como resultado de su paciencia. Y a veces el Alquimista iba demasiado lejos.

Pero en las altas latitudes, si bien el hombre se siente aplastado por la sensación de pequeñez, es también elevado y protegido por la de grandeza. Es ahí, en el inmenso desierto del océano austral, donde compruebo plenamente hasta qué punto el hombre es a la vez un átomo y un dios.

Y cuando subo a cubierta al amanecer, me pongo a proclamar a gritos mi alegría de vivir, mirando el cielo aclararse sobre los largos regueros de espuma de este mar colosal de fuerza y belleza, que a veces intenta matar. Vivo con todo mi ser. Lo que se dice vivir. Y quizás haya que ir más lejos todavía contemplando el mar.

Podemos mirarlo durante horas, días, semanas, meses. Basta con posar la mirada sobre una ola. Ni demasiado grande ni demasiado pequeña, de tamaño justo. Ella nos lleva a su playa y volvemos al barco cuando queremos. Podemos escoger, y decirle a la ola que vaya a una playa de arena blanca, o negra, o sobre coral del color que queramos. O sobre rocas lisas con algas verdes, como queramos. Todo lo que queramos.

Podemos estar dentro o sobre la ola, e incluso en el interior de ella, y dar entonces diez veces la vuelta al mundo, no haciendo más que contemplar las nubes y el sol, la luna y las estrellas por encima de las nubes, con la ola y en la ola, mirando y sintiendo solamente. Pero también podemos coger un rayo de luna en el momento en que se refleja en el mar y dejarnos llevar por él hacia tierra, atravesar el campo, respirar el aroma de los árboles y las cosas de la tierra, y volver a bordo para mirar el mar, mirarle y pensar en él, sintiendo todavía el olor de la tierra y de las cosas del cielo.

Y todo esto es fácil; basta con mirar el mar, escoger bien la ola, del tamaño justo, y tomarse el tiempo de ver en el mar.

Así que... por poco voy demasiado lejos, después de Nueva Zelanda. Miraba tan a menudo hacia el Hornos, allá donde

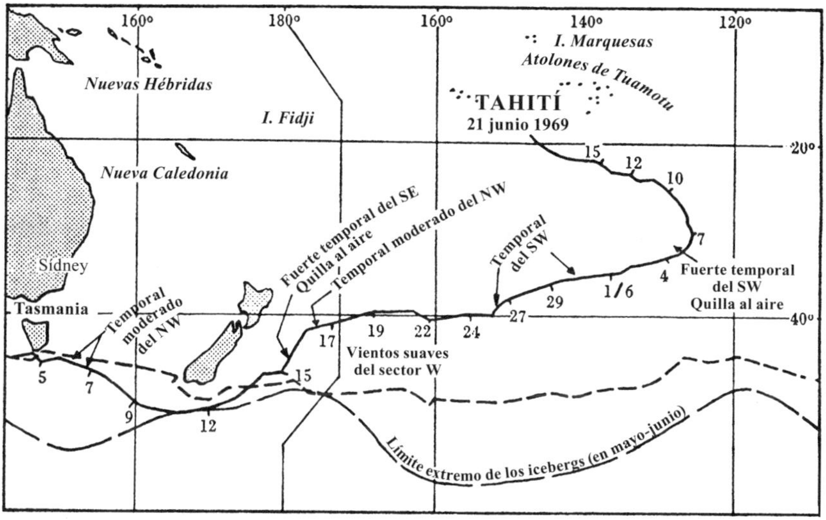

Del 5 de mayo al 20 de junio de 1969.
En línea discontinua: primera travesía del *Joshua*
del 17 de diciembre de 1968 al 4 de febrero de 1969.

hay aún más olas. Miraba el gran trazo sobre el globo del *Damien.* Y estaba fascinado por las olas y por el globo. Lo tenía todo en mis manos, y no me acordaba de nada más.

Nada más que el mar y el globo con las olas del mar. A veces intentaba reflexionar un poco ante el mar inmenso. Y todavía sabía menos lo que había que hacer.

Pero he sentido claramente que el *Joshua* me decía algo. Y juntos hemos puesto rumbo al norte. Y he notado que era esto lo que el *Joshua* quería.

Juntos hemos vuelto a encontrar los alisios del Pacífico, para buscar la isla en los alisios.

El hermoso viaje está casi al final de la larga cinta de espuma. Y yo he ido casi al final de mí mismo. Y el *Joshua* también.

Allá, en el sur, era otoño, luego ya invierno. Ocho temporales desde Buena Esperanza, en tres meses. Y dos zozobras en el océano Índico, antes de Australia. Y dos más en el Pacífico, después de Nueva Zelanda, pasada a tientas en la oscuridad, y sin delfines esta vez.

Ninguna avería, salvo cuatro velas destrozadas en la última zozobra. Y tres obenques rotos, justo bajo el guardacabos, en la parte curva. Esto no eran verdaderas averías, ya que los reparé fácil y sólidamente con trozos de cadena y abrazaderas para que volvieran a tener la misma longitud.

Pero, en conjunto, los obenques están fatigados, el *Joshua* también. Yo no sé si lo estoy o no, depende de cómo se miren las cosas. Tendré que cuidar mi barco cuando lleguemos juntos a la apacible isla de los alisios, donde tendremos tiempo para hacer las cosas importantes. Ya no corro el riesgo de ir demasiado lejos, o no lo suficiente. Porque el sueño llegó primero hasta el fin del sueño... y después, fue más allá del sueño.

El charrán planea por encima del mástil, jugando con los remolinos de aire de la vela mayor. Se queda ahí unos minutos, vuelve la cabeza a la izquierda, a la derecha, cambia de posición allá arriba para mirarme mejor con sus grandes ojos en los que el sol, ya bajo, se refleja a veces en un pequeño resplandor de luz.

No conozco ningún ave cuyos ojos sean tan bellos. En el archipiélago de las Cargados Carajos los puedes tener en la mano sin que se inquieten, y te miran con sus inmensos ojos mientras los acaricias. Y después se los deja en su nido entre las ramitas del árbol que han escogido cerca de la playa. Y no se mueven; simplemente te miran tranquilos. Confían en los hombres, así de sencillo, y a esto se debe que vengan a buscarnos lejos, mar adentro.

Mi charrán blanco se va un momento y vuelve otra vez para dar la vuelta al barco. Hace esto tres veces. Luego va derecho hacia el WNW para decirme dónde está la isla. Esta noche dormirá junto a sus pequeños. Yo también, quizá mañana...

El viento cambia; empieza a llover. Me pongo a la capa. Una lluvia como solo se puede dar en los trópicos. Me enjabono todo el cuerpo bajo las cascadas que caen por la botavara de la vela mayor. Luego me tumbo en cubierta para respirar toda mi lluvia. Mi piel y mi cuerpo entero se estremecen de placer, y mi cabello se vuelve como una seda fina bajo esta agua llegada del cielo.

La nube ha pasado. Algo azul pálido al oesnoroeste descansa sobre el horizonte.

Es la isla...

Con sus diez meses de mar y su charrán blanco. Todo está en orden, como debe ser.

El sol desciende a descansar después de haberme dado todas estas cosas. El *Joshua* seguirá a la capa amurado a babor, para llegar al final de la noche al borde del coral.

El canal resplandeciente de blancura. Ahí está, muy cerca ya, coral a derecha e izquierda. Y por encima del coral, el sol hace brillar las crestas transparentes de las olas verdosas que marcan el límite entre el océano y la tierra, entre las grandes extensiones libres del viento y el mar, y ese otro mundo, el de los hombres, al que vuelvo al cabo de diez meses.

El canal resplandeciente..., quisiera conservar en mi retina los colores del coral, de los canales es el más bello, alimentado por la resaca y la corriente a la vez. Pero debo andarme con cuidado después de tanto tiempo en alta mar, ir justo por en medio del paso, no mirar más que las velas y el centro del canal.

El arrecife resuena muy fuerte a derecha e izquierda. Pronto se escucha por la popa, lo hemos pasado. El sonido se vuelve amigable, como si dijera: «Adiós, hasta pronto». Y el cálido alisio que ha conducido al *Joshua* hasta el canal, a través de él y más allá, hasta el interior del puerto, nos dice también adiós. El *Joshua* va dando pequeñas bordadas bajo la brisa de tierra. Busca un rincón apacible para dormir tranquilo, como una gaviota agotada, pero feliz de posarse entre las de su misma especie, que velarán su sueño y la protegerán.

El ancla está echada. Una amarra va en dirección al muelle. Reconozco siluetas familiares. Rostros de amigos. Forman un grupo inmóvil, separados de los curiosos.

Algún día, a fuerza de ahondar en el átomo, un sabio llegará a explicar la alegría y la paz del espíritu con fórmulas matemáticas. Sería interesante, pero seguramente demasiado complicado para mí. Y quizá, incluso el sabio, con todo su cerebro, podría echar a perder algo muy importante. Prefiero lo que dice Romain Gary: «De lo que el hombre está más necesitado, es de amistad».

–¿Qué tal, viejo?...

–Bien, chicos...

–¿No ha sido demasiado duro?...

–No demasiado, gracias por estar aquí...

–Gracias por haber venido...

Ni un ruido.

Ni un movimiento.

Es extraño... sobrenatural en cierto modo. Incluso en la calma más chicha, las cosas hablan y se responden.

Me acuerdo de repente. El *Joshua* está en Tahití desde esta mañana.

Me desperezo y espero un poco. Algo especial me emociona. Me duermo de nuevo un momento. Después me levanto a prepararme un café, como en el mar.

Los amigos se fueron mientras dormía. Durante la velada, su calor llenaba el camarote. Charlamos de pequeñas naderías. Y de cosas importantes también. Yo daba cabezadas de vez en cuando, pero no tenía importancia. Lo importante era que se hallaban aquí y que, estando juntos, lo pasábamos bien. Me pregunto cuándo se fue el último. Huele mucho a tabaco. Me gusta este olor del tabaco y de los amigos.

Subo a cubierta; la luna se pondrá pronto. La noche es clara, las estrellas amigables... «Estaremos siempre ahí para indicarte el camino».

Escucho. La barrera de arrecife resuena a lo lejos, golpeada por la gran resaca del océano... «Estoy aquí, muy cerca, y seguiré siempre como ahora».

Y el *Joshua*, inmóvil por primera vez después de tanto tiempo, escucha el cielo y el mar.

La luna se pone. La ciudad está tranquila, muy tranquila. En el suelo hay dos grandes árboles caídos. Respiran todavía.

Hace apenas tres años, crecían aún muchos árboles junto al muelle. Pero se está construyendo una carretera de cinco vías para reemplazar a la pequeña y tranquila carretera que bordea el mar aquí. De ahí que derriben los árboles que eran el encanto del puerto.

La luna se esconde. La ciudad duerme tranquila esperando el nuevo día. Y un grillo canta en un agujero de una roca, muy cerca.

Escucho. Todo el cielo canta y toda la tierra descansa porque el grillo está ahí. Si pudiéramos salvar el grillo...

¡Escucha, *Joshua*... escucha el grillo!

22

HORA DE ELEGIR

(Segunda parte)

Un árbol más, dos, tres..., toda una hilera de árboles. Para que los coches puedan pasar cómodamente. Son necesarios cien años para hacer un árbol centenario que la excavadora gigante arranca de raíz en treinta segundos.

El hombre ha inventado la excavadora y la hormigonera para que trabajen en su lugar. Así que ellas trabajan como se les ha enseñado, con eficacia, sin detenerse en detalles. Trabajan de verdad. Y cuando ya no hay más trabajo para ellas, lo inventan. No pueden quedarse inactivas, reventarían.

Que el hombre reviente un día, poco les importa. Lo importante es que la excavadora y la hormigonera no lo hagan.

Siguen los trabajos. Sigue la destrucción. Con los papeles en regla. Esa es su fuerza: los papeles. La Ley. El Derecho. El derecho a destrozarlo todo. Los dinosaurios quizás hicieron lo mismo, con su vientre enorme y su cerebro no más grande que una avellana.

Muchos creen que la hormigonera y la excavadora no piensan. Pero se equivocan: claro que piensan.

Piensan que si no trabajaran no ganarían dinero y que entonces sus esclavos no podrían comprar el aceite y la gasolina que les son tan necesarios para vivir y seguir pensando en cosas serias.

Piensan que los humanos están bastante atrasados puesto que todavía crían a sus pequeños en la alegría, el amor y el dolor. Su técnica de procreación es mucho más eficaz: trabajan al máximo sin cansarse nunca, lo que da unos beneficios, con los cuales sus esclavos fabrican rápidamente nuevas hormigoneras y excavadoras que nacen ya adultas y se ponen manos a la obra sin perder un solo minuto. Y de lo que también están muy convencidos es de que tienen que darse prisa en consolidar la era del robot antes de que los hombres tengan tiempo de recomponerse. Para que la excavadora y la hormigonera no corran nunca el riesgo de carecer de aceite ni de gasolina ni de pequeños gigantes, cada vez más gigantes a fin de perpetuar la raza y multiplicarla hasta el infinito.

El muelle de cemento ante la carretera de cinco vías está terminado. Abrasador, sin más sombra que la de las potentes farolas de doble globo. Hormigón rojo y negro. Ausencia absoluta de verde. ¿Qué ha sido del Consejo de Sabios de antaño?

Queda un poco de tierra a la entrada del puerto. Desnuda, pero tierra, con rocas cara al mar, la espuma verde de las algas, su olor, los cangrejos. El chapoteo del mar contra las rocas, tan distinto del ruido sin nada dentro que hace contra un muelle de cemento. Los coches no se acercan demasiado, y las farolas están lo bastante lejos como para no deslumbrarnos.

Es el rincón en que nos refugiamos un barco inglés, dos americanos, un español, un alemán, dos suizos, un canadiense con su mujer polinesia, tres franceses. E Ivo, holandés, el benjamín del grupo, que vino con su barco apenas más grande que una caja de cerillas. Hace veinte años.

Muchos pasaportes, pero una sola especie, la de los ciudadanos del mundo amigos del verdor. Laurence, de tres años, casi nació en el mar. Élodie tenía dos años cuando atravesó el Atlántico. Hina-Nui y Vaï-Tea, los hijos de Bert el canadiense, van a pescar con Matuatua y Bert hasta los atolones situados detrás del horizonte.

Estamos tranquilos en este rincón, pero la rata ha planteado algunos problemas. Klaus incluso le disparó un cohete de señales de mediano calibre cuando la rata se hallaba en el agujero de una roca. Se diría que el cohete tenía ojos, pues rebotaba y corría en todos los sentidos como si intentase alcanzarnos. Al principio, la mayoría estaba completamente en contra de la rata. Pero otros estimaban que todo el mundo tiene derecho a vivir en paz. Yo era también de esta opinión, por aquella vieja historia. Al cabo de unas semanas de discusión, Klaus propuso que le diéramos de comer sobre la roca, para que no subiera a comer a nuestros barcos. Yves y Babette fueron los más difíciles de convencer, pues la rata iba a menudo al *Ophélie* llevando ramitas y trozos de trapos que dejaba en el cofre de babor de la bañera, como para hacerse un nido. Por fin, todos estuvimos de acuerdo. Así que abrimos nuestros cocos después de calentarlos al vapor para que la rata pueda roerlos fácilmente, y los dejamos cerca de la roca donde vive.

Cuando el tiempo se pone feo, llega hasta aquí una resaca peligrosa y hemos de trasladarnos a otro fondeadero. Los que tienen motor, remolcan a los demás. Un día, Marc, del *Maylis*, nos remolcó a cuatro de nosotros en fila india, mientras que Julio ayudaba a Jory con su fuera borda. Luego nos volvíamos a encontrar todos junto al muelle de cemento, al fondo del puerto.

Ahí estamos «protegidos». Estamos protegidos, pero nos asfixiamos por la ausencia de sombra. Estamos «protegidos», pero agobiados por los coches que pasan a cinco metros de la borda. Y por la noche, las grandes farolas llegan con su luz hasta el fondo de los camarotes. Un tirachinas no bastaría para acabar con ellas; su plástico es demasiado grueso. Incluso es posible que estén hechas a prueba de balas.

Cuando las condiciones meteorológicas mejoran, volvemos rápidamente a fondear ante nuestro rincón de tierra verdadera, pero todos presentimos que, tarde o temprano, el hormigón vendrá a ahuyentarnos o apresarnos, si nos quedamos aquí con los brazos cruzados.

Entonces, ante la imposibilidad de coger nosotros mismos el pico y plantar árboles donde haga falta, ya que nos expondríamos a encontrarnos todos en el calabozo con la etiqueta «revolucionarios-saqueadores», escribimos una carta a las autoridades oficiales:

«... *Aún no es demasiado tarde para mejorar el muelle inhumano que nos ha sido impuesto... Si se plantan pandanos darían sombra y crecerían, puesto que hay tierra bajo la capa de cemento... estos pandanos tamizarían la luz de las farolas... es un arbusto muy coriáceo; hay dos de ellos en perfecto estado a pesar del cemento, al lado del almacén de Donald...*

»... *Al realizar todo este trabajo no se han tenido en cuenta en absoluto las necesidades profundas de la especie humana y no habrá servido para nada bueno... el promotor lo decidió así, pero se podría haber hecho la carretera sin quitar la sombra ni matar árboles centenarios... Los grillos y los pájaros también necesitan la vegetación para vivir, y los hombres, aunque no lo sepan, tienen necesidad de los grillos y de los pájaros, no solo de electricidad y cemento*».

La releemos, lápiz en mano, antes de echarla al buzón. Discutimos mucho.

–Todo esto no son más que palabras... ¿Tú crees que servirá para algo?...

–¿Y nuestros bananos?, ¿son solo palabras?...

En nuestro apacible rincón habíamos plantado una decena de bananos. Para que hubiera un poco de verde donde descansar la vista. Para que esta pudiera deambular por algo fresco. Para que no muriera el grillo.

Y junto a nuestros bananos, un jardín con hierba de verdad que fuimos a buscar más lejos, en terrones apretados unos contra otros. Lo regamos día y noche. Crece bien. Dos metros de lado, lo justo para que los camaradas de los barcos puedan reunirse bebiendo los cocos mientras se pone el sol sobre la isla de Moorea.

Estamos en paz aquí, en nuestro jardín, junto al mar, muy cerca de nuestros barcos, frente al canal que deja oír su murmullo al atardecer cuando cae el viento. Está bien estar ante el canal, te sientes libre de partir cuando quieras, o de quedarte si quieres.

Este sería el lugar ideal para plantar árboles y hierba por todas partes. Casi media hectárea, sin nada que no fuera verde, para dar un poco de dulzura y belleza a este puerto. Tan solo un remanso de paz que anularía al cemento. Una semilla llevada por el viento de alta mar y caída ahí por azar, que germinaría un día para dar un árbol cuya sombra protegería el inquieto corazón del hombre.

Ante el canal. La entrada o la salida. La libertad entre el verde y el azul.

Pero son la hormigonera y la excavadora las que deciden. A ellas no les gusta el azul y detestan el verde. Y lo que más temen es oxidarse. Así, aunque ya no tengan nada que hacer, se afanan en algo para no oxidarse. Y si además se puede ganar algo, nunca viene mal. Por esto han decidido hacer un gran estacionamiento en este rincón, con un camino de piedras que pasará justo por el jardín.

Esta noticia nos hunde. Hasta el último día habíamos intentado detenerlo, casi lo habíamos conseguido, estoy seguro. Pero un compañero periodista que navega nos dijo que había demasiados intereses en juego.

La rata fue testigo. No se acercó demasiado; desconfiaba todavía a causa del cohete rojo que olía muy mal. Pero tiene el oído muy fino, y se la veía dejar de roer su coco para oír mejor.

Los bananos escuchaban sin mover una hoja. Escuchaban, olían y respiraban el aire y el tiempo que les quedaba de vida. La hierba escuchaba también y no podía hacer más que mostrarse amable con nosotros el tiempo que le quedaba de existencia. También estaba el grillo, pero su canto salía triste del pequeño nido nuevecito que había cavado en la hierba de nuestro jardín común.

Nosotros... unos cuantos individuos bohemios, con nuestros tirachinas, que ni siquiera son lo bastante potentes para romper las farolas.

Al final, todo fue muy rápido: el jardín quedó cubierto de piedras y cascotes, el grillo murió, tres barcos izaron sus velas para buscar un lugar en el mundo olvidado por el Monstruo.

Yo ya no sé... Tengo ganas de vomitar.

Mi querido Bernard:

Me ocupo de una asociación llamada Los Amigos de la Tierra. Propósito: protestar contra la civilización demente que se nos impone, abogar por el restablecimiento de un equilibrio entre el hombre y la naturaleza. Oponernos a la devastación, por parte de especuladores, de territorios casi vírgenes y equilibrados. Rehabilitar no solo la idea de naturaleza, sino la naturaleza en sí, a los ojos de los ciudadanos con tendencia a querer encerrarla en un museo.

Que la palabra Tierra no te asuste, ella está compuesta de océanos en un setenta por ciento, y esos océanos deben ser salvados del destino de alcantarillas petroleras que les ha sido asignado.

Alain.

Releo lentamente la carta de mi viejo amigo Alain Hervé. Es verdad, no todo está perdido todavía; los hombres se enfadan contra esta civilización que se ha vuelto loca y se alzan contra el Monstruo.

Asomo la cabeza por la escotilla de la cabina. Miro el destrozo de nuestro jardín. Ruge la hormigonera. Sin embargo, una confianza inmensa me llena el corazón... veo hombres acercarse al cocotero, más y más hombres... agarran el cocotero todos a la vez... lo sacuden, lo sacuden... llueven cocos sobre su cabeza, pero los simios comienzan a caer...

... «¡Eh, tú, ahí! ¿Por qué te quedas ahí parado mirándonos hacer y, sin embargo, eres de los nuestros?... Dices que te avergüenzas de ti pero que tienes demasiado miedo de que te caiga uno de esos macacos encima..., no sientas vergüenza, somos seres humanos, no hormigoneras..., pero puedes plantar un árbol mientras los monos se aferran para no caerse..., si cada hombre plantase un árbol, no más que un árbol en su vida, eso supondría miles de cosas bellas de más sobre nuestra tierra, todo el mundo se volvería mejor... ¡Planta tu árbol!».

Entonces vemos una cosa fantástica: un mono enorme baja tranquilamente del cocotero; nos mira y dice: «Vosotros, los vagabundos, no me dais miedo... pero ahora soy de los vuestros».

Y se quita la piel de simio. Vuelve a ser un hombre.

El solitario a su llegada a Tahití después de diez meses en el mar.

23

EL CAMBIO

(Segunda parte)

Es posible que el jardín se haya salvado. Los hombres se han indignado ante la Vergüenza. Se han plantado cuatro árboles grandes, además de muchos arbustos. Se dice también que el camino de piedras será pronto cubierto de tierra, con hierba. Y el grillo que creía muerto ha vuelto. Así que volvimos a plantar nuestros bananos, y allí siguen.

En cuanto al muelle de cemento inhumano, sin una sombra, sin verde, sin nada, por lo visto se plantarán pandanos. Así, no solo se podría salvar el jardín, sino que el muelle podría convertirse en algo bello. Pero son demasiados «podría», y eso resulta inquietante.

Si el *Joshua*, que mide doce metros, tuviera que hacer una regata con un barco construido con los mismos planos, pero con cuatro metros de eslora más, una superficie vélica aumentada en la misma proporción, sería derrotado sin remedio. Porque un barco de dieciséis metros es más veloz que otro de doce.

Sin embargo, el *Joshua* tendría la posibilidad de llegar antes que el barco grande en una regata transoceánica, a condición de intentar lo que en el lenguaje de las regatas se llama el «bordo suicida», que consiste en buscar otro viento en una zona diferente. Sale bien o se fracasa. Pero no hay otra táctica. Y si el *Joshua* encuentra un viento favorable, pongamos por caso, a doscientas millas a la derecha del barco grande, mientras este se debate entre las calmas o con vientos contrarios, puede llegar primero. Pero si el *Joshua* no se decide por el «bordo suicida» y sigue la misma ruta que el barco grande, entonces está vencido de antemano.

Es así como estamos ahora… Y el barco grande nos lleva mucha ventaja. Todavía no ha ganado esta regata, pero si no intentamos el «bordo suicida» la ganará; como estaba previsto. Y cuando la gane reventará el planeta. O el hombre se convertirá en un robot sin cerebro. O pasarán las dos cosas a la vez: el hombre pululará por la tierra como un robot teledirigido, y pronto el planeta se deshará de él como se desembaraza uno de la gentuza. Quizá queden algunos lamas en el Tíbet, algunos supervivientes en las montañas, o en el mar. Y todo el ciclo habrá de recomenzar, el Monstruo habrá ganado, la humanidad habrá perdido.

A menos que comprendamos a tiempo dónde está nuestra última oportunidad, la última puerta todavía entreabierta en nuestra época de ingenios nucleares y de podredumbre generalizada del cuerpo y del alma.

Sueño en el día en que un país del mundo moderno tenga por presidente un *hippy* asesorado por ministros bohemios. Pediría en seguida mi nacionalización.

Cristo y los apóstoles eran unos bohemios; seguramente esto les ayudó a hacer milagros. También eran *hippies* como Buda, como todos los santos.

Los fabricantes de automóviles y los traficantes de armas hablarían de un atentado a la Libertad y a los sagrados Derechos del Hombre al oír nuestro himno..., pero nuestra tierra y sus hombres encontrarían de nuevo el rostro que les corresponde. Los hombres, sin mayúscula. No recogeríamos medallas de oro en los Juegos Olímpicos, pero los superhombres de las medallas de oro escucharían nuestro himno. Y pedirían la nacionalización para dejar de ser superhombres. Entonces los fabricantes de automóviles, de petróleo, de aviones supergigantes, de bombas, de generales y de Todo lo Demás, sentirían poco a poco que el cambio se ha iniciado por fin, que los hombres guiados por el corazón y el instinto son mil veces más auténticos que todas las mañas y falacias de las Altas Finanzas y la Política.

El Monstruo se las ha compuesto para que se acuse a los *hippies* de multitud de crímenes. Su crimen es sentir que el Dinero no es el fin supremo de la existencia. Es su negativa a ser cómplices de una sociedad donde todos los golpes están permitidos mientras sean legales. Es estar en desacuerdo con las destrucciones morales y físicas que lleva consigo la carrera para la consecución del Progreso.[17] Y es esperanzador para todos ver que muchos lo comprenden.

Muchos adultos son *hippies* pero no lo parecen. Hay más de los que se cree. Afortunadamente. Lanza del Vasto, Jean Rostand y su equipo de Ciudadanos del Mundo, los Amigos de la Tierra, un hombre como Ralph Nader que ataca a los

17. *La Crise du monde moderne,* de René Guenon (Gallimard, 1946), y *Le Voyage à la Drogue,* de Gérard Borg (Le Seuil, 1970), son dos obras fundamentales. Si cada lector de mi libro pudiera ofrecer a otras dos personas un ejemplar de cada uno de estos dos libros y estas hicieran otro tanto con otras dos, cada año... no, prefiero no soñar, sería como una bola de nieve, abriría los ojos a mucha gente, padres e hijos. Se pueden añadir también *Le Phénomène hippy,* de Michel Lancelot (Albin Michel, 1968), y *Le Temps de policiers,* de Jacques Lantier (Fayard, 1970), un libro fantástico escrito con el corazón por un gran policía.

trusts financieros más importantes de América y les obliga a cesar de contaminarlo todo por el dinero, Charles Reich que escribió *El reverdecer de América*, donde explica a millones de personas cómo funciona el sistema. Él, que construía autopistas, cambia de rumbo, quema su coche y anda en bicicleta tras haber comprendido adónde llevan las autopistas y qué hay alrededor de ellas... Todos estos hombres que combaten al Monstruo son *hippies.* Incluso si no van descalzos, son verdaderos bohemios, con su faceta simplemente humana de *hippies*, niños y adultos, esta búsqueda de paz, esta conciencia de pertenecer a la misma gran familia, el respeto a la naturaleza, el sentimiento de fraternidad sin fronteras, esa comunión con las cosas que nos rodean. Todo lo que el alma humana puede hacer de bello y de bueno, esas cosas verdaderas sin las cuales no se puede vivir.

El presidente *hippy* no ha llegado todavía. Somos muchos los que le esperamos. Hace dos mil años que le esperamos. Y a veces uno se cansa y piensa: ¿para qué?... Entonces se piensa en montones de cosas. También en los amigos...

Partieron uno tras otro, como las gaviotas que responden a la llamada del horizonte. Pero tenemos una cita aquí, para dentro de unos años, en nuestro jardín, con el grillo y la rata. Esta se ha hecho completamente familiar y se acerca cuando me oye romper el coco. Sentado en la hierba con las piernas cruzadas, pongo el coco junto a mis pies. La rata viene a comer sin temor y me mira como para decirme que la antigua deuda está saldada. Pero aún tengo otra, muy antigua. Fue en Singapur, hace veinte años.

Mi junco *Marie-Thérèse*, fondeado en el puerto, comenzó a hacer agua de una manera alarmante. Dejé Indochina sin un céntimo. Si hubiese querido irme con dinero, no me habría ido nunca. O lo habría hecho muchos años después, agotado por el Dinero. Y ahí estaba, en Singapur, con un barco que necesitaba un calafateado (*) completo hecho por profesionales, y sin medio alguno para ganar dinero en aquel puerto extranjero. Así que había llegado al final de mi viaje, a solo seiscientas millas del punto de partida. Y no había forma de salir de ahí.

Vino un tipo que no conocía. Trajo un equipo de calafateadores profesionales. Lo pagó todo. Era bastante caro y él no era rico. Luego dijo: «Se lo devolverás a un desconocido como he hecho yo por ti. Porque yo también se lo debía a un desconocido que me ayudó un día y me dijo que se lo devolviera de esta manera a otro. No me debes nada, pero no te olvides de devolverlo».

Ahora creo que todo este libro está en la balanza. De no ser así, el camino que hemos recorrido juntos no se reduciría más que a palabras.

El grillo canta en el jardín. La rata me mira muy seria. Entonces sueño que el *hippy* desconocido de Singapur parte a ver al Papa y le dice:

«Un amigo está acabando de escribir su libro, y ha pedido que se os entreguen sus derechos de autor. Espera que empleéis esta gota de agua para ayudar a reconstruir el mundo luchando con todo el peso de vuestra fe en el hombre, al lado de los bohemios, de los vagabundos, de los Amigos de la Tierra. Todos ellos saben que el destino del hombre está unido al de nuestro planeta, que es un ser vivo como nosotros. Por eso van por los caminos de la tierra y quieren protegerla. Presienten que es ella la que permitirá a la humanidad de todas las Iglesias volver a encontrar el Manantial del Universo, del cual el Monstruo nos ha privado».

El Papa está atónito. Se pregunta cómo el bohemio ha podido entrar en su palacio tan bien guardado. Entonces ve un pequeño charrán blanco posado sobre el brazo de su sillón. Y comprende que él le ha hecho entrar a escondidas. Está contento; se sentía un poco solo esa noche. Le ofrece una silla a su huésped.

Pero el bohemio prefiere sentarse en el suelo, y dice:

«Por culpa del Monstruo, los hombres se destruyen y destruyen nuestra Tierra por motivos muy bajos. Además, se reproducen como conejos, seremos el doble de aquí a treinta años y el cuádruple dentro de setenta, si las cosas siguen así. ¿Cómo se las arreglarán nuestros hijos, si ya estamos asfixiados? ¿Qué van a hacer si no encontramos a tiempo el Manantial, luchando rápidamente y todos unidos contra la Vergüenza y la Locura del mundo moderno?».

El Papa sonríe. Le gustan los *hippies* y los vagabundos; le recuerdan los principios de la cristiandad, de cuando todo era simple. Le ofrece una taza de té.

El *hippy* lo bebe lentamente, sin hablar, soplando sobre su té porque está caliente y bueno. Él también ama al Papa, que simboliza la pequeña llama de la espiritualidad que subsiste aún en los pueblos de Occidente. Es necesario que no se apague la pequeña llama sin la cual no quedaría gran cosa. Es preciso que se avive para que caliente en profundidad como el té bueno y caliente.

Una vez acabado su té, el *hippy* se levanta y dice:

«Santo Padre, confiamos en Vos. Si vuestras convicciones religiosas no os permiten tomar parte en nuestra lucha, devolved nuestros derechos a los Amigos de la Tierra; es para bien de nuestro jardín, todas las Iglesias tienen su origen en él; él es su sostén».

El charrán blanco se ha posado sobre las rodillas del Papa. Lo acaricia suavemente. Él le mira con sus ojos inmensos. El Papa pregunta al *hippy* si el charrán puede quedarse unos días más con él en su palacio tan bien protegido.

«Claro que sí», responde el *hippy*.

Después junta las manos sobre el pecho para saludar a su huésped y se va.[18]

Mi libro está terminado. Es una manera de hablar, puesto que no sé todavía cómo se está a la orilla del Ganges. Y quizá no haga falta ir tan lejos. El Ganges está en todas partes y sobre todo en nuestro interior.

¡Ah! Todavía una cosa antes de recoger los bártulos. Ocurre en *Al este del Edén*, de Steinbeck, un libro que me gusta mucho, un buen compañero de viaje. En un capítulo, Lee, el chino, comenta con el viejo Samuel un versículo de la Biblia, en el que había una palabra traducida de diferente manera, según se tratase de la edición americana o de la edición inglesa. La palabra es tan importante que Lee consultó a una comunidad china. Y esos chinos se apasionan tanto por el sentido exacto del versículo en litigio, que aprenden el hebreo para intentar levantar el velo. Al cabo de dos años, lo habían conseguido: una de las traducciones oficiales decía: «Dominarás el pecado» (promesa). La otra traducción, no menos oficial, rezaba· «Domina el pecado» (orden). Los chinos lo habían traducido así: «Tú puedes dominar el pecado» (libertad de elección). Entonces comprendieron que no habían perdido el tiempo trabajando y meditando sobre ello durante dos años.

«Samuel dice:

»–Es una historia fantástica, he intentado seguirla y quizás he dejado pasar algo por alto. ¿Por qué es tan importante ese verbo?

»La mano de Lee tiembla al llenar las translúcidas tazas. Bebió la suya de un tirón.

18. Extracto de una carta a mi editor:
«Tenga la bondad de enviar al Papa todas las sumas que en lo futuro se me deban por las ventas de este libro (derechos franceses y extranjeros)».

»–¿No lo comprende? –dice en voz alta–. Según la traducción de la Biblia americana, se da a los hombres la orden de triunfar sobre el pecado, que podríamos llamar ignorancia. La traducción inglesa con su "lo dominarás" promete al hombre que seguramente triunfará sobre el pecado. Pero la palabra hebrea, el término timshel *(puedes), permite la elección. Es quizá la palabra más importante del mundo. Significa que la puerta está abierta. La responsabilidad incumbe al hombre, pues si "puedes", también es verdad que "puedes no...", ¿comprende?».*

APÉNDICE

—

GLOSARIO

—

ÍNDICES

APÉNDICE

La travesía y las estaciones

Se escogió el trayecto oeste-este para esta vuelta al mundo en los alrededores del paralelo 40°, porque en esta zona los vientos dominantes soplan del oeste. A veces se pueden encontrar vientos del este, pero suelen ser raros y en principio de corta duración, ya que suponen una anomalía del régimen de vientos.

En el sur, el verano se extiende aproximadamente desde mediados de noviembre a mediados de febrero. En diciembre y enero es pleno verano. Es el período del año en que la temperatura es menos fría, los temporales menos frecuentes (aunque parece que a veces mucho más fuertes que en invierno) y los días más largos. Es la mejor época. O la menos mala, si así se prefiere. Para el *Joshua* fue una buena temporada, con pocos temporales. Pero también se pueden dar muy malos veranos. Los clíperes de antaño calculaban que había que contar con un mal verano de cada tres.

Para los yates de nuestro tamaño, más vale pensar, cuando se hacen los preparativos, que la estación se presentará siempre mala. He dicho que diciembre y enero son los meses de pleno verano austral. Sin embargo, fue en diciembre cuando el *Tzu-Hang* pasó por ojo en el Pacífico Sur. También en diciembre, el *Joshua* conoció el temporal más fuerte de su historia, durante la Tahití-Alicante. Y en enero, el *Varea* (70 toneladas), de Robinson, planeó durante unas distancias increíbles en el Pacífico Sur arrastrando cabos y botalón por el agua. Así pues, el pleno verano puede ser muy duro. Un barco que parta de Europa para hacer los tres cabos deberá, de todas formas, pasar Buena Esperanza bastante antes de la estación si no quiere encontrarse muy tarde en las aguas del Hornos. Y cuanto más pequeño sea el barco, más pronto deberá estar en Buena Esperanza, ya que su velocidad es inferior a la de un barco más grande. Por esto el *Suhaili* de Knox-Johnston tuvo que salir de Inglaterra en junio para no llegar demasiado tarde a la zona del Hornos, y así, pasar Buena Esperanza al principio de la primavera cuando los temporales son bastante fuertes, para seguir en el océano Índico en una estación que no era la más indicada. Pero Knox-Johnston no podía hacer otra cosa al ser su barco más pequeño que el *Joshua* y, por tanto, más lento.

¿Es mejor pasar Buena Esperanza demasiado pronto, o el Hornos demasiado tarde? Vito Dumas escogió el fin de mayo o principios de junio para pasar el Hornos de oeste a este. En su libro considera que es la mejor época. Como argentino que era, estaba bien informado. Chichester creo que lo pasó en marzo, y Alec Rose poco más o menos por la misma época un año más tarde, en un barco de diez metros. Nigel, con su trimarán *Victress*, lo pasó el 18 o 19 de marzo. (El *Joshua*, el 5 de febrero en este viaje y el 16 de enero en la Tahití-Alicante).

Y cuando estoy escribiendo estas líneas me entero de que mis amigos del *Damien* han doblado el Hornos de este a oeste (haciendo bordos) el 4 de marzo de 1971. Después han hecho escala en Ushuaia, en el canal de Beagle, en la Patagonia, para partir hacia las Shetland del Sur, Georgia del Sur y, más tarde, Ciudad del Cabo, por el Atlántico Sur. En cuanto a Knox-Johnston, pasó el Hornos unas semanas antes que el *Joshua*, en enero.

Creo que Buena Esperanza es más peligroso que el Hornos a causa de la convergencia de la corriente cálida del océano Índico con la corriente fría antártica. Pero todo esto no está nada claro. Loïck Fougeron y Bill King pasaron más o menos por el ojo a finales de octubre en el Atlántico Sur en los alrededores del paralelo 40°, antes de Buena Esperanza. Ese mismo día, Knox-Johnston estaba cerca de Tasmania, después de haber pasado Buena Esperanza y el océano Índico mucho antes durante la estación, en condiciones muy adversas (había zozobrado, tenía el piloto automático averiado, vía de agua). Y mientras el *Captain Browne* y el *Galway Blazer II* eran apaleados por el mal tiempo del Atlántico Sur, el *Joshua* había pasado ya Buena Esperanza y navegaba en el océano Índico con una brisa de fuerza 5 a 6 yendo un poco hacia el norte. Después tuvo calmas y brisas moderadas hasta el cabo Leeuwin, con tan solo un temporal del oeste en todo el océano Índico. Cuestión de suerte... ¿Cómo se habría comportado el *Joshua* en el temporal que acabó con el *Captain Browne* y el *Galway Blazer II*? Nadie puede decirlo. En las altas latitudes se está en manos de Dios.

Para el océano Índico elegí una zona situada entre los paralelos 37° y 35°, más tranquila para entrar en buena forma física en el Pacífico, mientras que Knox-Johnston había navegado al sur del paralelo 40° para no demorar su paso del Hornos. Más que una regata contra los otros barcos era una regata contra el tiempo y las estaciones. Estas zonas son siempre como una regata para un marino. Y si el *Joshua* hubiera llegado antes que el *Suhaili* (no hay ninguna prueba de ello) habría sido una gran injusticia, puesto que Knox-Johnston tenía un barco mucho más pequeño, menos sano.

Esta ruta es peligrosa para cualquier velero que la emprenda, no importa cuál sea su tamaño. Y cuanto más pequeño el barco, tanto más peligrosa, sobre todo, si se trata de un barco de madera de construcción clásica y que ya no es nuevo. Sin embargo, de quince que han navegado esta zona (entre ellos el trimarán *Victress* de Nigel), creo que solo uno se ha perdido, arrojado a la costa durante su escala en Tristán da Cunha, sin pérdida de vidas humanas.

Otros cuatro, *Tzu-Hang*, *Ho-Ho*, *Galway Blazer II* y el *Captain Browne* abandonaron por averías. En definitiva, el único que desapareció con su barco fue *Al Hansen* después de su paso del Hornos de este a oeste (contra el viento) mar adentro, en condiciones infinitamente más duras que en el sentido oeste-este con viento en popa. El *Tzu-Hang* dobló luego el Hornos de este a oeste, mar adentro, en enero de 1969.

Todos los que han navegado en las altas latitudes saben que esa zona puede resultar una dura prueba para el material, y consideran la preparación técnica del viaje de una importancia capital.

No me permitiré dar consejos, puesto que aún me queda mucho por aprender. Tan solo hablaré de lo que he observado, de cómo resolví tal o cual problema, mis observaciones, lo que pienso en el estado actual de mis conocimientos aún bastante limitados. El mar seguirá siendo siempre el mar, lleno de enigmas y de lecciones nuevas. Y cuando cite a un proveedor o a un fabricante, no lo haré en ningún caso por agradecimiento. He recibido ayuda para este viaje, y estoy agradecido a quienes me han facilitado el equipo y la preparación del viaje. Pero nunca hablaría bien de tal o cual material si no pudiera recomendarlo sinceramente a mis camaradas de los barcos.

Así, pues, todo cuanto sigue se aplica a la navegación de crucero, no a las regatas. Para quien hace regatas, una buena vela es la que conserva una forma impecable y aguanta al máximo durante una temporada, aunque al final de esta ya no sirva para nada. Para nosotros una buena vela es aquella cuyo tejido puede aguantar diez años, aunque se deforme un poco. Una buena costura de travesía será a menudo una mala costura para regata, ya que una vela hecha para durar deberá estar reforzada con costuras y refuerzos suplementarios perjudiciales para la máxima eficacia que requiere una vela de regata, en la que una décima de nudo puede determinar una victoria o un fracaso. Un mástil de regata deberá ser lo más ligero posible aun a riesgo de que se rompa alguna vez; las poleas también ligeras, aunque hayan de cambiarse a menudo. Para los cruceros, el palo debe ser, ante todo, sólido, incluso si los obenques de mayor tamaño aumentan inútilmente el peso. Y se debe poder trepar rápidamente a lo alto del palo para vigilar los arrecifes o cambiar una driza, o reparar cualquier cosa en lo alto. Para esto son necesarios unos escalones de los que no quiere ni oír hablar el regatista. *Porque nuestros problemas no son los mismos.* En las regatas, lo que cuenta, es el *resultado a cualquier precio*; en un crucero, se busca *simplicidad, buen precio, solidez y duración.* Esto no solo es válido para las altas latitudes, sino para todo tipo de cruceros.

Velas

Solidez y resistencia al desgaste

Ya decía más arriba que para nosotros, los cruceristas (ya sean travesías oceánicas en los trópicos o en las altas latitudes), una buena vela es la que dura mucho tiempo. No hay que perder de vista que los cien metros cuadrados que representan un juego único de velas para un barco del tamaño del *Joshua*, vienen a salir por un millón de francos antiguos [unos 1.524 €]. Y esto, sin génova ni velas de proa de recambio, aparte de un tormentín realmente indispensable. De todas maneras, para estar medianamente preparado hay que disponer de varias velas de proa, aunque solo sea en previsión de averías (las velas de proa son las más frágiles). Y aparte de los riesgos de averías del foque y la trinqueta, siempre viene bien disponer de un buen surtido de velas para poder sacar el máximo partido de una brisa débil izando el génova y la trinqueta grande, ya que el precio de cien francos el metro cuadrado es el mínimo para una vela sólidamente reforzada... En cuanto a la vela mayor y a la de mesana, un crucero grande puede contentarse con un solo juego de ellas para una vuelta al mundo en los alisios, e incluso en las altas latitudes. El viaje Francia-Tahití y vuelta por el Hornos se hizo con la mayor y la mesana de origen. Pocos barcos cuentan con una vela mayor de reserva: la que está en servicio es suficiente, y en caso de exceso de uso o de desgarrón accidental, se repara. La vela mayor del catamarán *Rehu-Mohana* de Lewis, que llegó a Tahití después de haber pasado el Magallanes y los canales de la Patagonia, presentaba costuras de una relinga a otra, hechas a mano entre los temporales. Por lo menos de diez a quince metros de costuras. Pero una buena mayor rara vez se deshilacha, y siempre se puede reparar. Además, la mayor está al abrigo de las olas. Una vez arriada y plegada en la botavara cuando hace mal tiempo, nada le puede ocurrir, salvo en casos excepcionales.

No sucede lo mismo con las velas de proa, mucho más expuestas. Lo que no quiere decir que no se pueda navegar sin foques y trinquetas de recambio: el *Joshua* ha hecho dos años de escuela de vela con un solo juego; el *Ophélie* de Yves

Jonville también, así como Roger Rey con su *Heurtebize*, Henri Cordovero con su *Challenge*, y tantos otros. Esto requiere algo más de prudencia para no arriesgarse a dejarse desplumar por una ráfaga. Y cuando no sopla mucho el viento se va más despacio, mientras se sueña en un génova y en una gran trinqueta. Pero estos ya vendrán. Lo importante es que pueda hacerse uno a la mar e ir muy lejos con un solo juego de velas si se quiere. Cuando digo «un solo juego de velas» doy por sentado que todo barco posee, además, un tormentín: de cinco a siete metros cuadrados, no es demasiado caro, y uno mismo puede cortar y coser esta vela para vientos fuertes. Colocado en lugar del foque, cuando la brisa es fresca, un tormentín permite unos años más de vida a las velas delanteras. Utilizo las agujas de vela del número 16, las más pequeñas que conozco, para las reparaciones de tergal, o incluso agujas redondas ordinarias, para no dañar las fibras del tejido. Para las reparaciones con varios espesores de tergal (puños de driza, amura o escota) utilizo las agujas de vela de los números 14 o 15, más fuertes, ya que otras no penetrarían. El repujo de velero es indispensable, así como una provisión de hilo de tergal bastante grueso y un buen pedazo de cera para encerar el hilo.

Para que dure mucho tiempo, una vela debe estar cosida con tres filas de costuras y con el hilo más grueso posible. Así es, cuando solo hay dos hileras de costuras, el flameo ocasional y, sobre todo, las continuas vibraciones de la vela en las ceñidas, tienden a hacer separarse los paños de una manera imperceptible: el hilo se desgasta entonces en el interior de los agujeros que hizo la aguja, pues el tergal es un material duro, cortante.

Con tres costuras, la unión de los paños es más sólida, lo que impide o limita al máximo el cizallamiento del hilo en el interior del agujero hecho por la aguja.

Lo entenderemos mejor comparando la costura de dos paños, con el remachado de dos chapas por medio de dos filas de pequeños remaches no muy ajustados (remaches de diámetro pequeño): los agujeros del remachado se irán "ovalando" en la chapa y los pequeños remaches acabarán cizallándose.

Si hubiese tres filas de remaches de mayor diámetro (tres costuras con hilo grueso...), la unión entre las dos chapas sería más sólida, no habría "juego" entre ambas por lo que los agujeros no se "ovalarían" en la chapa y los pequeños remaches no se cizallarían.

No he inventado nada; esto tuve ocasión de verlo en velas hechas en Nueva Zelanda (país del viento): estaban confeccionadas con hilo grueso y costuras triples.

Los maestros veleros no son partidarios de coser con hilo grueso... y una de las razones de esta reticencia proviene probablemente de que esto les obliga a recargar más a menudo la canilla de su máquina de coser, circunstancia que representa un retraso en su trabajo.

Para este viaje contaba con dos juegos de velas completos, más un buen número de foques y trinquetas. Todos ellos estaban confeccionados de un tejido destinado a las regatas. Se trataba de un banco de pruebas para un amigo fabricante de tergal. Me lo cedió gratuitamente y yo le debía devolver las velas después del viaje para que pudiera estudiar el comportamiento de su tejido tras esta prueba de larga duración. Con estos dos juegos completos, no corría ningún riesgo, y me presté de buen grado a este experimento. De otra manera no me hubiera atrevido a hacer un viaje tan largo con un tergal que no conociese personalmente.

Es bastante difícil saber cuál es el tergal más indicado para una travesía. Se puede uno basar hasta cierto punto en el tacto, palpando el tejido. *Si es muy flexible, si no cruje en absoluto bajo los dedos*, en principio es correcto. Al penetrar en él una aguja para vela (de sección triangular) no se deberá oír el menor ruido de la aguja al separar esta las fibras. Pero si el tejido está ya algo rígido, antes incluso de haber sido transformado en vela, si se oye el paso de la aguja..., entonces es bastante probable que ese tejido no sea el indicado según nuestros cánones, puesto que nos interesa más la solidez que la décima de nudo suplementaria.

En general, un maestro velero sabe a qué atenerse entre la regata y el crucero; tiene el tejido adecuado para cada uno. Y creo que la mejor tarjeta de visita que puede presentar un maestro velero es la de ser navegante. Un temporal enseña muchas cosas sobre los refuerzos y los ollaos. Una calma chicha con oleaje permite ver dónde rozan los obenques y lo que hay que hacer para impedir que desgasten las costuras. Son detalles que permiten que una vela *dure mucho más* y que funcione sin tener en cuenta algunos fallos de la tripulación.

Refuerzos de los foques y velas de proa

Las partes en negro indican los lugares que deben reforzarse. Las flechas indican los puntos que más sufren. Además de los refuerzos cosidos en los extremos de las costuras, como para la vela mayor, es muy útil coser un refuerzo junto a cada uno de los mosquetones. En tiempos de calma, los mosquetones tienden a romper la tela durante los balanceos. Cuando el viento es fresco, la tracción sobre los mosquetones de una vela, mal izada, provoca grandes fuerzas alrededor de los ollaos.

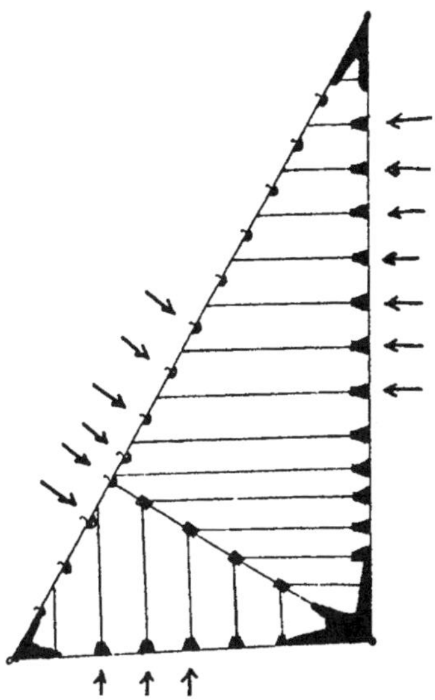

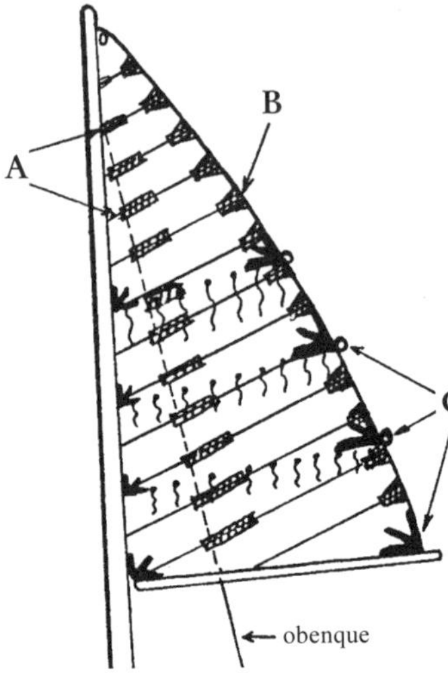

Refuerzos de la vela mayor

A. Línea del obenque sobre el que se apoya la vela. Forrar el obenque es una buena solución, pero insuficiente al cabo de un tiempo. Los refuerzos hechos para limitar el desgaste contra el obenque han de ser lo suficientemente largos para que continúen siendo eficaces cuando disminuye la tela por rizos o por vueltas a la botavara.

B. Cuando una vela se desgarra, es casi siempre debido a un violento flameo que la abre en dos a lo largo de una costura, a partir de la caída de popa. Las costuras situadas en lo alto son las más expuestas, ya que es la parte alta de la vela la que azota más fuerte cuando se vira con viento fresco, o cuando se arría la vela. Ver detalle de cómo están cosidos estos refuerzos.

C. Los refuerzos en los puños de escota están sometidos a grandes tensiones. Por consiguiente, conviene repartir las tensiones. El boceto «detalle de C» muestra cómo están reforzados los puños de escota de las velas del Joshua.

Refuerzos A cuando se disminuye el velamen

La vela está en el primer rizo. A medida que se reduce la vela, cambia el lugar donde los refuerzos de protección rozan con el obenque. Si tomáramos otro rizo, estos refuerzos serían justo lo suficientemente largos para proteger las costuras.
El obenque no ha cambiado de posición, pero su posición aparente ya no es la misma respecto a los refuerzos protectores.

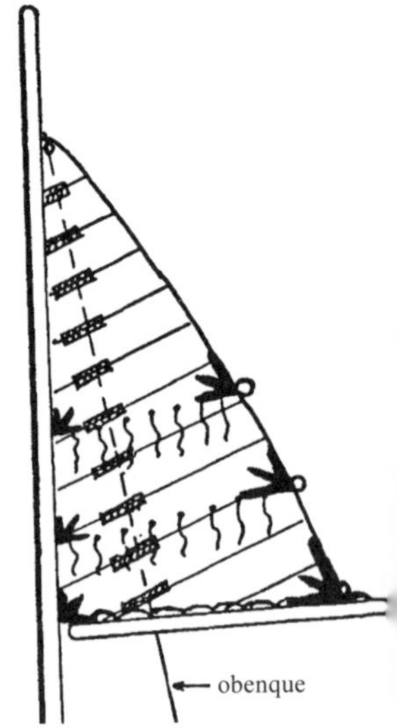

Obsérvese que las fajas de los rizos deben ser trazadas subiendo un poco hacia la caída de popa, para alzar el extremo de la botavara: cuanto más viento hay, más se alborota la mar. Por lo tanto, el extremo de la botavara debe estar más alto que con buen tiempo, para no correr el riesgo de sumergirse en el mar durante un balanceo.

Detalle de un refuerzo B en el extremo de una costura

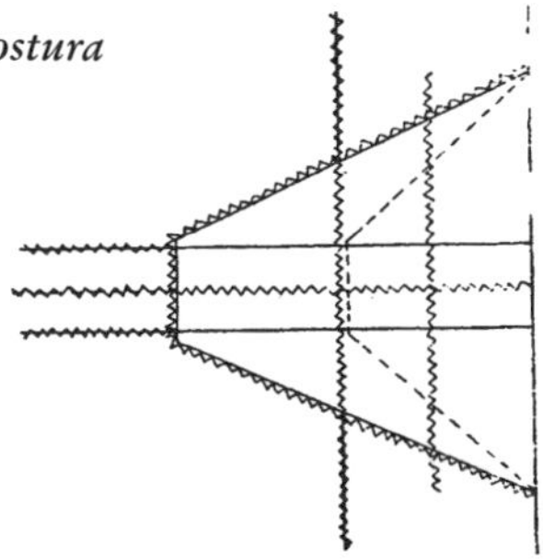

La disposición en triángulo permite que las costuras de los bordes no sean paralelas a la cadena o a la trama, lo que a la larga da mayor firmeza.
Este refuerzo está cosido «a caballo» sobre el dobladillo, después de confeccionar la vela. Tiene que ser algo mayor de un lado que del otro para repartir los espesores de la tela.

Refuerzos de los puños de escota y puños de boza de los rizos (detalle de C)

A

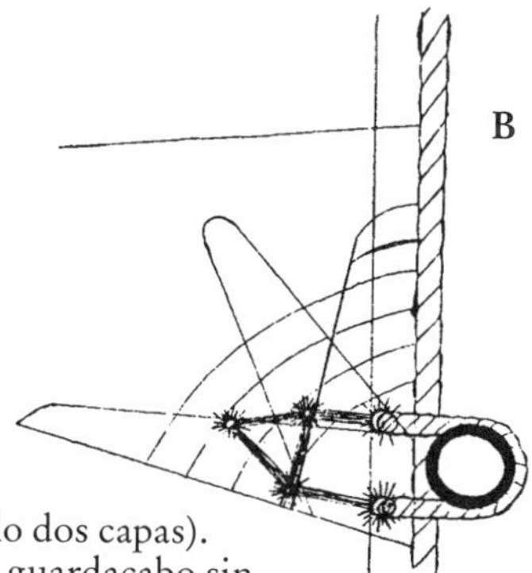

B

A. P. Puntos típicos de desgarrón porque:
1. Las capas de refuerzo son insuficientes (solo dos capas).
2. Los dos ollaos encajan todo el esfuerzo del guardacabo sin ser ayudados por otros ollaos, situados juiciosamente más adelante, para repartir el esfuerzo. El desgarrón se producirá a partir del ollao.

B. Hay un total de 7 capas de refuerzo. Los ollaos suplementarios distribuyen el esfuerzo de tracción del guardacabo sobre todos los refuerzos del puño de escota o del puño de rizo, del lado de la escota (que es el lugar donde las tracciones son más fuertes, y hay que temer más el desgarrón).

Aparte de la calidad adecuada del tergal, un juego de velas dura mucho más tiempo con tres, o incluso cuatro costuras, y si se colocan refuerzos en los puntos débiles. Los croquis de estas páginas indican mejor lo que quiero decir. Ya fueron publicados en la revista *Bateaux* antes de mi salida. He hecho algunas modificaciones después de este viaje.

Ollao

A

B

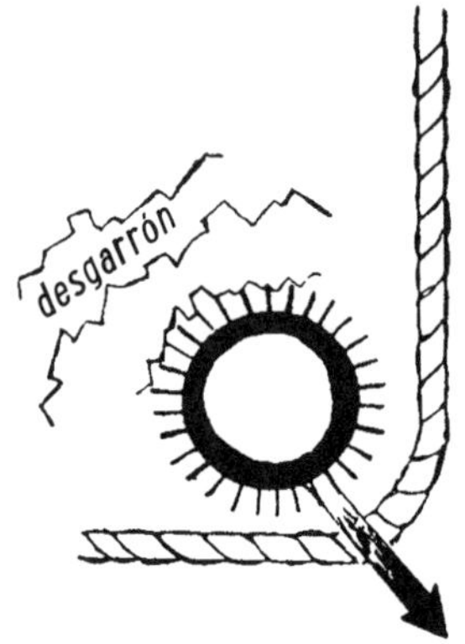

tracción

A. Aquí, el principio es bueno, ya que los puntos están cosidos en dos círculos, uno de ellos bastante lejos del borde del ollao. Así no hay debilitamiento de la tela debido a puntos demasiado cercanos entre sí y, por otra parte, el hecho de coser el hilo al tresbolillo aumenta mucho la resistencia a la tracción, ya que este ollao se «agarra» a la tela. En la marina antigua, todos los ollaos se hacían basándose en ese principio.

B. Malo: los puntos de aguja están muy próximos y todos sobre el mismo círculo, demasiado cerca del ollao. Si la tracción es fuerte, la tela forzosamente se desgarrará a pesar del número de refuerzos de tela: incluso si hubiera diez capas de tela, este ollao no cumpliría el trabajo al que estaba destinado.

Carril de la vela mayor

Ya sea para entrar en un puerto, o bien para arriar la vela durante un viento fresco, es imprescindible que esta baje fácilmente. Un carril bien lubricado facilita las cosas. Antes utilizaba el sebo, pero se vuelve pegajoso al cabo de uno o dos meses. La vaselina en tubo me dio excelentes resultados. El aceite para motor de dos tiempos también va bien, pero el efecto no es tan duradero como el de la vaselina.

Los patines del *Joshua* son del tipo corredizo representado a la izquierda en el croquis de más abajo. El que está dibujado a la derecha, de agujero central, tiende siempre a atascarse.

Garruchos

A

BIEN

A. Garrucho corredizo, bien ideado: cuando se iza o se arría la vela, la ligadura tira hacia arriba o hacia abajo, casi en el ángulo de transición del garrucho, y este no se atasca en el raíl.

B. Garrucho mal ideado, ya que está atado a la vela por un punto fijo, y tiende entonces a girar y atascarse en el raíl. La flecha gruesa indica el sentido de la tracción cuando se arría la vela, y las dos flechas finas de arriba y de abajo indican en qué dirección tienden a dirigirse los dos extremos del garrucho, o sea a atascarse.

B

MAL

Poleas

Antes de la salida, las poleas de escota y de drizas habían aguantado 35.000 millas con las roldanas y ejes de origen. Así que utilicé poleas de este mismo tipo pero nuevas, para este viaje. Se trata de poleas de madera muy clásicas, con roldanas de nailon, que pueden aguantar cabos de 14 a 16 mm sin que rocen contra las paredes de madera. Son resistentes y no son caras en comparación con las poleas modernas.

Cabos. Desgaste

Quedé muy satisfecho de los cabos en tergal trenzado, fabricado por Lancelin; resisten bien al desgaste. Un cabo de 14 mm como escota para las velas de un barco de 12 metros no se romperá jamás, a no ser que se desgaste rozando en alguna parte, por supuesto.

Hay que tener en cuenta que el sebo, la grasa, el aceite o cualquier cuerpo graso, preservan mucho los cabos sintéticos del desgaste. Siempre ensebé cuidadosamente los asientos de las poleas frotando fuertemente drizas y escotas en esa parte.

Las drizas de mesana y de la trinqueta, de tergal pretensado, se colocaron adrede un metro y medio demasiado largas. Esto me permitía cortar algunos centímetros cada semana, del lado del puño de driza, para cambiar cada vez el sector de roce de la polea. De esta manera, la parte «activa» de estas drizas quedaba siempre nueva. Además del sebo, por supuesto. Durante todo el viaje no tuve que reemplazar ninguna driza. Por precaución, disponía de una driza de foque y una driza de trinqueta de reserva, a punto de usarse, a lo largo de los obenques. No se utilizaron, pero me sentía más tranquilo sabiéndolas allí.

La driza del foque y la de la mayor eran de acero inoxidable muy flexible, de 5 mm de diámetro; pasaban por las poleas de acero inoxidable que un amigo mío fabricaba de roldana muy grande (8 cm de diámetro para la roldana). Es importante que las drizas en acero pasen por una roldana de gran diámetro, para no dar una curvatura demasiado grande al cable de acero inoxidable. El acero inoxidable está mucho más expuesto a la cristalización que el acero galvanizado, los alambres de acero inoxidable se gastan y se rompen si el diámetro de la roldana no es lo bastante grande.

Para terminar con los problemas de desgaste de los cabos, obtuve excelentes resultados empapando con aceite el cabo de mis rizos en las partes en contacto con los ollaos. Como los cabos de tergal no tienen más que 10 mm de diámetro para la mayor y 8 mm para la mesana, el desgaste es rápido a la altura de los ollaos de los puños de rizo, pues la caída de la vela está siempre en movimiento.

Empapado de aceite (había llevado un bidón de aceite), el nailon retorcido resistía mucho mejor. Tuve que reemplazar dos veces en diez meses los cabos de los rizos. Sin aceite, los hubiera tenido que cambiar por lo menos cinco veces. Fue Henry Wakelam quien tuvo esta idea del aceite comprobando la resistencia al desgaste de una amarra de nailon llena de alquitrán, que recogió en un puerto.

He oído decir que los cuerpos grasos perjudican la solidez de los cabos sintéticos. Pero el factor «resistencia a la tracción» no cuenta cuando se trata de los problemas provocados por el uso y el desgaste debido a la fricción. Puede que algunos fabricantes de cabos hayan hecho pruebas en ese sentido: ¿qué importancia tendría, por ejemplo, que una escota tratada contra el deterioro soportase una carga de rotura de solo 1.500 kilos contra los 1.700 kilos que aguanta una escota de igual diámetro no tratada? Lo que se necesita en crucero es que el material aguante mucho tiempo, porque es caro y pesa mucho.

Escala de mástil

En navegación de crucero, ya sea costera o de altura, puede uno verse obligado a subir al palo para cambiar una driza o una polea. También puede ser necesitario echar una mirada para buscar un faro u observar la entrada de un paso o de un puerto. Los escalones que atornillé al tresbolillo sobre el palo mayor y el palo de mesana, fueron muy útiles. Fueron preparados por Guy Raulin con hierro de 6 mm de diámetro. Una falsa cruceta situada a un metro del tope del palo mayor me permite sentarme para trabajar cómodamente (cambiar una polea, por ejemplo).

Sistema empleado en el Joshua

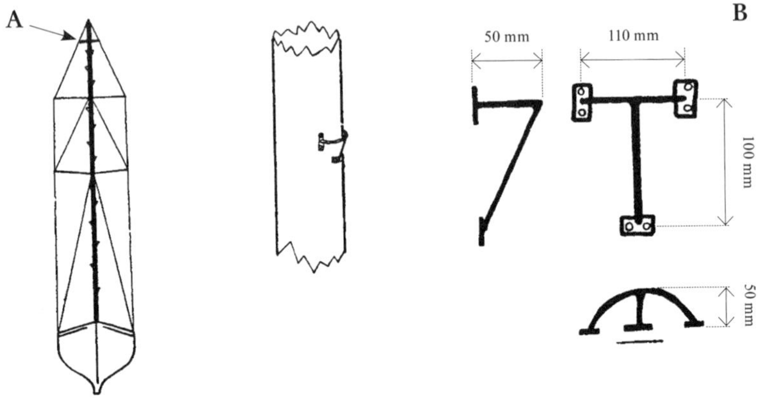

A. Falsa cruceta para sentarse. **B.** Planta, sección y perfil.

Sistema ideado por Gerard Borg

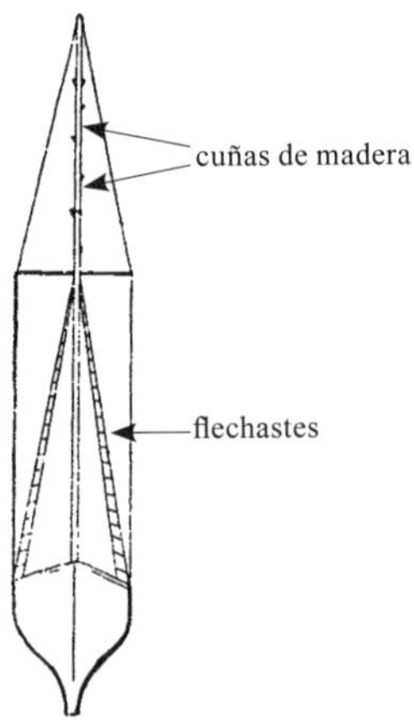

Se alcanza la cruceta por los flechastes que hay sobre los obenques, y a partir de allí, los pies se apoyan en cuñas de madera atornilladas al tresbolillo en el palo.

Apéndice

Arboladura, obenques, tensores

Los palos del *Joshua* son de madera maciza de sección ligeramente ovalada, tallada a cepillo y azuela. Son macizos por economía, porque si fueran huecos y encolados serían más ligeros y probablemente igual de sólidos, y harían aguantar menos esfuerzos a la jarcia (*). (En los cabeceos, la fuerza de inercia de un palo pesado provoca grandes esfuerzos sobre la jarcia).

Los obenques son de acero inoxidable de 8 y 10 mm para el palo mayor y de 10 mm para el de mesana. El palo de mesana no puede tener estay delantero ni estay de popa fijo y prefiero no utilizar estay de cabeza (cable que une las puntas de los dos palos, a veces utilizado sobre queches). Con un estay de cabeza, si un palo se viene abajo, el otro también lo hace. Como el palo de mesana está mal sostenido tanto delante como atrás, preferí utilizar obenques sobredimensionados, ya que este palo era muy pesado. Para mis obenques, nada de ayustes: abrazaderas. Prefiero tres abrazaderas a un ayuste, pues el acero inoxidable tiende a cristalizarse, a gastarse y, finalmente, a quebrarse, especialmente cuando se trata del cable rígido utilizado para la jarcia fija. Cuando se usan abrazaderas, la primera (la más cercana al guardacabo) deberá estar apretada moderadamente, la segunda más fuerte y bien apretada la tercera. Esto para no hacer sufrir el cable a su salida del guardacabo. Sitúo siempre la parte en U de la abrazadera, del lado del ramal inactivo del obenque (ver el dibujo). Esta pieza podría gastar el obenque mismo.

Guardacabos

Los guardacabos normales no han sido diseñados para ser usados con cables de acero inoxidable, tanto si se emplean abrazaderas como ayustes. El acero inoxidable es frágil al plegado, y como los guardacabos normales tienen un radio de curvatura demasiado pequeño, el cable sufre y tiende a cristalizarse. Es así como un obenque *nuevo* se rompió en el palo de mesana, justo bajo el guardacabo, en el punto de máxima curvatura (ver croquis). Con un cable galvanizado, este problema no existe, el revestimiento de cinc no se desgasta y aguanta un radio de curvatura mucho más pequeño que el acero inoxidable. Los guardacabos para el acero inoxidable tendrían que ser muy grandes: los vería bien con 7 cm de ancho y de 10 a 12 cm de alto.

A. Guardacabo pequeño: posible rotura del cable inox por cristalización bajo el guardacabo.

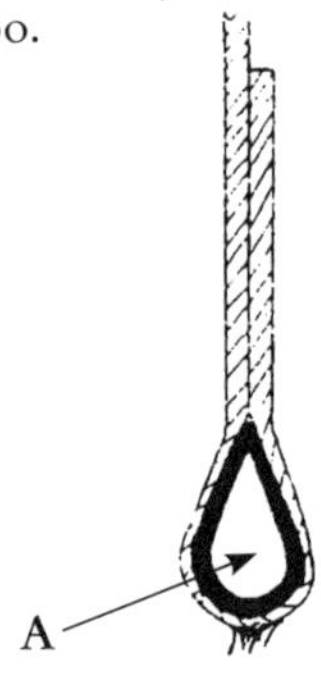

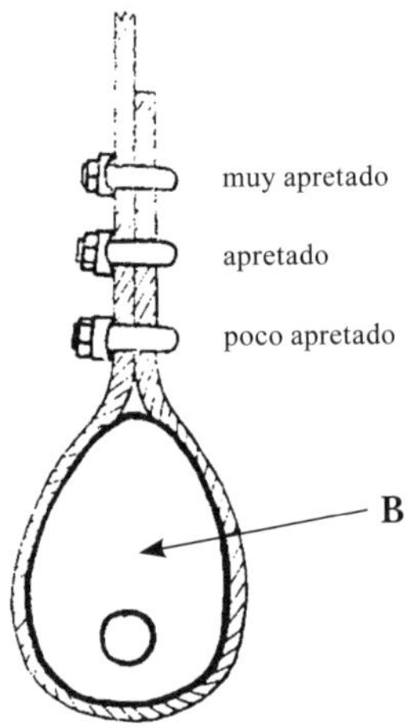

B. Guardacabo grande: sin cristalización del metal.

La parte en U de la abrazadera debe colocarse siempre sobre la parte «durmiente» del cable.

En cuanto al sistema tipo «aviación», en el cual el obenque es engastado directamente en la cabeza del terminal, sin ningún pliegue, desconfío de él por instinto. Es cierto que nunca va a escurrirse... pero si el obenque se desgasta poco a poco, va a romperse sin aviso, a ras del engastado. El yate *Solo*, en escala en Tahití, me mostró dos obenques de 11 a 12 mm que se habían roto justo en la entrada del guardacabo, después de treinta mil millas de navegación. Con un guardacabo *se ve* lo que pasa, y si se notan algunos torones que empiezan a soltarse, *estaremos prevenidos*, desconfiaremos y podremos pensar en una solución. Mi solución consiste en acortar el obenque, del lado del guardacabo, poner un nuevo guardacabo en la parte que no sufrió a causa del pliegue y recuperar la longitud con un trozo de cadena (ver dibujo). En cuanto al lado del palo, ningún problema; son encapilladuras que dan vuelta al palo, con un gran radio de curvatura, lo que no ocasiona ningún tipo de deterioro en este lugar.

Aprovecho la ocasión para recordar el proceso mental que nos guía a todos durante la travesía: entre una cosa sencilla y una complicada elegimos la sencilla porque es más económica, porque es más rápida, porque se puede arreglar con los medios de a bordo en un lugar perdido o en el mar, sin problemas, sin gastos, sin tener que escribir a Australia o a Europa para que envíen piezas de recambio. Esto permite navegar con el espíritu en paz, ir donde se quiera y como se quiera, seguros. Mientras tanto, tendría que encontrar buenos guardacabos o fabricármelos yo mismo.

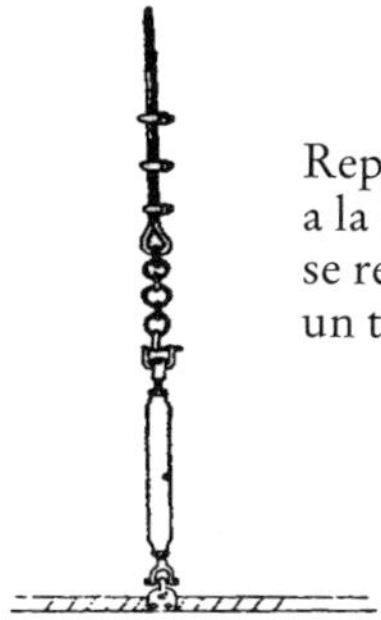

Reparación de obenque roto a la altura del guardacabo: se recupera la longitud con un trozo de cadena.

Crucetas

Se montaron sobre el *Joshua* basándose en el principio de la flexibilidad. Aguantaron un abordaje antes del primer paso de Buena Esperanza, y cinco zambullidas en el agua, de ellas cuatro muy serias en el segundo paso del océano Índico y del Pacífico. Si se hubieran montado estas crucetas con herrajes por el sistema rígido, estoy seguro de que el *Joshua* se habría detenido antes de Tahití y probablemente a consecuencia del abordaje antes del primer paso de Buena Esperanza. El montaje flexible no solo es seguro, sino fácil de realizar, barato, rápido y sin herrajes.

Montaje flexible de las crucetas

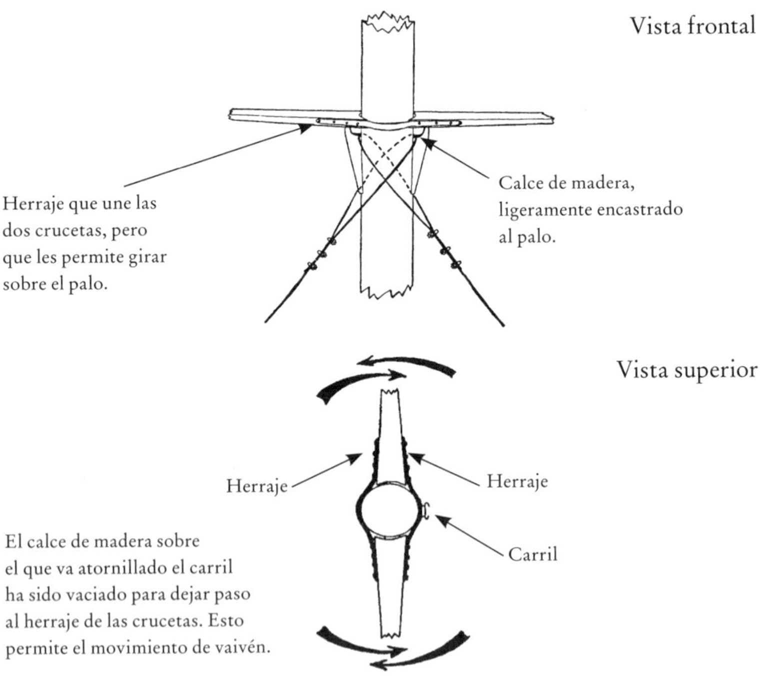

Tensores

Prefiero siempre tensores galvanizados, rellenados de una mezcla sebo-cerusa en la proporción de 50 % y 50 %. He visto tensores protegidos así aflojarse a mano después de ocho años. Igual tratamiento de sebo-cerusa debemos usar para los grilletes. No hay que olvidar el grillete de unión entre el cadenote y el tensor; hace de "cardán" e impide que la caña del tensor se tuerza en ciertos casos. Esta precaución del "grillete-cardán" es indispensable para los tensores de los estays, donde van envergados el foque y la trinqueta; si no, los tensores se romperían algún día a causa de las torsiones sufridas continuamente, bien fuera a babor o a estribor, bajo el esfuerzo de las velas delanteras.

Navegando

En las altas latitudes, estas son las velas que utilicé:

Vela mayor: 25 m^2 con tres rizos.
Vela de mesana: 14 m^2 con tres rizos.
Trinqueta: 18 m con tres rizos.
Foque: 15 m^2 sin rizos.
Tormentines: de 5 y 7 m^2 con rizo.
Trinquetas de 10, 6 y 5 m^2, todas con rizos.

Estas trinquetas pequeñas estaban cortadas de tal forma que podrían haber sido utilizadas sobre el botalón si hubiera querido.

Todas estas velas son de tergal de 390 g/m^2 (9 onzas). Me parece que es un peso razonable no excesivo. Pero el foque de 15 m^2 es de tergal liviano de 5 onzas. Se trataba de una experiencia suplementaria para el fabricante. «¿Cómo se comportaría una tela tan liviana durante esta prueba de larga duración?». Para mí la pregunta era: A superficie igual, ¿sería más interesante tener una vela liviana delante más fácil de plegar y de transportar?

Este foque liviano de 15 m² era tan cómodo que dio la vuelta completa por las altas latitudes, durante seis meses, antes de romperse, poco antes del segundo paso de Buena Esperanza. Sentí mucho su pérdida; era de fácil manejo, se podía plegar muy apretado, se transportaba fácilmente del botalón a la cabina de proa cuando el tiempo se ponía feo. Cuando la brisa amainaba se mantenía hinchado. De todas maneras, no habría aguantado tanto tiempo sin los refuerzos indicados al principio.

Prefiero tomar rizos a la trinqueta grande de 18 m² a tener que cambiar de trinqueta. Creo que es mucho menos complicado. Cuando el tiempo mejora se tarda poco en soltar un rizo, y también en recuperarlo.

En cuanto a los rizos de la vela mayor y de la mesana, utilizo un sistema que yo denomino "de fuelle", que permite rizar sin tener que arriar el velamen ni tener que ir a amarrar el cabo del rizo al extremo de la botavara (ver dibujo).

Con este sistema de rizos *es más fácil tirar primero del cabo del rizo en el puño de escota* y después ocuparse del puño de amura. Sin este sistema pasa lo contrario: hay que ocuparse primero del cabo en el puño de amura.

Necesitaba un minuto como máximo para tomar un rizo a la mesana y dos para la mayor. Además, es innecesario orzar (*); se pueden tomar rizos incluso viento en popa.

Como mis "fuelles" son de doble efecto, podía *estar siempre a barlovento de la botavara* para tirar de los cabos de rizo.

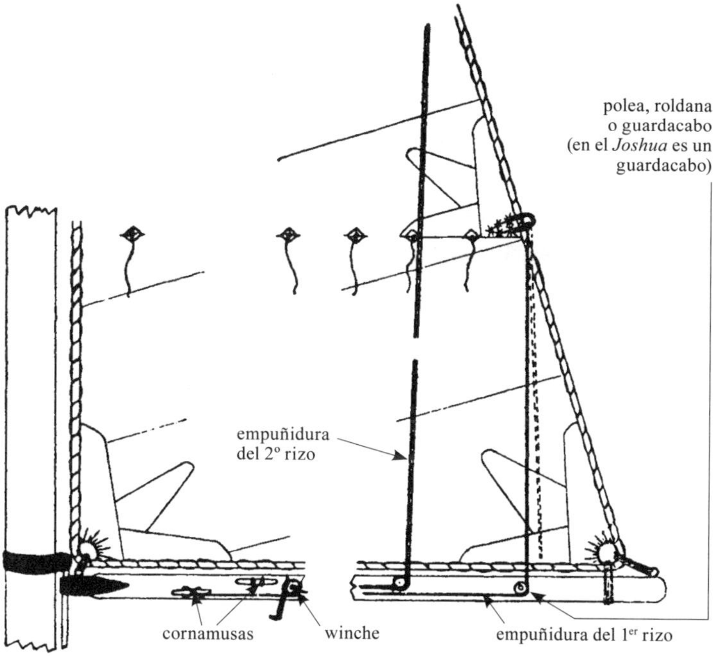

Sistema de "fuelle" listo para funcionar

El lado de estribor está punteado por su parte vertical detrás de la vela. La continuación de esta empuñidura, que sigue a lo largo de la botavara por el lado oculto, no está representada en este dibujo. Hay pues, un winche y las cornamusas sobre la botavara. Y lo mismo en el otro lado.

Esto simplifica *enormemente* el trabajo. Es un detalle muy importante. Basta para esto tener una cornamusa en cada lado de la botavara para el mismo cabo de rizo. De esta manera el cabo del rizo sale de la cornamusa babor, por ejemplo, pasa después por la roldana babor atornillada en la botavara a la vertical del guardacabo de caída, correspondiente al rizo, sube hasta el guardacabo, pasa por él, baja para pasar por la roldana de estribor y va a lo largo de la botavara hasta la cornamusa de estribor. Se puede cobrar el cabo del rizo por ambos costados. Esto permite estar siempre *a barlovento* de la botavara, cosa mucho más segura con mal tiempo: se ven venir las rompientes y no corremos el peligro de vernos sorprendidos por un balanceo, que podría enviarnos al agua, si estuviéramos a sotavento de la botavara. Aunque llevemos puesto el arnés, no hay por qué jugar con el peligro.

Un pequeño winche, a cada lado de la botavara de la mayor, permite tensar bien el cabo del rizo en la baluma y de esta manera ganar tiempo, porque los últimos centímetros

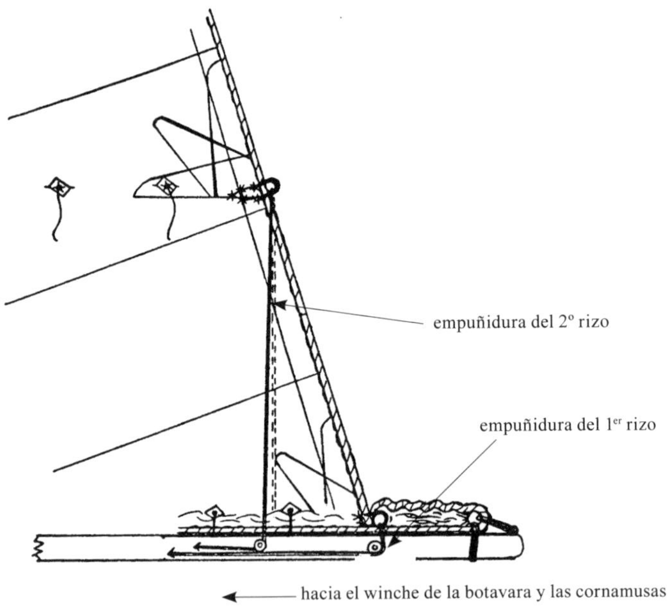

Sistema "fuelle" para tomar rizos

El primer rizo ya está tomado. Entonces, se caza la empuñidura del segundo rizo, que está preparada.

son importantes; son ellos los que hacen la diferencia entre una vela que pinte bien y una bolsa. En cuanto al puño de amura, ahí no se necesita winche, ya que se tensa a continuación la driza. Tampoco se necesita winche para los cabos de los rizos de mesana, quedan bien tensos dando un buen tirón.

El dispositivo completo consiste solo en un winche, cuatro cornamusas de cada lado de la botavara de la mayor y tres cornamusas de cada lado de la botavara de mesana.

Matafiones

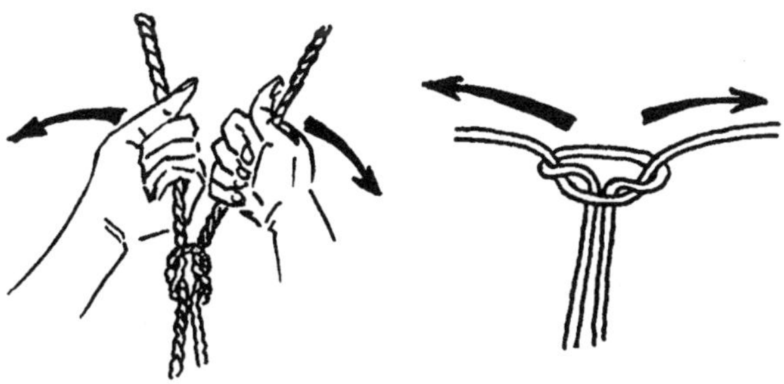

Para soltar un nudo llano en un cabo delgado.

Para atar los matafiones de la mayor después de rizar viento en popa, cazo la escota para poder trabajar, sin inclinarme hacia el exterior. Con viento fuerte amarro primero uno de cada dos matafiones y después los intermedios. Utilizo el *nudo llano* y no el de lazo. El nudo llano puede parecer difícil de soltar, una vez bien azocado. En realidad, es muy fácil y el nudo llano no tiende a soltarse solo, con mal tiempo, como el nudo de lazo.

El nudo llano es especialmente indicado para los matafiones de la trinqueta, porque si con algún golpe de mar una noche se desatasen, podría armarse un buen jaleo con tal cantidad de tela suelta, como una gran bolsa, bajo la vela.

Sobre el botalón

El sistema para cambiar de foque sin problemas sobre el botalón es sencillo: un cable de acero bien tenso a la horizontal entre un obenque del palo mayor y el herraje de estay permite enganchar en él todos los mosquetones del foque uno tras otro. De esta manera, se puede transportar la vela a lo largo de este cable de 3 mm hasta la punta del botalón (y viceversa) sin que el viento o el mar nos la arranque de las manos.

Superficie del velamen

La gran lección aprendida de la travesía anterior Tahití-Alicante fue la necesidad de poder adaptar mi superficie vélica para cualquier clase de tiempo. En esa época, el *Joshua* no estaba realmente preparado en este aspecto; su vela más pequeña (el foque de capa) medía 8 m² y la mayor rizada al máximo, 18 m².

Para este nuevo viaje, la mayor rizada al máximo medía 6 m², la mesana también rizada 5 m² y tenía todo lo que pudiera desear en cuanto a velas de proa, co n superficies minúsculas si hacía falta. Esto me ha permitido navegar tranquilo durante todo el viaje, nunca con exceso de trapo y pocas veces con falta de él, pero siempre con la posibilidad de adaptar la superficie de la vela a las nuevas condiciones de tiempo.

Los siguientes esquemas muestran la importancia de este juego de velas pequeñas y todas las posibilidades de adaptación que dan los numerosos rizos, de los cuales el último está situado muy alto.

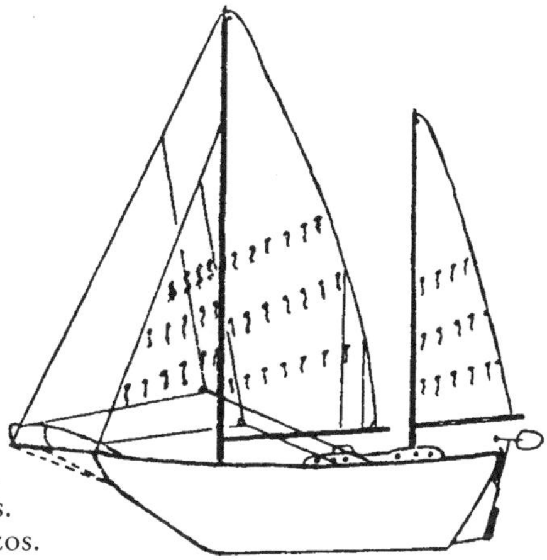

Con los alisios:

Mayor: 35 m^2 con 3 fajas de rizos.
Mesana: 20 m^2 con 3 fajas de rizos.
Trinqueta: 18 m^2 con 3 fajas de rizos.
Foques: 22 m^2 o génova: 35 m^2.

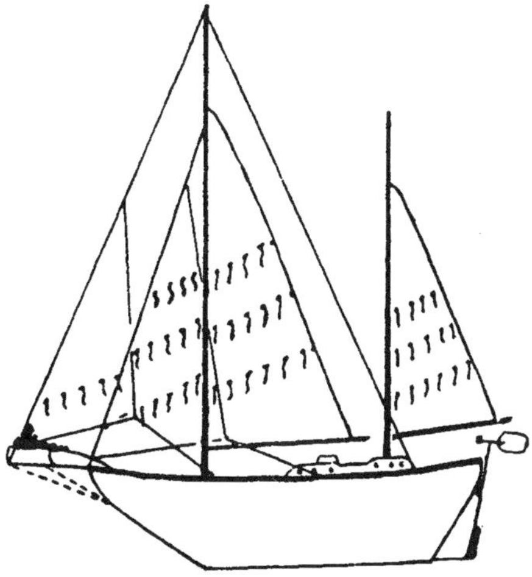

En las altas latitudes (buen tiempo):

Vela mayor pequeña: 25 m^2, 3 fajas de rizos.
Mesana pequeña: 14 m^2, 3 fajas de rizos.
Foque pequeño: 15 m^2 en tergal ligero.
Trinqueta grande: 18 m^2.
El tormentín es aferrado sobre el balcón del botalón.

En las altas latitudes (vientos frescos):

Mayor con un rizo: 18 m^2.
Mesana con un rizo: 12 m^2.
Trinqueta con un rizo: 12 m^2.
Foque con un rizo. Pero luego preferí rizar el foque de 15 m^2 y esperar que refrescase el viento para arriar e izar el tormentín en su lugar.

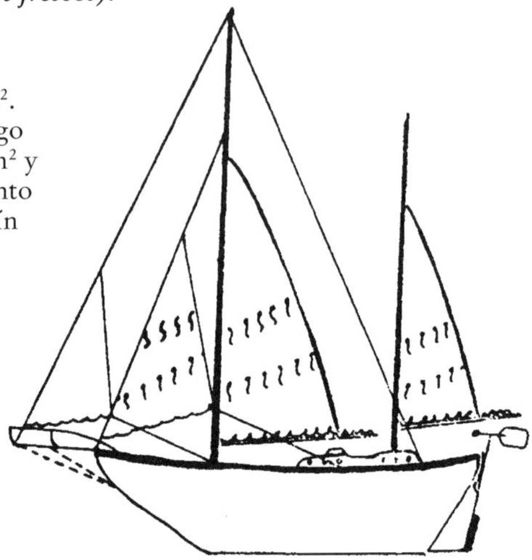

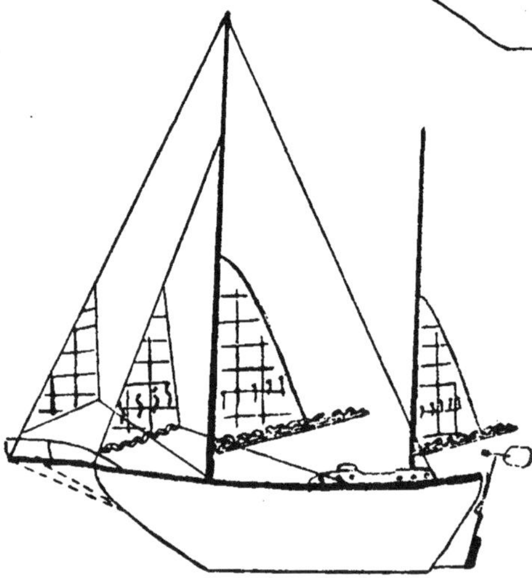

Altas latitudes (vientos frescachones o atemporalados con probabilidades de atenuarse):

Mayor con 2 rizos: 12 m^2.
Mesana con 2 rizos: 8 m^2.
Trinqueta con 2 rizos: 6 m^2.
Tormentín de 5 m^2.

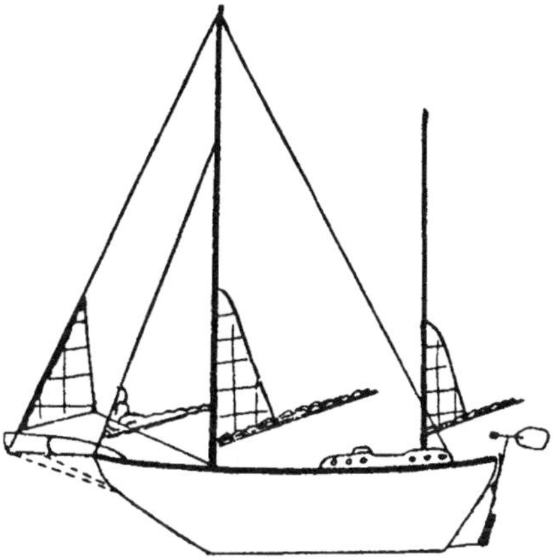

En las altas latitudes (vientos atemporalados con mar gruesa):

Mayor con 3 rizos: 6 m^2.
Mesana con rizo bajo: 5 m^2.
Tormentín: 5 m^2.
La trinqueta está arriada porque el tercer rizo es demasiado difícil de tomar. A menudo se sustituye por una trinqueta de 7 m^2 con faja de rizos.

Piloto automático

Durante los diez meses de mar, solo llevé la caña durante una hora frente a la isla de Trinidad, el mismo tiempo aproximadamente a la entrada de Hobart y de Ciudad del Cabo, y durante la segunda mitad de una noche después del último zozobre del Pacífico, porque no me atreví a salir para reemplazar la veleta partida en ese momento. Y, finalmente, llevé el timón en el canal de Papeete para fondear. Las figuras siguientes muestran los distintos tipos de timón automático según la forma de la popa. El principio esencial, como siempre, corresponde al espíritu de travesía, y se puede resumir así: "sencillez y solidez". En la fragata de madera *Challenge* de Henri, y en el *Vlaag* de Ivo, la veleta actúa sobre el timón suplementario por medio de un sistema de bielas. La caña del timón principal permanece amarrada a la vía y el timón suplementario corrige el rumbo. En el *Ophélie*, de Yves Jonville y el *Joshua*, la veleta controla el *fletner* directamente. Este *fletner* actúa entonces sobre el timón principal. La caña queda libre.

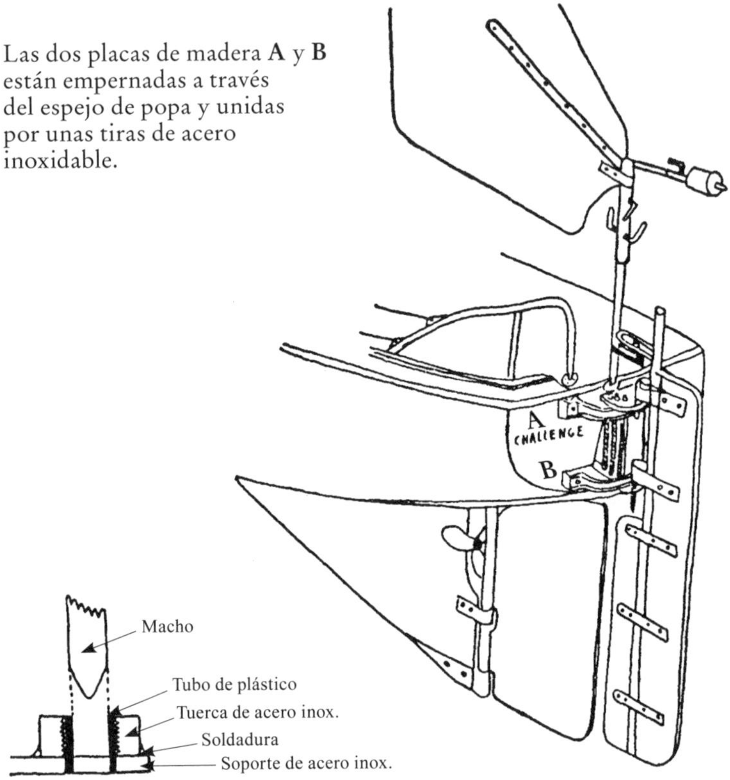

***Piloto automático del* Challenge**

En cuanto al *Mistral* de Julio Villar* (un supermistral de serie), es una mezcla *Challenge-Joshua*: timón suplementario como el del *Challenge* y veleta actuando directamente sobre el *fletner* como en el *Ophélie* y el *Joshua*.

* Autor del libro *¡Eh, petrel!* publicado por Editorial Juventud.

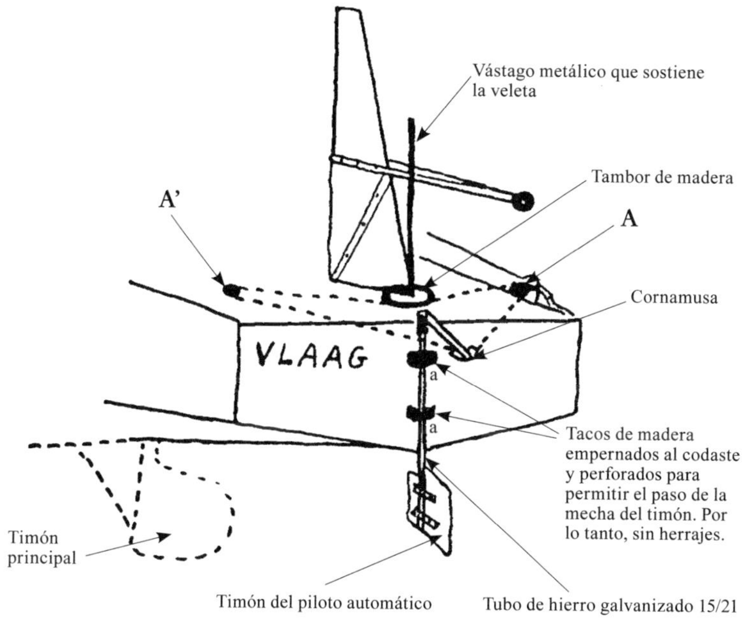

***Piloto automático del* Ivo**

El cable marcado como punteado da una vuelta muerta alrededor del tambor de madera que va ligado a la veleta, pasa por las poleas **A** y **A'** y termina en el extremo de la caña del timón exterior. El cable es un cabo de tergal de 6 mm. El ajuste se hace con unas cornamusas situadas al extremo de la pequeña caña.

Estos esquemas no tienen porque ser exactos; se pueden retocar para adaptarlos a cada tipo de barco. El del *Joshua* es bueno, pero no perfecto. En efecto, el *fletner* sobresale bajo el timón principal, y puede enganchar cualquier cosa en un puerto: el cable de la corredera o un sedal (nunca enganchó algas, pues suelen estar en la superficie). El del *Ophélie* es del mismo tipo (veleta actuando directamente sobre el *fletner* sin ningún intermedio mecánico, caña del timón principal libre), pero su *fletner*, situado lejos de la pala del timón, tiene un brazo de palanca superior y seguramente actúa mejor con poco viento. Además, no tiene peligro de enganchar un cabo ni un sedal en puerto.

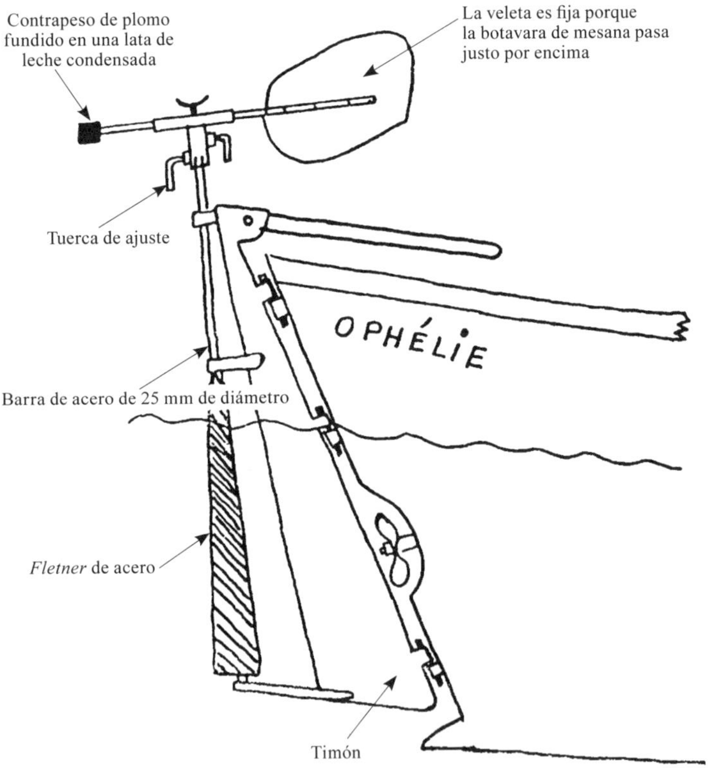

***Piloto automático del* Ophélie**

N. B.: Cuando se monta la veleta en directo sobre el *fletner (Mistral, Ophélie, Joshua)* es indispensable que el punto donde descansa la veleta se encuentre en la unión del eje "timón-*fletner*". De lo contrario no funciona, el barco hace guiñadas y no mantiene el rumbo. El último croquis representa un sistema mal concebido.

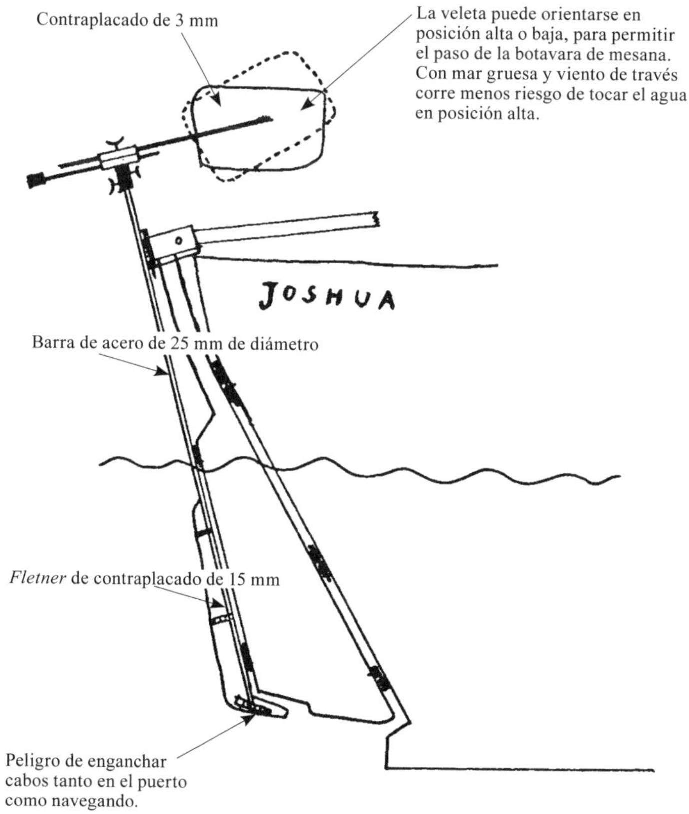

***Piloto automático del* Joshua**

BUENO

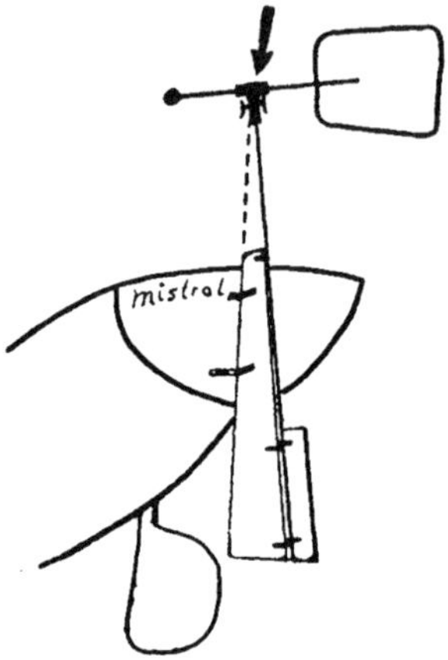

Aquí el sistema está bien montado, el vástago de la veleta se encuentra en la unión de los ejes «*fletner*-timón».

Henri Amel me perdonará este dibujo tan malo de su barco... Julio se había ido y tuve que dibujarlo de memoria...

N.B.: Los herrajes que aguantan el timón suplementario son mucho más fuertes de lo que parecen en este boceto.

MALO

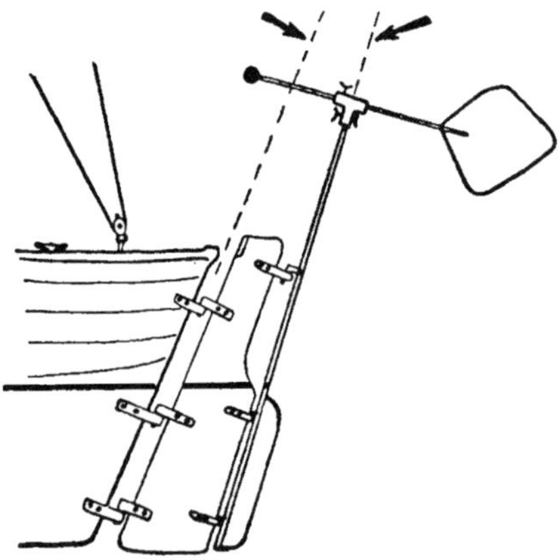

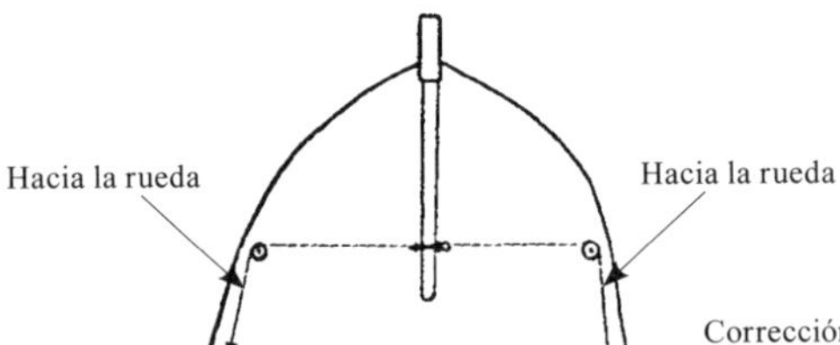

Corrección de la caña con la rueda en el *Ophélie* y el *Joshua,* que permite conectar o soltar instantáneamente.

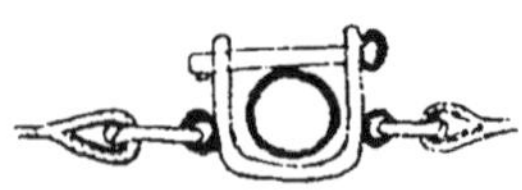

Apéndice

Altas latitudes

El viaje representó un total de treinta y siete mil cuatrocientas cincuenta y cinco millas entre las situaciones de la meridiana, en diez meses. Lo que representa unas veintinueve mil millas en la zona de mala fama de los vientos del oeste, durante ocho meses consecutivos. A título de comparación, el *Joshua* había estado solo mes y medio (del 10 de diciembre hasta el 28 de enero) en las altas latitudes durante el Tahití-Alicante, tiempo cinco veces inferior al del largo viaje, y con solo cinco o seis mil millas recorridas en aguas peligrosas. Pero, mientras que la mar gruñía continuamente en las altas latitudes durante el viaje anterior, esta vez permaneció relativamente tranquila e incluso a veces muy buena durante más de una vuelta al mundo completa: verano excepcional sin duda. Fue solamente durante el segundo paso del océano Índico y del Pacífico cuando se puso peligrosa permanentemente, durante casi dos meses, al acercarse el invierno.

Durante el viaje Tahití-Alicante aguanté un temporal formidable de larga duración, unido a dos depresiones, volcando solo una vez; los palos apenas más bajos que la horizontal. El mayor peligro de este temporal provenía de las olas secundarias del sudoeste, enviadas por la primera depresión una vez hubo pasado. La segunda depresión formó después olas muy altas, del oeste, sobre las cuales el *Joshua*, a palo seco, intentaba planear. Corría el riesgo de clavarse en el oleaje secundario enviado del sudoeste por la primera depresión. El *Joshua* hubiera pasado por el ojo en este temporal si no hubiéramos gobernado tomando la ola de oeste a 15 o 20° a babor de la popa. Esta maniobra tuvo un doble efecto:

1.° Atacando claramente al bies las olas secundarias del sudeste mezcladas con una mar confusa, que llegaba de todas partes, el riesgo de golpear uno de estos montículos había disminuido un poco. (En un planeo e impactando de frente uno de estos montículos, que parecían dunas, el *Joshua* habría pasado por el ojo. Por poco ocurre esto antes de adoptar esta táctica).

2.° El hecho de recibir las olas principales de 15 o 20° a babor por la popa, hacía escorar un poco al barco cuando bajaba la pendiente. Entonces el costado de estribor de la proa se apoyaba sobre el mar, un poco como un esquí o la cara convexa de una cuchara. Esto impedía que la roda se metiera en la ola secundaria (ver dibujo).

En la travesía Tahití-Alicante había sufrido solo un vuelco, palos apenas más bajos que la horizontal, y esto a pesar de las condiciones generales, mucho más duras que durante el largo viaje.

Durante el largo viaje, no hubo temporales tan fantásticos como en la travesía Tahití-Alicante; sin embargo, tuve tres vuelcos, palos a la horizontal o apenas más bajos que la horizontal y cuatro muy serios, con palos mucho más bajos que la horizontal y la quilla a 30°, e incluso una vez probablemente 40°, fuera del agua. Estos cuatro últimos tuvieron lugar al segundo paso del océano Índico y del Pacífico. Los dos primeros de esta última serie se produjeron con diez o doce días de intervalo, en el océano Índico, *debido al exceso de velocidad del barco para una mar tan gruesa como la que había en aquellos momentos.*

Los dos últimos en el Pacífico fueron causados *por dos rompientes erráticas.*

En todos los casos, el *Joshua* iba con velamen reducido, a una velocidad de 6 nudos. Voy a hablar ahora de estos cuatro *vuelcos.* Los dos primeros se llamarán *océano Índico* y los dos últimos *Pacífico*. El barco se enderezó siempre en dos o tres segundos, lo que es normal en todos los barcos de quilla lastrada (*).

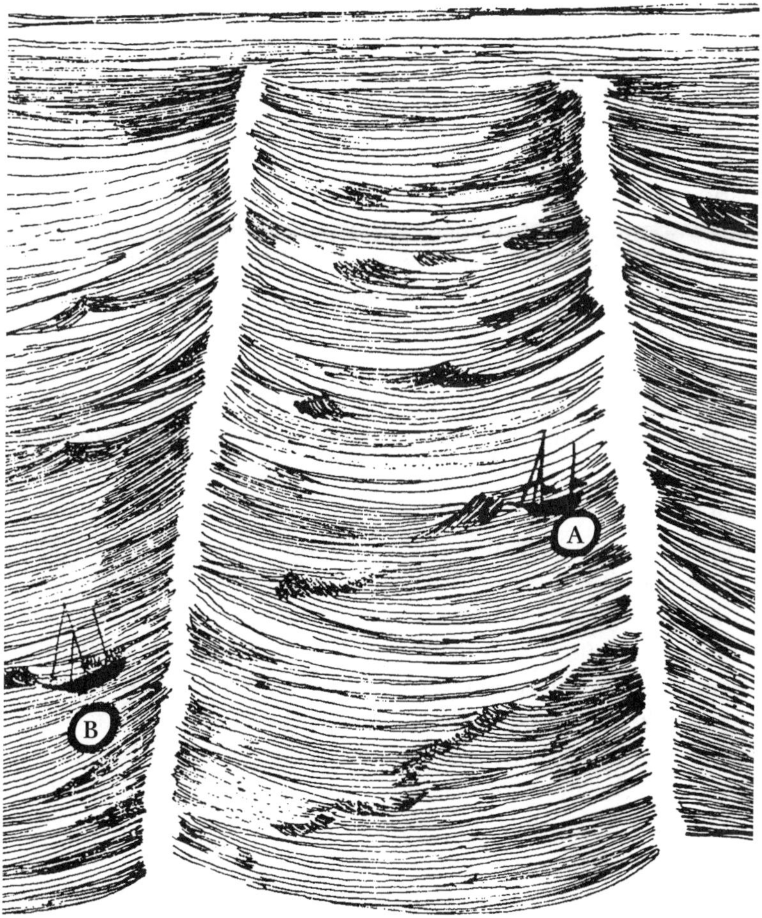

Temporal en la travesía Tahití-Alicante

En la posición **A**, el *Joshua* corría el riesgo de clavar la proa en la marejada secundaria del SE. En la posición **B**, el *Joshua* recibe la marejada principal de W a 15° o 20° por babor. Así pues, su rumbo es de 70° a 75°, que le permite no enfrentar directamente su proa con la marejada secundaria del SE. Por otra parte, el riesgo de salir planeando es menor en la posición **B**. Cuanto menos surf, menos peligro hay de pasar por ojo.

Océano Índico

Los dos vuelcos ocurrieron de noche, a causa de un temporal de popa. Estaba yo en la litera, y no dormía. Es lo que pasa generalmente cuando algo raro flota en el aire: uno está ahí, en la litera, no en tensión, pero sí a la expectativa. El cuerpo descansa, mientras que la mente se pasea por la cubierta, observa, compara, mide el viento y la mar. La primera vez, el *Joshua* avanzaba viento en popa a 6 nudos, con foque pequeño de 7 m^2 y trinqueta de 5 m^2, arriadas la vela mayor y la mesana.

Cuando tumbó, estoy seguro de que no fue por una rompiente, pues habría reconocido el ruido y notado el choque amortiguado. No hubo nada de esto; el barco se acostó, un montón de objetos se cayeron. No entendí cómo pudo pasar.

La segunda vez, diez o doce días más tarde, se produjo el mismo fenómeno. Puede que el *Joshua* fuera entonces un poco más de prisa. Era al final de un temporal antes de la longitud del cabo Leeuwin. Al igual que la primera vez, no hubo ningún ruido de rompientes. Seguía sin comprenderlo.

Creí haber encontrado la respuesta algunos días más tarde: estaba en cubierta, viento fuerza 6 o 7, en popa redonda, velamen reducido, mar *muy gruesa*, velocidad 6,5 a 7 nudos, estela muy sinuosa por las guiñadas. Bruscamente el barco aceleró sobre el frente de una ola y orzó, escorando bien. La cubierta a sotavento se metió en el agua (de 15 a 20 cm bajo el agua) y sentí claramente el frenazo al mismo tiempo que se acentuaba la escorada. No pasó nada, la escora no había excedido los treinta grados, la veleta restableció el rumbo, pero sentí con toda claridad que había faltado muy poco para que todo hubiese acabado mal.

Con la mar gruesa me parece mejor reducir bastante la velocidad navegando con piloto automático, llevando la menor cantidad de trapo posible: el suficiente para que el timón responda inmediatamente, pero limitando los riesgos de salir a velocidad excesiva sobre una ola escarpada, porque si el barco orza al dar una guiñada, y encima va escorado, las consecuencias pueden ser graves para la arboladura.

Hay que saber que el barco no puede salir a velocidad excesiva sobre una pendiente si no tiene ya una cierta velocidad: una tabla flotando por mar gruesa se quedará en el mismo lugar, pero si se la empuja un poco podrá salir planeando. Como un barco no está concebido como una tabla de *surf*, podrá seguir manteniendo su rumbo, sin riesgo de velocidad excesiva con tal que no pase de cierto límite de velocidad media, variable según el tamaño de las olas. Este límite depende del barco y del mar. Por debajo de 6 nudos (mejor 5 que 6), el *Joshua* está generalmente seguro. Es probable que un barco de quilla larga sea menos propenso a orzar en estas condiciones que un barco de igual longitud, pero de quilla corta. Cuanto más veo, más aprendo y más cuenta me doy de lo poco que sé, de hasta qué punto todo puede cambiar dependiendo de la mar y del barco. La mar no dejará nunca de ser la gran desconocida. A veces muy gruesa sin ser perversa y otras menos gruesa una semana o un mes más tarde, pero sin embargo muy peligrosa a causa de marejadas cruzadas o por algún factor imprevisto o totalmente nuevo. El que sea capaz de escribir un buen libro sobre la mar todavía no ha nacido, o en todo caso ya chochea, porque habría que navegar por lo menos cien años para conocerlo bien. No obstante, el libro de Adlard Coles: *Navegación con mal tiempo** es un éxito porque no afirma nada de manera definitiva, y presenta numerosos *hechos*, dejando a cada uno la posibilidad de juzgar y de comparar con sus propias observaciones.

* Publicado por Editorial Juventud.

Un poco más arriba decía tranquilamente que un barco de quilla corrida se endereza en cuestión de segundos. Pues es falso: me acabo de enterar que el *Damien* permaneció cinco minutos con la quilla en el aire en los alrededores del paralelo 60° de latitud sur como consecuencia de una rompiente. Y seguramente habría permanecido en esta posición desesperada hasta el día del juicio final si otra rompiente no hubiese venido a golpear el casco provocando de esta manera el inicio del enderezamiento. Una quilla a 90 grados mirando al cielo no puede enderezar el barco. Hace falta un cierto ángulo con respecto a la vertical para que el brazo de palanca empiece a actuar. Lo mismo le sucedió al *Sea Queen* de Voss: la quilla se quedó al aire una treintena de segundos si mal no recuerdo... pero yo creía que eso era un azar tan imposible que no se produciría nunca más en la historia de la navegación a vela.

Vuelco en el Pacífico

Ninguno de los temporales del largo viaje duró más de treinta y seis horas. Se trataba cada vez de una depresión aislada. Cuando terminaba podía llegar otra, pero siempre fue con un intervalo suficiente para que el *Joshua* no se encontrase en el campo de acción de dos depresiones a la vez, como ocurrió durante la travesía Tahití-Alicante. Voy a hablar de estos temporales en general, decir lo que sé, lo que veo, lo que siento, y lo que hago normalmente. Primero, unas generalidades sobre un temporal normal.

1.° Las depresiones de las altas latitudes se desplazan de oeste a este. En el hemisferio sur, el viento gira como las agujas de un reloj. La velocidad de desplazamiento del centro de la depresión hacia el este varía de diez a veinte nudos. Esta velocidad aumenta mucho en los alrededores del Hornos.

2.° La mayoría de estas depresiones circulan al sur del paralelo 50°. Un velero pequeño del tamaño de los nuestros se encontrará, en principio, siempre al norte de la trayectoria, ya que raramente descendemos más abajo del paralelo 43°, salvo en el paso del Hornos.

3.° Cuanto más lejos se está del centro, menos violento es el temporal. Se anuncia la proximidad de una depresión por una baja barométrica y por la agitación de la aguja: se presiente que va a pasar algo. (El pequeño libro ilustrado de Alan Watts, *Predicción instantánea del tiempo*, me ayudó enormemente a identificarlas más rápido por la observación de las nubes anunciadoras. A mi juicio es *una obra maestra.* Este libro me permitió también no preocuparme cuando no era necesario). Cuando presiento que se acerca una depresión, pongo un poco de norte en mi este para mantener la mayor distancia posible entre nosotros y el centro de la depresión. Poner un poco de norte en mi este significa hacer rumbo al 75 o al 80.

4.° Se acerca la depresión. No está ya muy lejos, al sudoeste. El viento quizás indeciso del sector norte, pasa al noroeste aumentando. Y sopla en ráfagas al cabo de algunas horas. El mar se alborota, pero no es peligroso para un velero de 12 metros, e intento mantener un poco de norte en mi este para no acercarme demasiado a su trayectoria.

5.° La depresión sigue desplazándose hacia el este. Se encuentra, pues, al sur con respecto al barco, y más cerca que antes a pesar de mi rumbo, que tendía a alejarme de ella en la medida de lo posible. De todas maneras, estoy un poco menos cerca del centro que si hubiera mantenido mi rumbo exactamente hacia el este desde ayer o desde hace dos días. Ahora que el centro se ha desplazado al sur, el viento sopla muy fuerte del oeste y el oleaje del oeste que da la vuelta al mundo desde el principio de los siglos, aumenta mucho. Además, el oleaje de noroeste levantado por la primera fase del temporal (soplaba del noroeste antes de pasar al oeste) se cruza con enorme oleaje del oeste. Esto provoca rompientes a veces enormes. Es en ese momento cuando empieza a haber peligro: largas rompientes de oeste del oleaje principal, además de rompientes del noroeste. Estas rompientes del noroeste son a veces muy potentes y con frecuencia cambian un poco de dirección durante el rompimiento, golpeando casi de nornoroeste. Por eso, cuando el temporal pasa a su fase oeste prefiero corregir el rumbo e ir hacia el ESE, para no correr el riesgo de encontrarme con una de esas rompientes erráticas del noroeste.

Cuando la fase noroeste del temporal ha sido moderada y de corta duración, estas rompientes erráticas no duran mucho tiempo y no son realmente grandes. De todos modos, el barco ya no corre el riesgo de acercarse al centro en cuanto el viento ha pasado al oeste, puesto que la depresión sigue hacia el este más rápidamente que el barco. Entonces creo que es más prudente modificar el rumbo ESE a partir de ese momento.

6.° La depresión se encuentra todavía en el sur con relación al barco. Sigue su camino hacia el este. El viento pasa entonces al WSW y es entonces generalmente cuando sopla con más fuerza. El cielo se ha puesto claro, y la mar muy gruesa, a veces montañosa. Esto suele durar pocas horas, tres, seis, ocho, a veces más, depende de la velocidad de desplazamiento, de la potencia y de unas cuantas cosas más. Sería imprudente no haber cambiado ya de amura para poner un poco de sur en mi este, porque si el mar de fondo del noroeste es importante, las rompientes errantes llegadas por babor pueden ser considerables. Evidentemente estas rompientes de noroeste podrían romper lejos a proa o a popa del barco, tienen sitio de sobra, pero a veces le rompen encima. Es así como se produjeron los dos últimos vuelcos del Pacífico con los palos bajo el agua, y la quilla a 30 o 40° sobre la horizontal.

Lo del primer vuelco del Pacífico no fue culpa mía: había pasado ya Nueva Zelanda y me encontraba rumbo al noroeste, la isla Chatham a mi derecha, no muy lejos (unas 60 millas), cuando el temporal pasó a su fase oeste. Ya no podía cambiar mi rumbo sin correr grandes riesgos a causa de los arrecifes que allí existían; además, la mar estaba demasiado peligrosa para permitirme salir con el sextante, y no estaba muy seguro de mi posición. Esto ocurría en el paralelo 44° o 45° y tenía mucha prisa por llegar a latitudes más benignas,

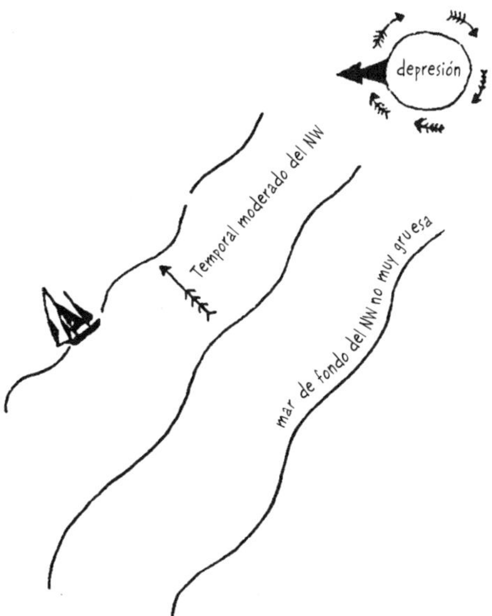

1° La depresión se encuentra al sudoeste del barco. Así que hay viento del NW para el barco.

La marejada de NW no es peligrosa por el momento y el barco aprovecha para ir rumbo ENE para encontrarse un poco más lejos del centro de la depresión cuando pase por su sur.

N.B.: En las altas latitudes sur se mira el mapa mirando hacia el Polo Sur. Así que en este dibujo, el sur está arriba, el norte abajo, el este a la izquierda y el oeste a la derecha.

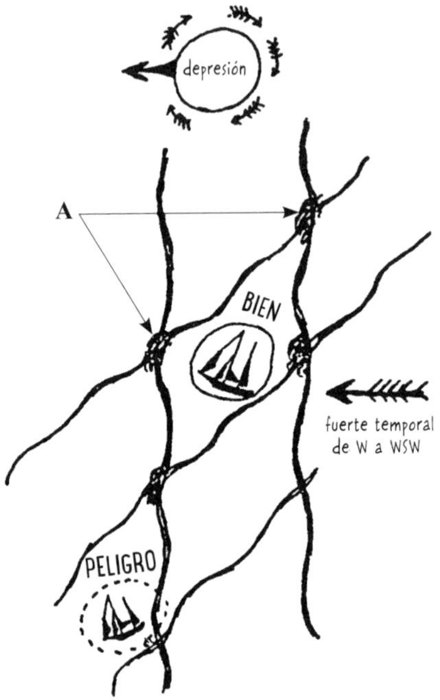

2° La depresión se encuentra ahora al sur del barco. El temporal ha pasado de su fase oeste a WSW. Sopla fuerte.

El barco, rodeado por un círculo, maniobra sabiamente modificando su rumbo hacia el ESE para no recibir estas rompientes de través.

El barco punteado comete un error: no ha modificado su rumbo hacia el ESE y corre el riesgo de volcar a consecuencia de una rompiente errática que golpea por babor. Eso es lo que le pasó al *Joshua*.

A. Rompientes erráticas, a veces enormes, causadas por la superposición de la marejada gruesa del W con la marejada residual de NW.

ya que había pasado Nueva Zelanda, al sur del paralelo 49°, unos días antes.

El último *vuelco* fue mucho más duro, en el 34° sur solamente, dos semanas antes de llegar a Tahití. Esa vez fue totalmente culpa mía: como la latitud era muy moderada, pensé que se trataba solo de un temporal de despedida, y con mis prisas por encontrar los alisios no había modificado mi rumbo cuando pasó a su fase oeste. Y el *Joshua*, siguiendo su rumbo hacia el noroeste, se encontró con la quilla al menos 40° por encima de la horizontal: rompiente errante enorme del noroeste, mucho ruido y muchas cosas destrozadas, foque de capa y trinqueta reventadas, veleta rota. Conecté la rueda, y llevé el timón desde la cabina hasta que amaneció.

El capeo bajo las altas latitudes del sur

Bajo las altas latitudes del sur, un temporal del sector este levanta raramente un mar excepcional, aunque sople muy fuerte. Creo que es posible capear sin peligro de verse tumbado por una rompiente demasiado grande, ya que estas son moderadas y el barco puede beneficiarse de la protección del remolino de deriva, ya sea un barco de 12 metros o una embarcación mucho más pequeña. El *Joshua* acostumbra a tomar la capa con la mayor completamente rizada cazada a tope, una trinqueta pequeña cazada a la contra, y con la caña a sotavento. El remolino de deriva calma las rompientes como lo haría una capa de aceite.

El panorama sería muy diferente si el temporal del sector oeste soplase en el mismo sentido que el gran oleaje del oeste, siempre presente en las altas latitudes sur. Bajo el empuje de un fuerte viento, este oleaje puede volverse enorme con rompientes gigantescas, que ningún remolino de capa podría apaciguar; al menos por lo que respecta a un barco de doce metros de desplazamiento pesado.

En el hemisferio norte, las rompientes provocadas por un temporal del sector oeste son menos gruesas normalmente, gracias al obstáculo de la tierra (América y Asia), siendo raro que veleros a la capa hayan sido maltratados (raro no quiere decir que nunca haya pasado). En *Navegación con mal tiempo* se pueden ver rompientes que ningún velero hubiera aguantado a la capa, y estas fotos fueron tomadas en el Atlántico entre 30 y 35° de latitud norte.

Olas gigantes

> *«Es extraño, pero es cierto que en las altas latitudes australes, donde las olas alcanzan a veces 15 metros de altura y*

600 metros de longitud, se desplazan en una procesión interminable y a veces una de ellas, de tamaño anormal, se alza muy por encima de las demás, se la puede ver acercándose desde muy lejos».

(Pasaje de *La ruta del Cabo de Hornos*, Capitán W. H. S. Jones).

Todos los que navegan, se habrán fijado en el paso ocasional de algunas olas más altas que las demás. Se encuentran incluso en el Mediterráneo. Supongo que estas olas anormalmente altas se producen al superponerse varias olas de velocidad diferente. Hay un poco de todo en el mar: el oleaje principal, el residual dejado por un antiguo temporal o enviadas por una depresión lejana.

«Una ola pasó bajo el Tzu-Hang, *que giró ligeramente. Béryl corrigió fácilmente, y al llegar al fondo de la hondonada, miró hacia atrás para comprobar el rumbo. Justo detrás del barco se alzaba una pared de agua, tan ancha, que no se veían los extremos, tan alta y escarpada que Béryl comprendió en el acto: el* Tzu-Hang *nunca podría escalarla. Esta ola no rompe como las anteriores, pero el agua chorrea sobre su cara como una cascada».*

(Pasaje de *Once is Enough*, de Miles Smeeton.)

¿Cómo se formó esa pared líquida que plantó al *Tzu-Hang*, rompiendo los dos mástiles y el tambucho, dejando el barco medio lleno de agua, a punto de hundirse, con una abertura de dos metros donde había estado la cabina? ¿La superposición de varias olas paralelas precisamente en el momento equivocado? Creo que pudo ser así. Pero puede también que ciertas olas gigantes tengan un origen totalmente distinto: podría ser, por ejemplo, un remolino enorme provocado por un gran iceberg al hundirse lejos, al sur. No es más que una hipótesis, pero hay tantas cosas extrañas en la mar… Los icebergs se pueden hundir, es una cosa bien sabida. También hay glaciares que pueden dejar caer bloques enormes en el mar.

Hay que tener en cuenta que el accidente del *Tzu-Hang* se produjo a 98° de longitud oeste y 51° 20' de latitud sur, un poco al interior del límite extremo de los icebergs según la *pilot chart* americana de los meses de diciembre-enero-febrero.

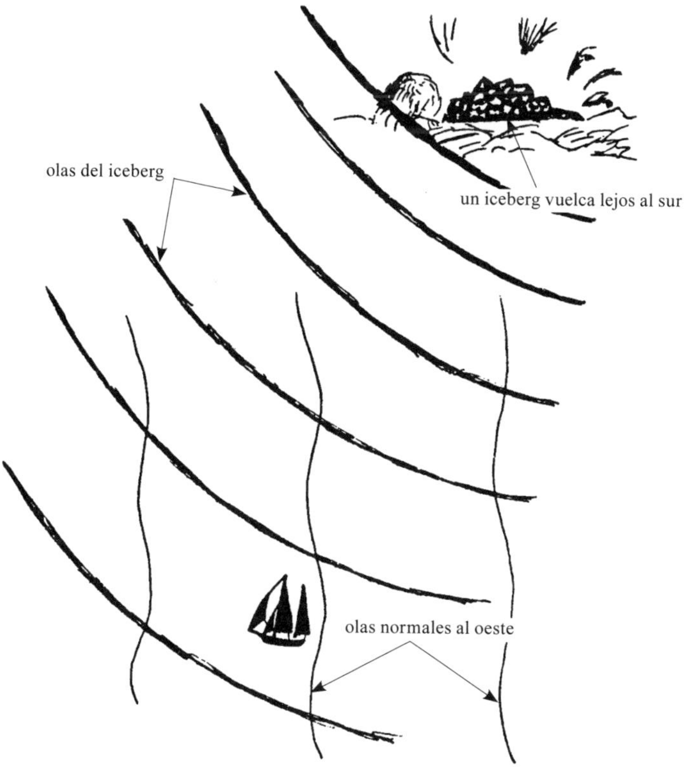

El largo viaje

Problemas de ruta

Navegación astronómica

Yo utilizaba las tablas inglesas AP 3270 (correspondientes a las HO 249 americanas). Se necesitan tres volúmenes para cubrir el mundo entero (dos para sol-planetas-luna y uno para las estrellas). Se consigue la recta de altura mucho más de prisa que con el conjunto Dieumegard-Bataille: una sola entrada para las estrellas con HO 249, dos para el sol y los planetas, mientras que el conjunto Dieumegard-Bataille necesita ocho o nueve entradas: más tiempo y más errores.

Al observar que la reimpresión de las HO 249 de 1963 explica cómo se puede usar sin un almanaque náutico hasta el año 2000. Estas HO 249 son facilitadas por la U. S. Naval Oceanographic Office. Maurice Oliveau, en *La Navigation astronomique à la portée de tous* (Editions du Compas) y Olivier Stern-Veyrin en *Solitaire ou pas* (Arthaud), explican el cálculo de la situación de una manera muy sencilla y práctica.

Sextante

Conviene que se pueda retirar fácilmente la luneta del sextante para que se pueda observar con los dos ojos abiertos cuando hay mar gruesa o para ver las estrellas: al principio de la noche se ve mucho mejor el horizonte con los dos ojos abiertos.

Para este viaje solo hice tres marcaciones de estrellas, porque con el sol bastaba, y los problemas de navegación son sencillos en alta mar. Me bastaba con hacer una recta de sol por la mañana y una meridiana a mediodía, salvo en la proximidad de las costas, en que hacía otras rectas por la tarde. Hay que recordar que las rectas de la tarde a veces tienen errores debido a la refracción más importante, sobre todo en los mares cálidos. En cuanto a las estrellas, ya no hay refracción, y las situaciones pueden ser increíblemente precisas (menos de ½ milla, o a veces ¼ de milla), lo que es importante en la proximidad de las costas bajas y de los atolones. Allá, las marcaciones nocturnas se pueden revelar capitales, pero para esto la observación al sextante tiene que ser buena. Sin lente y con los dos ojos abiertos hice a menudo marcaciones de estrellas muy precisas con noches sin luna; esto durante mis navegaciones anteriores. Hubiese sido imposible con lente.

La hora

Cuatro segundos de error sobre el cronómetro representan una milla de error en la posición. Un minuto de error, son quince millas de error en los alrededores del Ecuador, y unas doce millas en las regiones templadas. Desde que existe la radio ya no hay problema; se podría navegar provisto de un despertador.

Para las horas en punto, utilizo la emisora W.W.V. que da la hora de Greenwich cada cinco horas, veinticuatro horas diarias, sobre 5.000, 10.000, 15.000 y 20.000 kilociclos. Podía oírla durante todo el viaje. Utilizaba para esto el aparato Technifrance que se encuentra a bordo desde hace ocho años.

En cuanto a los cronómetros, uso el reloj de habitáculo *Fred*, que funciona con una pila pequeña de mercurio. Se atrasaba regularmente 3 segundos diarios, y la pila dura unas seis semanas. Este reloj me gustaba mucho, porque podía leer los segundos desde la bañera, gracias a sus grandes agujas. Tenía también un Rolex estanco automático, que no me quité durante todo el viaje y cuya pulsera no se arrancó, contrariamente a lo que yo temía. Muy preciso y regular, era el reloj que más utilizaba para las alturas porque lo podía usar en cualquier parte de cubierta donde me encontrase en el momento de la observación.

Cabe señalar que existe un sistema relativamente nuevo

sin volante llamado "accutron", cuya exactitud, con una tolerancia de un segundo diario, está, al parecer, garantizada.

Compás

El compás de un barco de acero se ve fuertemente afectado por la masa metálica. Por muy compensado que esté en una zona dada, el compás podrá delirar bajo otros cielos donde la declinación sea diferente: en ese caso no basta con sumar o restar grados de declinación para corregirlo; hay que volver a hacer toda la compensación, y para complicar más las cosas, la escora lo falsea todo. Preferí simplificarlo todo: en el *Joshua* hay un compás al pie de la litera (es falso, pero indica los cambios de rumbo) y un compás de marcación Vion en la bañera. Ninguno de los dos está compensado; incluso tiré los imanes. De pie, en medio de la bañera, sosteniendo el compás lo más alto posible, su lectura es exacta. Además, compruebo a menudo mi rumbo por azimuts de sol y de estrellas, sobre todo en la proximidad de las costas. Con las HO 249 es un juego de niños (no se necesita sextante), una mirada sobre la hora, una entrada de la tabla y treinta segundos más tarde tenemos el azimut del sol o de la estrella.

Reconozco que todo esto es un poco una "chapuza". Pero es mucho mejor que contar con un compás compensado en un barco de acero. Además, esto va con mi carácter, pues prefiero leer mi ruta en el cielo y en los signos del mar, mejor que en una aguja imantada. Pero si tuviera que navegar normalmente en la Mancha o en otros lugares de este tipo llenos de niebla, de piedras y de corrientes, adoptaría la solución de Jean Louis Martinet, que había sujetado el compás sobre el palo del *Iorana* (balandro de acero de 9 metros) lejos de las masas metálicas, con un repetidor de rumbo electrónico en la bañera. Había realizado esta instalación perfecta a buen precio, mediante un trabajo casero de calidad.

Apéndice

Boletines meteorológicos

Para pasar la Mancha, el golfo de Vizcaya, el cabo de Buena Esperanza y Australia grababa los boletines meteorológicos de radio en mi magnetófono. Esto me permitía volver a pasar la cinta y sentir mejor la evolución general, puesto que no borraba los boletines anteriores.

Al cabo de cierto tiempo, un magnetófono puede perder sus cualidades de sonido y dar la impresión que el altavoz está muerto. Supe después que bastaba con limpiar suavemente la cabeza magnética (especie de punta que se apoya sobre la cinta) con un papel de seda, para devolverle todas sus cualidades musicales: la cabeza magnética se había ensuciado. Supe también que existen minicasetes "limpiadoras" para quitar las partículas depositadas sobre la cabeza magnética. Tampoco hay que olvidar que las minicasetes de 60' son más resistentes que las de 90' o las de 120'.

Material Goïot

Los winches y los mosquetones Goïot me dieron muy buen resultado. Desmonté los winches después del viaje para ver dentro: nuevos. Además, es una mecánica sencilla y sólida que, a pesar de su precio, los hace más baratos que muchos otros winches. Estos winches Goïot me fueron regalados por el fabricante, pero repito que lo que digo en estas líneas no es por una obligación de agradecimiento, si no los pudiera aconsejar a otros compañeros navegantes, no hablaría de ellos. Creo indispensable tomar grandes precauciones durante el montaje de estos winches: aislar bien la base de aleación ligera del acero del barco, para evitar todo riesgo de corrosión. Utilicé para esto el Bostik, pasta negra en un tubo de plástico, a base de caucho, de tal manera que los cuatro pernos de sujeción estuvieran completamente embadurnados de ella. Se tomarán las mismas precauciones para winches de bronce.

Los mosquetones Goïot me sorprendieron. Los de la trinqueta grande, casi siempre en servicio gracias a sus tres rizos, hicieron de treinta y cuatro a treinta y cinco mil millas, sin indicios de desgaste (la trinqueta se había desgarrado antes del final del viaje). Los mosquetones clásicos de metal amarillo no hubieran aguantado la tercera parte; he visto algunos que fallaron durante una simple travesía del Atlántico en mi viaje anterior. No hay que olvidar que las calmas someten los mosquetones a muy dura prueba; es cuando más se desgastan a causa de los roces contra el estay. A los que utilicen los Goïot, recomiendo que los empapen de aceite algunos días antes de fijarlos a la vela; estarán un poco grasientos durante una semana, pero esto permite un funcionamiento perfecto y muy duradero. Cuando se utilizan los Goïot, prefiero utilizar el tamaño superior; esto le permite a la vela bajar mejor, ya que los mosquetones demasiado justos tienden a atascarse durante la bajada: mosquetones de diez para un estay de 8 mm me parece bien.

Grilletes rápidos inoxidables sin rosca

Los utilicé durante todo el viaje en los puños de amura y en los puños de driza, de los foques y de las trinquetas (grilletes de 8 mm) y estoy plenamente satisfecho de ellos. Estos grilletes, fabricados por la casa Wichard, se soltaron siempre sin desengrilletador y no me abandonaron nunca. Dado que el pasador no puede salir completamente del grillete, no se puede perder, es una preocupación menos. El grillete rápido inoxidable es, a mi juicio, la solución intermedia entre el grillete normal galvanizado con rosca de uso lento y el sistema ultrarrápido de regatas, en el que basta con apretar con el dedo gordo para que se abra. Este sistema demostró su valía en regatas, pero es de metal amarillo y no me fío del metal amarillo para los trabajos de larga duración.

Farol

En las líneas de navegación utilizaba un farolito de cristal dióptrico (creo que esta es la palabra). Se trataba de una lámpara de petróleo cuyo cristal concentra la luz de la mecha en vez de diseminarla como lo haría un cristal normal. La luz de este farol se ve desde mucho más lejos que la de una lámpara de tempestad de gran tamaño, a pesar de su consumo de petróleo insignificante (unas cuatro cucharadas para toda la noche). Este farol no se apagó nunca a causa del viento y solo he oído hablar bien de él en este aspecto. Lo había fijado sobre la cubierta de la cabina trasera para que ninguna vela lo ocultase, ya que los foques y las trinquetas tienen su puño de escota relativamente alto. Colocado de esta manera se veía desde todos los puntos del horizonte, apenas ocultado por el palo de mesana, porque estaba situado a unos 70 u 80 cm de este. Pero con pequeñas guiñadas, la luz de este farol era sin duda visible con intermitencias, lo que debería llamar la atención de los navíos. Aunque normalmente no duermo demasiado cuando estamos navegando por aguas concurridas; simplemente me echo en la bañera para descansar de vez en cuando, sin entrar en la cabina. Intento cortar las líneas de navegación en ángulo recto para estar más rápidamente del otro lado (las líneas principales de navegación están indicadas en las *pilot chart*).

Cuando el tiempo no es bueno y hay mala mar, prefiero utilizar una lámpara de 250 bujías, que es verdaderamente visible desde muy lejos y que además, forma un halo. Consumo: una botella de petróleo por noche.

Películas y fotos

Aunque esto no forme parte del material de navegación propiamente dicho, voy a hablar un poco de ello. Tenía la cámara japonesa Nikonos para fotografiar bajo el agua, que me fue regalada por el *Sunday Times*. Sin problemas, buenas fotos y sin miedo a las salpicaduras. La cámara era una Beaulieu 16 mm. Me la había aconsejado Irving Johnson, que efectuó siete vueltas al mundo en escuela de vela a bordo del famoso *Yankee*, y que posee una gran experiencia en los problemas de filmación en el mar. No me arrepentí de haber escuchado su consejo: esta cámara, muy ligera, me ha permitido tomar vistas difíciles desde el botalón y sobre todo, desde los mástiles, y prácticamente no he fallado ninguna, a pesar de mi falta de experiencia, gracias a la excelente calidad de los objetivos (75-25-10) y a la célula incorporada que permitía no equivocarme en cuanto a la abertura del diafragma.

Para reemplazar la batería de cadmio-níquel, que se tiene que recargar en un enchufe o con un generador cada quince bobinas, me habían fabricado una caja para cinco pilas estándar redondas, con una linterna de buceo. Cinco pilas Wonder de 1,5 voltios, tipo Marin, me daban de 10 a 12 bobinas de 24 imágenes/segundo. Esto permite una autonomía casi absoluta, ya que las pilas que me quedan del *stock* embarcado tres años antes, funcionan aún perfectamente.

Botas

Las botas de goma, cuando se mojan, se secan muy fácilmente pasando un trapo por dentro. Las que tienen forro o entretela, siempre quedan húmedas.

Los calcetines de lana

Una bolsa de plástico por encima de los calcetines, sujeta a los tobillos con una gomita, permite circular tranquilamente por la cabina cuando el suelo esta húmedo, cosa frecuente cuando se entra con el traje de agua después de una maniobra o después de una guardia en cubierta. Loïck me había aconsejado que me llevara unos cuantos periódicos: unas hojas extendidas sobre el suelo absorben el agua. Se puede caminar sobre ellas sin resbalar; el resultado es excelente, y la instalación puede durar veinticuatro horas, y después se cambian las hojas de periódico. A veces conservaba las mismas hojas varios días. Jean Rivolier me había regalado unas zapatillas forradas de tela, tipo nailon, de suelas de cuero muy flexibles utilizadas durante las expediciones polares de Paul-Émile Victor. Son muy agradables de llevar en la cabina y muy calientes. Con eso no se necesita bolsa de plástico.

Guantes y manoplas

Tenía guantes de cuero para salir y manoplas para la cabina. Incluso empapados, los guantes para salir mantenían las manos calientes.

Calefacción interior

Nula. En su lugar, ropa de abrigo. Hay que decir que un barco metálico es estanco como una lata de conserva; lo que se guarda seco en un armario, sale siempre seco.

Grietas en las manos

El estado de las manos tiene una gran importancia. Con dedos agrietados que duelen, vacilamos a la hora de hacer ciertos ajustes útiles, y las cosas van peor. Además, empeora cada vez más. Había sufrido mucho de una grieta en el dedo medio de la mano derecha y era casi incapaz de cazar una escota, unos años antes, durante una temporada de escuela de vela en el Mediterráneo.

Por lo tanto, para este viaje, he vigilado mucho mis manos, utilizando esparadrapo a la mínima alerta. Por la noche me lo quitaba, me lavaba las manos con agua dulce y frotaba los principios de grietas con una barra de Dermophile Indien, después de haber probado otras dos marcas de pomadas que no me iban tan bien como esta. A fin de cuentas no he tenido problemas durante esos diez meses de mar, pero he estado siempre muy atento en lo que respecta a mis manos.

Pescado fresco

Remolcando permanentemente la corredera Vion, a título de prueba para este material, no podía siempre pescar al curricán, por temor a que mis sedales se enrollasen en el cable de la corredera. Pero las condiciones del mar, generalmente buenas durante la primera vuelta al mundo, me permitieron remolcar un sedal durante un tercio del tiempo, y en el transcurso de toda la primera travesía del océano Índico en particular. A pesar de esto, no pesqué más que dos dorados en el alisio del Atlántico, y dos atunes de 7 a 8 kilos en las altas latitudes. El aporte de pescado fresco habría sido más positivo si hubiese podido remolcar tres o cuatro aparejos juntos, como lo suelo hacer, pero no hay que contar mucho con la pesca en estas latitudes.

Agua dulce

Calculamos normalmente una media de dos litros y medio diarios por persona, todo incluido. Puede que un poco más en los trópicos.

Dos litros y medio durante diez meses (trescientos tres días exactamente) representan un consumo total de setecientos sesenta litros. Como salí con cuatrocientos litros, tuve que recoger por lo menos trescientos sesenta litros de agua de lluvia, con los cubos colgados de las botavaras de la vela mayor y de la vela de mesana. De hecho, recogí mucho más, ya que el *Joshua* llegó con el depósito medio lleno y había utilizado bastante agua dulce para aclarar mi ropa durante el viaje. Hubiera podido llegar a Tahití con mis cuatrocientos litros, si hubiese querido. No hay que preocuparse por el agua en las altas latitudes, ya lo había comprobado durante la travesía Tahití-Alicante.

Un barco navegando en crucero de larga duración bajo los trópicos estará mucho más libre si dispone de un toldo contra el sol provisto de un dispositivo muy sencillo que permita recuperar grandes cantidades de agua de lluvia estando fondeado en lugares aislados. El sistema utilizando en el *Joshua* nos permitió vivir durante meses contando solamente con agua de lluvia (ver croquis).

Toldo que permite recuperar el agua de lluvia

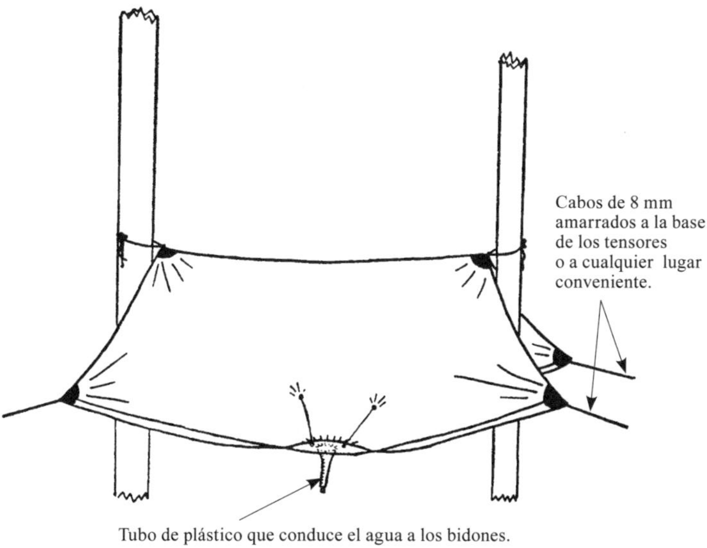

Depósitos estancos de emergencia

Para este viaje, se utilizó para el agua un solo depósito de cuatrocientos litros. Los otros tres contenían provisiones y también ropa: mantas, calcetines, manoplas, pilas eléctricas, aparato receptor de repuesto, un traje forrado, un saco de dormir. Todo este material era "suplementario", y si el barco hubiese pasado por el ojo rompiendo los portillos para encontrarse medio lleno de agua, habría podido sacar ropa seca y otro material intacto de estos depósitos.

Boletín de salud

Los pomelos duraron tres meses, comiendo uno diario o cada dos días durante estos tres primeros meses. Después empecé los limones. Cada uno envuelto en una hoja de papel, duraron casi siete meses. Tomaba uno diario, en dos veces, exprimido en agua.

Tomé un tubo de veinte comprimidos de vitamina C y un comprimido de Pentavit Midy diario, a partir del tercer mes, hasta la llegada. Bebía medio vaso de agua de mar diario, y agregaba un poco de esta agua en la de cocción del arroz, en substitución de la sal. Bebí unos quince litros de vino durante diez meses y nada de alcohol.

Cocinaba con un infiernillo de petróleo Optimus de dos fuegos, sin cardan, con un poco de amianto en la copa para que el alcohol utilizado para el calentamiento previo no se derramase con la escora: el amianto, empapado de alcohol, servía de mecha. Utilizaba también un pequeño *camping gas* cuando me hacía el té, Ovomaltine, caldo en cubitos, o el café. Siempre pude cocinar hasta con mal tiempo. Utilizaba mucho la olla a presión; tenía la ventaja de no volcarse. Un resorte espiral pequeño (no comustible) la mantenía sujeta al infiernillo como se hace con una goma. Igual dispositivo de fijación para las cacerolas, a fin de evitar que volcasen cuando había mar.

Saciaba mi hambre y masticaba bien para que me hiciera más provecho. El yoga, descubierto durante este viaje, me ayudó en este aspecto. No me preocupé mucho de las proporciones lípidos-glúcidos-prótidos. La base de mi alimentación era arroz blanco (no encontré arroz rojo, más vitaminado) y patata deshidratada. Agregaba *corned beef* o pescado en conserva con unas verduras deshidratadas (guisantes, judías verdes, zanahorias y espárragos, a veces). Los productos deshidratados eran los del profesor Griffon (Francia) y de Batchelors Foods (Inglaterra). Un gran consumo de leche condensada azucarada (una lata diaria, a veces más) y de leche en polvo inglesa Marvel incorporada a las patatas deshidratadas.

Siempre comía dos veces copiosamente, más un desayuno de *porridge* de leche condensada y Ovomaltine, dos o tres veces diarias. Dos bocados durante la noche. En realidad había un poco de todo, hasta especias (polvo de curry, *nuoc man*, salsa china de soja, algunas latas de ostras ahumadas, latas de mejillones, frascos de pasta de gamba, pasta de salmón...).

En suma: me nutrí muy bien durante los ocho primeros meses y no tanto durante los dos últimos, porque había terminado lo que era más apetitoso.

A la salida de Plymouth pesaba sesenta y tres kilos, a la llegada pesaba sesenta y cinco, *sin edema*. Había aumentado dos kilos durante el viaje. Mi peso normal es de sesenta y seis a sesenta y siete kilos. Este peso de sesenta y tres kilos anormalmente bajo a la salida era debido seguramente al cansancio y a la tensión nerviosa relacionados con los preparativos.

Estaba con pocos ánimos poco después del primer paso del cabo de Buena Esperanza, no hasta el punto de abandonar, pero en baja forma, cansado, más delgado, sin reflejos. Ya no estaba seguro de llegar hasta el Hornos y sentía incluso que, si lo llegaba a pasar, me arrastraría lamentablemente por el Atlántico como un animal agotado.

El yoga practicado a partir de esta época, gracias al librito de Desmond Dunne *(Yoga para todos)*, me permitió pasar cuatro cabos más sin que un esfuerzo tan prolongado me dejase agotado. Se trata de una cultura física, a la vez que mental, que me tenía absorbido durante media hora a una hora diaria. Los resultados fueron sorprendentes y *muy rápidos*. El equilibrio general al cual llegué me permitió alcanzar durante este viaje un potencial energético muy superior al que tenía a la salida de Plymouth. Empecé a sufrir de mi úlcera después del primer paso de Buena Esperanza. Con los ejercicios de yoga desapareció todo: no sentía más dolores de estómago a pesar de las conservas y de la alimentación cada vez menos sabrosa conforme seguía el viaje. Ya no tuve más lumbago, a pesar de las mantas húmedas (terminaron por estarlo permanentemente). Nada de nerviosismo, a pesar del mal tiempo de otoño y de invierno del océano Índico y del Pacífico y de las cuatro zozobras de este segundo período.

Este yoga lo practiqué regularmente hasta el Hornos, pero de una manera menos seguida, menos regular después, lo confieso: no quisiera que se pudiera pensar que soy diferente de los demás, que tengo una voluntad sin fallos, que nunca cedí. Soy un hombre como los demás. Hacía un poco de gimnasia todos los días, sobre todo ejercicios abdominales.

Después de haber pasado la longitud de Tahití, había seguido durante unos diez días hacia el oeste, para navegar algún tiempo en el alisio dejándome vivir sin problemas y descansar antes de encontrar tierra. Siete días después de la llegada, reconocimiento médico muy completo en el hospital Jean Prince de Tahití. Todos los resultados eran normales, excepto mis radiografías de estómago, ya que arrastro esta úlcera del duodeno desde hace unos diez años y su huella es siempre visible en las radiografías.

Al principio de mi estancia en Tahití estaba cansado por el cambio de ritmo: en el mar se duerme a menudo durante el día, y se despierta uno varias veces durante la noche para echar una mirada fuera y volverse a dormir.

De vuelta a tierra no me era posible echarme esos sueños, porque tenía cosas que hacer, visitas, invitaciones. Y por la noche no me reponía del todo; me despertaba por costumbre, como en la mar. Todo se arregló en dos o tres semanas.

Información general sobre la vida en crucero

Estoy convencido de que un barco solido, por muy pequeño que sea, incluso del tamaño del *Corsaire* de Herbulot, se puede gobernar en solitario, sin escalas de Tahití hasta las Malvinas, pasando por el Hornos, sin peligro de muerte, a condición de que este barco sea de metal. Si se soltara una botella bien tapada en el centro de un ciclón, flotaría normalmente. En lo esencial haría lo mismo un barco de metal, bien cerrado, bien concebido: lo podría volcar diez veces seguidas una mar arbolada y no se iría al fondo. Lo demás no son más que detalles y adaptación. El barco pequeño tiene la ventaja de ser más barato a la hora de la compra y de mantenimiento. Mi intención no es hacer publicidad, pero los que sienten verdadero interés por la navegación de crucero como nosotros la entendemos, leerán con provecho el apéndice técnico de mi primer libro *Un vagabundo de los mares del sur* (publicado en esta misma colección por Editorial Juventud).

Escrito hace más de diez años, y con menos millas en mi haber, las conclusiones que daba en cuanto a la concepción de un barco de travesía se mantienen firmes. Solo hay que cambiar "barco de madera" por "barco metálico", leer un poco entre líneas, y nada esencial ha variado. En lo tocante a los detalles es una cosa personal para cada uno.

Barcos de cemento

Se construyeron varios en Francia, muchos en Nueva Zelanda, otros en Norteamérica. Vi tres en Tahití, cuyos propietarios se mostraban muy satisfechos. Aquí mismo, el cúter de cemento de 10,50 m construido por Alain Brun y Philippe Sachet está a punto de ser botado. Para cementarlo, Philippe y Alain hicieron un llamamiento por los muelles. Nos presentamos unos diez, y todo (casco, cubierta, tambucho y bañera) fue cementado en un día. Pero no puedo hablar de los detalles, ya que no tengo más que una idea muy superficial de este método de construcción que exige muchas precauciones si no se quiere fallar. Aquellos a quienes el asunto pudiera interesar podrían consultar *How to Build a Ferrocement Boat*, de J. Samson y G. Wellens (editado por Samson Marine Design Entreprise, P. O. Box 98, Ladner, B. C. Canadá), del cual me habló Jacques Moulin, que construyó él mismo su queche de 12 metros de cemento. Hay otros libros prácticos en Nueva Zelanda, cuna del barco de cemento, y probablemente en los Estados Unidos.

Lo poco que vi me confirmó de todas maneras que el barco de cemento es, con mucho, la solución más económica para la construcción. La única cosa que me haría dudar sería la posibilidad de una embarrancada en los arrecifes: una vez reventado, dudo que un casco en ferrocemento pudiese ser arreglado correctamente. La madera se clava, se calafatea, se pega. El acero se suelda o se remacha. ¿Y el cemento?...

De todos modos, si quisiera navegar sin tener la posibilidad de pagarme un casco de acero en un astillero, no dudaría en construir un barco de ferrocemento: estaría hecho en menos de un año, algunos meses quizá, y, en todo caso, de cinco a diez veces más aprisa que el mismo barco de acero o de madera, y mucho más barato.

Conservación de un barco de acero

El *Joshua* tendrá pronto diez años. Su obra viva no presenta ni una huella de electrólisis; el *Ophélie* de Yves Jonville, y el *Santiano* de Michel Darman, están también intactos. Nuestros tres carenados están protegidos por la misma pintura de silicato de cinc Dox Anode, fabricada por Omexin (calle Lord Byron, 1, París) y por ánodos de cinc fabricados por Zinc et Alliages (calle Collanges, 34, Lavallois-Perret). Estos ánodos han de ser soldados a la obra viva por sus patas de fijación y no atornillados. La casa Zinc et Alliages es terminante en cuanto a este punto. He visto varias obras vivas de barcos de acero consumidas por la electrólisis, con ánodos atornillados. Para lo demás no hay problemas (por encima del agua). Cuando hay un punto de óxido, lo raspo y paso Rust Killer. Es un líquido a base de ácido fosfórico, fabricado por Valentine en Francia. Este Rust Killer destruye el óxido y deja el metal limpio. Si se ve que el metal no está bien desoxidado, se vuelve a pasar este producto. Después de diez o doce minutos está limpio. Se aclara con agua dulce y cuando está seco, primera capa de pintura antioxidante. Si se quiere un resultado mejor aún, se pasa una aplicación de Rust Oil entre el tratamiento de Rust Killer y la pintura antióxido.

Las dos mejores pinturas antióxido que conozco son el minio gris, fabricado por Julien en Francia, y el antióxido americano fabricado por Steelcote. Se necesita una segunda capa de antióxido cuando la primera está bien seca, y cinco o seis manos de pintura para terminar.

Para la conservación de rutina, doy normalmente dos capas al exterior una vez al año cuando el barco no navega y dos capas otras tantas veces al año si navega a menudo. Si el propietario de un barco de acero fuese lo bastante activo como para dar automáticamente dos capas de pintura una semana antes de cada travesía del océano, y una o dos poco después de la llegada, previo un enjuague con agua dulce, creo que el barco no tendría jamás la menor huella de oxidación, sobre todo si la totalidad: casco, cubierta, tambucho, se hubiese pintado con Dox Anode antes de la botadura. Este tratamiento de fondo con Dox Anode es tan bueno como un galvanizado; no bromeo. Pero siempre hay que esmerilar las chapas, o desoxidarlas completamente, con un producto como el Rust Killer, si se quiere que el Dox Anode aguante. Repito que el Dox Anode es la primera pintura que han de recibir las chapas. No se quitará ya más, o tal vez diez años después. Las demás pinturas irán encima de ella.

La primera pintura aplicada sobre el Dox Anode tendría que ser un cromato de cinc. Pero hay que dejar el Dox Anode al aire durante unas dos semanas antes de pintar; esto permite al cinc oxidarse ligeramente y encontrar un PH neutro, que fijará el cromato. Si no se tiene tiempo para esperar, hay que empapar las superficies pintadas con Dox Anode con agua mezclada con 2% de ácido fosfórico y enjuagar unos minutos más tarde con agua dulce. Se puede entonces aplicar el cromato de cinc sin esperar.

En cuanto al interior, ningún problema a condición de que todos los rincones sean accesibles al pincel. Si se tomó la precaución de dar a todo siete capas de pintura, estaremos tranquilos durante mucho tiempo. Las cuadernas de hierro plano soldadas por arco son más lógicas que los codos: ningún rincón con el hierro plano, ningún escondrijo para el moho, todo está visible.

Los depósitos de agua, si están construidos en el mismo casco (es decir, que no están galvanizados) han de tener una trampa de acceso fácil para permitir la limpieza interior. Michel Darman tuvo algunos problemas al principio con los depósitos de agua dulce que formaban parte del casco. Raspó toda la pintura hasta poner al desnudo la chapa, y aplicó leche de cemento (agua mezclada con cemento, como el agua de cal). Abrió hace poco la trampa para ver el resultado y me llamó: después de dos o tres años, el interior estaba como nuevo. Y no cuesta muy caro.

Un consejo más: situar la evacuación de los inodoros sobre la línea de la flotación, y la aspiración bastante lejos, unida a los retretes por un tubo de goma reforzada. De esta manera, no habrá ningún contacto entre la taza del W. C. (bronce) y la carena de acero, con lo que se elimina un eventual riesgo de electrólisis. Sin embargo, hay que observar que la hélice del *Ophélie*, de bronce, y la del *Santiano*, de acero inoxidable, no provocan electrólisis gracias a la buena protección asegurada por los ánodos de cinc.

Se admite normalmente que un barco de acero no puede tener menos de 9 a 10 metros, pues sería demasiado pesado, ya que las chapas han de tener al menos 3 mm de espesor para que la corrosión no las perfore demasiado aprisa. *Ophélie*, *Santiano*, *Joshua* así como otros barcos de 12 metros concebidos por sus propietarios para realizar grandes travesías, tienen una chapa de 5 mm. Con chapa de 4 mm, ganarían en cuanto a velocidad y comportamiento con mal tiempo.

Después de casi diez años de experiencia con el *Joshua*, y las observaciones muy optimistas que he podido hacer con otros barcos de acero, no dudaría en construir un barco de 7 metros con chapa de 2 mm. Si bien, por muchas razones perfectamente defendibles, ahora preferiría un barco muy pequeño, de mantenimiento barato en comparación con el del *Joshua.* Incluso sería posible, a mi juicio, llegar a una chapa de 1,5 mm para un barco del tamaño de un *Corsaire.* La corrosión y la electrólisis no constituyen un peligro cuando se toman las medidas adecuadas.

¿Qué pensar de la solución "aleaciones de aluminio" para la construcción de unidades pequeñas? El primer fastidio es que un barco de una aleación ligera cuesta muy caro: primero, el precio de la materia prima, y después, el costo de la mano de obra especializada. He visto un barco de 9 metros a pantoque vivo, construido por un aficionado con chapas de acero de 2 mm galvanizadas y remachadas en los codos con remaches de 6 mm. Este barco tiene ahora unos veinte años. El mismo aficionado habría tropezado con problemas casi insolubles si hubiese construido su barco a base de una aleación ligera: hay que estar altamente cualificado y estar muy bien equipado para soldar y trabajar la aleación de aluminio. En cuanto a remacharlo, vi en un viejo casco de hidroavión, aparentemente intacto, que los remaches de aluminio se desmoronaban raspando con la uña: con el tiempo y el desgaste esos remaches parecían haber sufrido una transformación molecular. Creo que la construcción a base de aleación ligera no está a punto, pues quedan, a mi juicio, muchos factores que no conocemos bien en cuanto a la cristalización y la electrólisis de este material, para el uso prolongado que nosotros pretendemos darle.

¿Y el barco de plástico para pequeñas unidades? Tomen un bote de leche condensada (de metal) vacío y otro de plástico, diviértanse haciéndolos rodar y rebotar a patadas durante algunos kilómetros en un camino pedregoso. No hace falta decir más; cada uno elegirá entre el plástico y el metal. Pero los que hayan elegido el plástico estarán atentos a las piedras.

Y si han leído todos los libros sobre el mar, recordarán que grandes marinos, como Slocum, Pidgeon, Voss, Bardiaux, Vito Dumas, acabaron sobre las rocas o en la costa sin querer. Durante nuestra estancia de algunos meses en Tahití en 1965, cuatro yates chocaron contra los corales en las Tuamotu. Tres de ellos fueron liquidados en algunas horas; el cuarto se salvó a pesar de las grandes averías gracias a los pernos de la quilla que se habían soltado con el choque, permitiendo al barco flotar alto y horizontalmente hasta los cocoteros, por encima del arrecife. Más recientemente, un trimarán de plástico, llevado desde Tahití a las Hawái, chocó contra un acantilado al llegar. Dicen que el trozo más grande de los restos que sacaron al cabo de unas horas, no medía más de 1,50 metros de longitud. Esto no quiere decir que un barco de acero hubiese salido intacto en las mismas condiciones, pero la diferencia habría sido grande en circunstancias menos graves, sobre un arrecife, por ejemplo.

Reparaciones

Para que sea posible salvar al *Joshua* en caso de encalladura accidental, el lastre móvil está constituido por lingotes de veinte a treinta kilos, situados en el fondo de la quilla hueca. Estos lingotes están sujetos con barras desmontables. Así, nada puede moverse si volcamos. Sería un grave error creer que un barco de acero de chapas de 5 mm está a salvo de un boquete en el casco: una colisión contra un pecio de hierro a poca profundidad o una roca con aristas disimulada bajo una ola, y con la ayuda de un poco de mala suerte...

Aparte del lastre y muchos otros materiales, la quilla hueca contiene algunas planchas galvanizadas de 1,5 mm de espesor y unos botes de vidrio (para que no se oxiden) llenos de remaches de 6 mm. Unas veinte brocas están también dentro de estos botes de remaches, todo ello empapado de aceite para que se conserve en perfecto estado. De esta manera, el *Joshua* está preparado para grandes reparaciones eventuales en un atolón perdido y para que yo pueda sentirme totalmente independiente en cualquier lugar, con la única asistencia de un amigo que me ayude a repararlo en caso de necesidad.

Nunca remaché con especialistas, pero sé por experiencia que un aficionado puede hacer un buen trabajo, sólido y estanco. Cuando vine a ayudar a Henry Wakelam remachamos entre los dos unos diez refuerzos en chapa de 1,5 mm en los puntos deficientes del *Shafhaï*, viejo barco de acero de veintiocho años. Se consiguió la estanqueidad total situando los remaches de 6 mm a unos dos centímetros unos de otros, después de haber tomado la precaución de intercalar una hoja de papel de periódico embadurnada de minio entre los refuerzos y la obra viva. La superficie total de los refuerzos representaba unos 2,50 m^2. Este trabajo fue realizado en diez días entre los dos, con lo que teníamos a bordo. Se practicaban los agujeros con un taladro, sujetándose el refuerzo provisionalmente con cuatro tuercas que lo mantenían en su sitio. Y se terminaban de hacer los agujeros (2 cm de centro a centro) atravesando el refuerzo y el casco a la vez. Ya terminados los agujeros de 6 mm, se fresaba ligeramente el lado exterior de los agujeros con una broca de 10 mm, se quitaba el refuerzo para eliminar los restos internos, se ponía el papel de periódico contra el casco pegado con pintura (minio) y se volvía a poner el refuerzo en su sitio, manteniéndolo con sus cuatro tuercas provisionales. Era el momento del remache, yo en el interior, Henry en el exterior: yo metía el remache, manteniendo su cabeza contra el casco con un peso de hierro, y daba un talonazo para avisar que todo estaba listo por mi parte; entonces él remachaba con un martillo, aplastando bien el remache hasta el fondo del fresado. Era un remache en frío, es decir, sin haberlo puesto al rojo previamente. No pasó ni una sola gota de agua.

Un boquete importante en una obra viva de madera, plástico o metal puede ser reparado provisionalmente buceando según un procedimiento asiático: con una masilla, compuesta de una parte de cemento corriente y una mitad de arcilla. La mezcla se endurece bajo el agua en unas doce horas. Grandes boquetes fueron tapados de esta manera en la obra viva del *Marie-Thérèse* en el océano Índico. Henry perfeccionó el procedimiento más tarde. Las pruebas que hicimos juntos consisten en lo siguiente: mezclar en seco a partes iguales cemento y yeso. En otro recipiente se mezclan agua y arcilla (no caolín) hasta conseguir un barro muy fluido. Se vierte después este barro en la mezcla yeso-cemento, se amasa hasta formar una masilla que tenga más o menos la consistencia de pasta de modelar. Hay que actuar muy rápidamente porque esta pasta no será maleable pasados dos o tres minutos. Esta masilla yeso-cemento-arcilla se aplica buceando y se endurece en menos de un cuarto de hora. En Plymouth, Loïck encontró cemento de solidificación rápida para reemplazar el cemento normal. Era mejor.

Aquí, en Tahití, he oído hablar de otro producto que da resultados asombrosos. Se trata de dos tubos que parecen de pasta dentífrica: se mezclan los dos productos en un plato (como para el Araldit), se toma esta pasta con la mano y se pasa por la parte deteriorada de la obra viva. Aguanta sobre madera húmeda. En este ejemplo se trataba de proteger de la broma una superficie de obra viva grande como dos veces la mano, que previamente se había raspado para quitar todo el coral hasta llegar al mismo metal. El barco acababa de carenar y tenía que partir para un largo chárter en las islas Tuamotu, y no tenía tiempo de esperar una plaza libre en la zona de carenado. Volvió para carenar siete u ocho meses más tarde. No lo vi con mis propios ojos, pero tres amigos de confianza me aseguraron que esa reparación hecha buceando había aguantado de una manera asombrosa y que después de haber quitado esa protección, la madera no presentaba huellas de broma. Se trataba de un producto americano llamado Underwater patching (tubos A y B), fabricado por Petit Paint Co, de San Leandro, California. Creo que el Santofer y otros productos plásticos deberían dar un buen resultado si se toma la precaución de clavar algunos clavitos (que sirvan de soporte) en la parte enferma de la obra viva para facilitar la adherencia del producto. Lo mismo digo para la mezcla yeso-cemento-arcilla: unos clavitos bien colocados garantizan la adherencia si la parte que hay que proteger es demasiado lisa.

Broma

Se podría creer que estos moluscos mueren en seguida, cuando el barco está en el astillero. No es así, pueden vivir varias semanas, tal vez incluso un mes en madera sacada del agua. No hay que creer que una o dos capas de pintura *antifouling* encima de madera ya atacada los afectará lo más mínimo: el barco tiene que permanecer seco un buen mes para estar seguros de que no quede ninguno. Tampoco hay que contar ciegamente con la protección de un forro en cobre o con la plastificación de un casco de madera: si uno solo de estos moluscos consigue deslizarse hasta la madera a través de un pequeño defecto, causará estragos sin que se sospeche nada. He visto esto varias veces en barcos forrados de cobre y en otro de madera plastificada.

Vías de agua imposibles de localizar

Un saco de serrín puede ser precioso a bordo de un viejo barco de madera para acabar con las vías de agua. El método es el siguiente: llenar una caja de serrín, bucear a unos dos metros bajo la quilla, teniendo la caja al revés para que no se escape el serrín ni se moje, y darle vuelta a la caja, con la abertura hacia arriba. El serrín se escapa hacia la obra viva y sube en nubes (agitar la caja para obtener mejor dispersión). Una vez adosado a la obra viva, el serrín es aspirado por las vías de agua, se atasca y se hincha al cabo de unos minutos, asegurando la impermeabilidad. Repetía periódicamente este tratamiento con el *Marie-Thérèse* en el océano Índico. Los resultados variaban de unas horas a algunos días según la suerte. Fondeado, el casco no trabaja y la impermeabilidad conseguida de esta manera puede durar meses.

Un poco más de información antes de dejar este tema inagotable de las reparaciones y de las chapuzas: he visto velas desgarradas que han cruzado por lo menos un océano reparadas provisionalmente pero de manera casi definitiva por el procedimiento de pegarles refuerzos con Texticroche, sin hilo ni aguja. Igualmente he visto reparar velas de tergal, siempre sin hilo ni aguja, con pegamento Formica (ampliamente utilizado en trabajos de carpintería). Evidentemente, es algo para salir del paso, pero puede ser útil, y puesto que asistí a la operación, la voy a describir: se trataba de un desgarrón en una vela de tergal. Mi amigo recortó una pieza del tamaño deseado, aplicó el pegamento con el pincel sobre una cara de la pieza y sobre la parte correspondiente de la vela desgarrada; esperó unos diez minutos, tiempo suficiente para que el pegamento se volviera un poco gomoso, casi seco, y aplicó la pieza, pegamento contra pegamento, cuidadosamente para no hacer arrugas. Esto aguantó casi un año.

En escuela de vela, el viejo foque del *Joshua* con un gran desgarrón en una costura fue reparado con cinta adhesiva por ambos costados del desgarrón: un miembro de mi equipo utilizaba corrientemente este procedimiento en su propio barco. Desgraciadamente, olvidé el nombre de este producto para reparar. Este foque aguantó después hasta el fin de la temporada, con algunas precauciones, desde luego, pero superó numerosas ráfagas de mistral. Evidentemente no me atrevería a recomendar este sistema, pero sin duda le ha sido útil a mucha gente.

Cartas náuticas

El juego de *pilot charts*, que cubre el mundo entero, es barato. Se encuentran en ellas muchas indicaciones meteorológicas, corrientes, hielos, etc., mes a mes, o trimestre a trimestre. Estos mapas están editados por The Hydrographic Office de Washington.

Las cartas náuticas propiamente dichas, generales o detalladas, son muy caras en todos los países. Muchas de estas preciosas cartas son destruidas por el servicio cartográfico una vez caducadas. Si un organismo oficial pudiera echarles mano antes de su destrucción y cedérnoslas al precio de la pasta de papel más algún pequeño gasto, podríamos corregirlas con la ayuda de los navíos para lo que nos interesase. Esto sería de gran ayuda para los jóvenes y los menos jóvenes.

Paul-Émile Victor y su equipo ayudaron bastante a los jóvenes, por el mero deseo de ser útiles, facilitándoles material antiguo, inútil ya para los polos, pero muy válido para latitudes menos duras. Es posible que hayan tenido alguna que otra decepción, ¡pero qué importa si, de vez en cuando, su ayuda ha servido para algo!

Comida

En el transcurso de ciertas escalas se encuentran a veces ocasiones inesperadas en cuanto al abastecimiento a buen precio, o prácticamente gratis: tortugas de mar, numerosos peces y frutas en las islas Galápagos, limones, naranjas, pomelos, cabras y carneros salvajes en las Marquesas, bonitos y dorados en el mar cuando hay un banco y se ponen a morder todos a la vez, huevos y tortugas en la Ascensión, etc.

En tiempos del *Wanda* y del *Marie-Thérèse II*, Henry Wakelam y yo lamentábamos no estar equipados para fabricar conservas:

–¡Imagina nuestra pena si un día encontráramos un burro bien gordito sin propietario, un burro de nadie, solo nuestro!

–¡No lo íbamos a matar solamente para comer durante algunos días burro al curry!

–En cambio, si estuviéramos equipados para hacer conservas...

Hay que aclarar que teníamos los dientes muy aguzados en aquel entonces. En la actualidad lo están menos, pero esto no es obstáculo para que nos fuese muy útil un equipo sencillo para hacer conservas.

He oído hablar de unos pequeños aparatos para sellar las latas, pero no los conozco e imagino que deben ser un poco engorrosos para un barco pequeño. Además, el problema de volumen planteado por las latas vacías sería enorme.

En las islas Galápagos, los Deroy utilizaban frascos especiales de vidrio provistos de una tapa metálica muy plana. Gran cantidad de tapas de reserva ocupan un espacio mínimo, detalle importante para un barco. (Las grandes tapas tradicionales de vidrio unidas al frasco con una bisagra metálica ocupan un espacio prohibitivo, por no hablar del peso). Para la preparación de las conservas, una olla a presión de gran tamaño es suficiente para la esterilización. El manual que acompaña la olla a presión facilita toda clase de detalles, tiempo de cocción, etc., y no hay duda que puede hacerse bastante trabajo en pocos días en casa de un amigo en tierra.

William, que tradujo este libro al inglés, abastecía la despensa del queche *Tiki* de carne de cabras salvajes durante la escala en las islas Galápagos. Los mejores trozos eran los filetes a lo largo de la columna vertebral, el corazón y el hígado. Para salar el resto de la carne, he aquí la receta: se hacen cortes profundos espaciados de un centímetro, en el sentido de la longitud, sin quitar el hueso. Después, frotar con sal gruesa y exponer al sol. Retirar el jugo cada noche y guardar a cubierto del rocío. Son suficientes dos a tres días de exposición al sol. Para cocer dejar en remojo algunas horas en agua dulce. Curry o *rissotto*, después. En las islas Galápagos, la sal gorda se encuentra en grietas naturales a cielo abierto.

También se pueden ahumar tortugas de mar y carne de cabra salvaje. Es un procedimiento bastante largo, que le lleva a uno, por lo menos, un día y una noche si se quiere obtener un buen resultado. Los que hacen escala en las islas Galápagos pueden pedir la receta a los colonos. El material consiste en un barril metálico de 200 litros, unos ganchos fabricados allí mismo en alambre, y leña verde de mangle que se va a cortar con el machete a la orilla del mar.

El secado de las bananas es interesante, porque las de un racimo maduran todas a la vez y no hay tiempo de comerlas antes de que se pudran. Basta con pelar las maduras, cortarlas en tres en sentido longitudinal, y dejarlas secar al sol de cuatro a seis días. Protegerlas del rocío durante la noche. Muy nutritivas. Se conservan durante varios meses.

En su tesis, muy interesante, sobre las plantas de la Polinesia, Paul Henri Pétard nos da detalles preciosos. Las líneas entre comillas son sacadas de esa tesis, publicada el 27 de mayo de 1960 en la facultad de Medicina y Farmacia de Marsella. Hablando de los helechos arborescentes conocidos bajo los nombres indígenas de *Mamau*, en Tahití, *Aki* y *Aki*

Vivi en Rapa, *Tuku* en las Marquesas, el doctor Paul Henri Pétard escribe:

«El corazón (médula del tronco) y los brotes finales y laterales son ricos en fécula, y se pueden consumir después de cocidos. Es un alimento de pobres que, antes de la llegada de los blancos, salvó a centenares de indígenas del hambre, y que todavía es utilizado por los habitantes de Rapa y de las Marquesas en algunas ocasiones... A modo general, un viajero perdido en la selva que ande escaso de alimentos puede subsistir algún tiempo con las frondas de la mayoría de las especies de helechos cortadas tiernas antes de que se desarrollen y les salgan hojas, y cociéndolas cuidadosamente. Las especies tóxicas son muy raras».

Hablando del pandano (*Fara* en Tahití, *Ha'a Fa'a* en las Marquesas, *Hala* en Hawái, *Tima* en las Tuamotu, etc.), Paul Henri Pétard nos dice:

«El fruto del pandano tiene un papel muy importante en la alimentación de los indígenas de ciertas islas. En los atolones de formación reciente, donde las plantas oceánicas nutritivas como el taro, las bananas, las patatas o el árbol del pan crecen con dificultad, y donde el mismo cocotero brota difícilmente, el pandano florece espontáneamente y representa una fuente de alimentación segura. No se come la pulpa cruda porque irrita mucho las mucosas... Para el consumo inmediato, los frutos se hierven en agua o se cuecen en un horno tahitiano. Si son destinados a ser consumidos más tarde, se quita la pulpa, de la cual se hacen tortitas mezclándola con la almendra recién rallada del coco; secadas al sol estas tortitas, se pueden conservar indefinidamente para cocerlas en el momento adecuado».

En cuanto al coco, Paul Henri Pétard nos enseña cosas muy interesantes:

> «*En algunas islas de las Pomotú, desprovistas de manantiales (todos los atolones), cuando las cisternas alimentadas por las lluvias se han agotado, los habitantes beben constantemente agua de coco, y esta absorción masiva y cotidiana no presenta ningún inconveniente...*
>
> *Normalmente el agua de coco es estéril. Se puede inyectar por vía subcutánea, intramuscular o intravenosa, sin provocar perturbación alguna. Sustituye ventajosamente al suero glucosado y los diferentes sueros artificiales salados provocando una verdadera limpieza de los riñones...*
>
> *El albumen fresco, o almendra, del coco se consume en todas las etapas del coco* (etapas de madurez). *La carne tierna, parecida al requesón de los cocos* nia (maduros, pero no secos, que por consiguiente deben cogerse subiendo al árbol), *se da a los bebés y a los cochinillos que han sido privados de leche. Según J. Lépine contiene, por cada 100 partes:*

Azúcar	1
Gomas	0,33
Albúminas	1,46
Aceite	2,40
Celulosa	4,30
Sales minerales	6
Agua	84»

Más adelante, Paul Henri Pétard nos habla del «ti», «*arbolillo de caña recta y flexible no ramificado terminado por un penacho de largas hojas de color verde oscuro, que forman setos alrededor de la mayoría de las chozas. Este es el* ti, *liliáceo, que por sus múltiples aplicaciones juega en la vida del indígena un papel comparable al del uru (fruto del árbol del pan) y del pandano... La raíz del* ti *es una raíz pivotante alargada, a menudo ramificada, que puede alcanzar en un árbol de veinte años una longitud de dos metros y un diámetro del tamaño de un muslo de hombre... Una raíz de cinco kilos contendría más de un kilo de sacarosa. Las raíces tiernas son muy pobres en azúcar y no se utilizan para la alimentación. La riqueza aumenta con la edad, y los indígenas consumen siempre las raíces de más de cinco años, que pesan más de cinco kilos...».*

Pero hay que cocer esta raíz entre 24 y 48 horas en el horno polinesio. Este horno o *himaa*, se presenta más o menos de esta manera: se abre un hoyo de 1,50 m de diámetro y de 50 a 60 cm de profundidad, se quema leña, y cuando la leña se ha vuelto brasa, se ponen piedras que se dejan enrojecer, se cubren estas piedras con hojas de plátano, se coloca sobre ellas el alimento que se quiere cocer, se vuelven a poner hojas para protegerlo de la tierra y, por fin, se cubre de tierra o de arena y se deja cocer tranquilamente. Para los alimentos normales eso lleva una o dos horas; para el *ti*, de 24 a 48 horas, según Paul Henri Pétard.

> «*Hace unos veinte años se podían encontrar en los puestos de los vendedores ambulantes de Papeete dados de raíces de* ti *cocidos en el* himaa. *Esta golosina era muy estimada por los tahitianos, que chupaban los trozos de* ti *como si fueran caramelos y los utilizaban como azúcar para el té... Cuando los indígenas no tienen tiempo o ganas de encender el* himaa, *se contentan con cortar las raíces crudas en lonchas finas y las meten en agua hirviendo durante varias horas; obtienen una decocción dulce que utilizan, después de filtrarla, para endulzar las bebidas y los alimentos...*».

A bordo, cuando se pasa por lugares poco provistos de vegetación (litoral de las islas Galápagos y atolones de Tuamotu, por ejemplo) sería agradable hacer brotar semillas de trigo, de soja o de berro. Si no he perseverado en este quehacer es porque, poco dotado para cocinar, no conocía una buena receta para comer los gérmenes. La casa Sellcraft, calle Mederic, 6, París 75017, vende un aparato sencillo y un folleto en el que se dan recetas fáciles. No es propaganda; doy una información que puede ser útil.

Nicole llegó en solitario a Tahiti con *Esquilo*. Hace una chucrut a base de papayas: pelar las papayas verdes, rallarlas, retirar las pepitas y dejarlas marinar por lo menos quince días en sal. De esta manera se conserva mucho tiempo. Para consumir, enjuagar la chucrut para eliminar la sal y cocerla media hora en una olla a presión. A continuación, añadir la carne, el tocino y el salchichón (fresco o en conserva), añadir un poco de extracto de carne, pimienta y especias. Volver a cocer durante 10 minutos.

La receta de Nicole para conservar los atunes y los dorados pescados con el curricán es la siguiente: cocerlos con agua, meter los trozos, calientes o fríos, no tiene importancia, en frascos de cristal y llenarlos con vinagre después de haber añadido cebollas crudas picadas y hierbas. De esta manera se pueden conservar durante meses en frascos que no sean herméticos a condición de que el vinagre lo recubra todo.

No hay que fiarse del pescado que hay en los atolones y en las islas de coral del Pacífico: algunos peces son perfectamente comestibles aquí, mientras que doscientos o trescientos metros más lejos *la misma variedad* puede ser muy tóxica. Parece que se han visto casos mortales. Hay que preguntar siempre a un habitante si tal o cual pescado es comestible. Os preguntará dónde lo habéis pescado.

Por regla casi general, los peces cazadores (atunes, jureles) atrapados en aguas coralinas, no son tóxicos. Pero a veces ocurre lo contrario. En una ocasión me encontré con dos personas que enfermaron por haber comido atún (un mes de enfermedad). Sin embargo, parece ser que hay un pez que se puede comer sin temor: se trata de un pez colorado, de ojos grandes muy negros, de escamas casi tan cortantes como las de una hoja de afeitar. No mayor que la mano, le gustan las cuevas pequeñas oscuras de los corales, y vive en grupo. Muy fácil de pescar con un fusil submarino. Todas las personas de Tahití, de las islas Marquesas y de Paumotous a quienes interrogué, me afirmaron que este pez no intoxicó jamás a nadie.

En las zonas del océano Índico que conozco (Chagos, Cargados Carajos, isla Mauricio) el pez tóxico existe también, pero lo es menos que en el Pacífico: se pasa una o dos noches desagradables y eso es todo.

Ningún peligro en las islas Galápagos: al parecer, todos los peces son comestibles, menos el fugu (el pez globo), que puede ser mortal en todos los mares. Este se reconoce fácilmente: se hincha y emite unos gruñidos cuando es atrapado. Yves y Babette Jonville hicieron un gran consumo de este pez durante su estancia en las Galápagos, pero cuidando bien de quitar la piel, la cabeza y, sobre todo, las vísceras. Un amigo oceanógrafo les había hablado del fugu como de un pez muy fino, a condición de tomar las precauciones comentadas anteriormente.

En pleno océano se pueden arponear a veces balistes cuando el mar está tranquilo. Les gusta estar cerca del timón. Son peces del tamaño de la mano, de piel como cuero y una aleta dorsal muy gruesa, que se alza y queda bloqueada. Habré comido unas diez veces en mi vida, y recientemente supe, leyendo de nuevo a Bombard, que este pez es tóxico y puede llegar a ser mortal.

Un artículo médico de J. y C. Rivolier, publicado en *Les*

cahiers Sandoz, n.° 14, de junio de 1969, está muy bien documentado sobre los animales marinos venenosos. En Tahití consulté al doctor Christian Jonville, compañero de navegación, que dio la vuelta al mundo en velero y que navegó bastante en el Pacífico. Por lo tanto, puede hacerse cargo de nuestro punto de vista, y he aquí lo que anoté: la intoxicación normal se traduce en dolores de cabeza, dolores detrás de los ojos, dolores articulares, diarreas, y eventualmente vómitos. Picores a veces muy intensos.

El siguiente tratamiento me fue aconsejado en 1971 por Christian Jonville en el caso de que esto me ocurriera en un lugar aislado:

a) *Contra el dolor:* dos inyecciones intramusculares diarias de Novobédouze Dix Mille (forma retardada de vitamina B12) más cuatro comprimidos diarios de Bitrémax (complejo vitamínico B1, B6, B12). Atenerse a estas dosis, no superarlas. Inyecciones y comprimidos durante dos o cuatro días. Reducir las inyecciones a una diaria lo antes posible.

b) *En caso de diarrea:* el tratamiento anterior, más un antiséptico intestinal del tipo Ercefuryl, Ganidan, o Talidine durante tres días.

c) *En caso de vómitos:* añadir a lo anteriormente dicho Primperan en gotas, en inyecciones o en comprimidos, mientras duren los vómitos.

De todas maneras, intentar acercarse a un centro médico o a un hospital; no hay que bromear con estas cosas, salvo imposibilidad de actuar de otra manera.

Por otra parte, Christian Jonville encontró textos del viejo hechicero tahitiano, Tiuraï, fallecido hace tiempo, y tradujo algunas cosas interesantes para nosotros, ayudado por el profesor de tahitiano Maco Tevane. El hechicero Tiuraï da dos recetas:

Primera receta: una cucharada sopera de vinagre y otra de azúcar rojo. Un fruto verde (no maduro) del nono (*Morinda cyclifolia* de los botánicos). Este fruto crece sobre *un arbusto* y presenta nudosidades parecidas a la piña. Su tamaño varía entre el de un huevo y una bola de tenis. Se encuentra en muchas islas del Pacífico y *en los atolones.*

La receta consiste en machacar este fruto del nono entero (con la piel, las pepitas, todo), extraer el jugo estrujándolo en un paño, por ejemplo, mezclar este jugo con el vinagre, agregar azúcar, beber la solución y tomarla de nuevo al día siguiente. *Nada más.*

La segunda receta es para cuando no se tiene ningún medio a mano: tomar las espinas del pescado culpable, reducirlas a polvo, mezclar este polvo con agua, hervir y beber.

El texto del hechicero Tiuraï no precisa el tiempo de ebullición ni la cantidad de agua.

El dinero

Y sí..., el dinero..., por mucho que se recojan colillas y que se viva más o menos inteligentemente, se necesita dinero en cantidad variable según el temperamento de cada uno. De todas maneras, una cosa es cierta: se puede ir muy lejos y llevar una vida interesante con muy poco dinero al salir; porque siempre nos las podemos ingeniar sobre la marcha..., siempre y cuando estés en marcha.

En las Antillas y en Tahití, el chárter o las escuelas de vela han sacado del apuro a más de uno. Con esto, la caja de a bordo se llenará probablemente mucho menos que en el Mediterráneo, pero sin duda es una manera correcta de obtener dinero para poder seguir. Y tanto si el barco mide quince como nueve metros, nos las podemos arreglar con el chárter o la escuela de vela en las escalas propicias.

Aquí, en Tahití, muchos amigos trabajan en tierra o en otros barcos y así el nivel de la caja se mantiene. Jory reparaba velas y fabricaba toldos con su máquina de coser para los yates de los ricos. Christian, que había desembarcado sin un céntimo cuando formaba parte de la tripulación de un yate de paso, salió dos años más tarde hacia Holanda para comprarse un cúter de acero de ocho metros: había ganado dinero haciendo fotos instantáneas con una Polaroïd, a la llegada de los turistas, en el aeropuerto, en los muelles y en los bares nocturnos. Jack redactaba cartas comerciales en inglés para los importadores chinos de aquí. Para los que conocen muy bien un idioma, puede haber trabajos de traducción. Eso es lo que hicieron William y otro amigo de pelo largo.

Klaus nos confió el cuidado de su barco durante algunas semanas, para llevar el barco de veinticinco metros de un rico industrial desde las Antillas hasta Tahití. Fue una gran suerte, porque este tipo de traslado se paga muy bien. Por supuesto que no hay que contar con ingresos tan enormes, pero siempre se las arregla uno. Recuerdo haber dado clases de francés durante una escala de Extremo Oriente, en territorio británico, hace mucho tiempo, y estaba muy mal pagado; me daba lo justo para comer y no sé si mis alumnos aprendieron algo. Pero así es como aprendí inglés, y eso me fue muy útil después.

También se puede escribir un libro. Basta con relatar. Las revistas náuticas, por su parte, suelen comprar los relatos de las travesías y de la vida en las escalas. No sería suficiente para la vida en tierra ya que es cara. Pero a bordo es muy diferente. Durante el viaje anterior desde Francia hasta Tahití y regreso, vivimos dos años sin tocar nuestras reservas, gracias a un trabajo en la jarcias y el timón automático de un yate cerca de Casablanca, un poco de chárter en las Canarias y en las Antillas, algunos artículos en la revista *Bateaux* y un traslado de una semana.

La realización de una película durante la navegación puede resultar apasionante. Su proyección en las escalas es un medio casi seguro de alimentación de caja. Desgraciadamente esto requiere una inversión muy cuantiosa, con una parte importante de azar, porque hay que filmar en 16 mm color. Pero si uno se puede permitir ese riesgo, la travesía resultará seguramente más interesante, más animada, ya que se observan cosas que, de otro modo, no habríamos visto. Y si se puede recuperar el capital inicial presentando al público una película que nos gusta y vivir después de esa forma, es un dinero bien ganado. Y si, por casualidad, sobrara dinero una vez cubiertas nuestras necesidades razonables, siempre se pueden hacer cosas que no perjudican a nadie, como plantar un árbol, pongamos por caso.

Y si verdaderamente no queremos tomar conciencia del destino al que nos están llevando los falsos dioses del mundo moderno un día podremos decir a nuestros nietos: *Sabes, una vez hubo flores y árboles y cosas verdes por todas partes, el cielo era azul y no gris y el mar también era azul, no era alquitrán y se podía navegar por él sin tener que pedir permiso porque aún éramos libres en aquel tiempo. Te voy a contar como era cuando tenía tu edad..., ven a ver, te voy a enseñar una antigua película en la que el mar era azul, con sus blancas olas y sus playas doradas, y pájaros que vuelan de verdad y que cantan, y flores y árboles. Pero todo eso ha sido destruido por...*

Poco después de la primera edición de este libro recibí una montaña de cartas indignadas por mi “donación al Papa”.

A los que me reprochan eso les recomiendo que se vayan a freír espárragos, a fuego lento. Y mientras se fríen que mediten sobre la historia de una pedrada con tirachinas y un santo y seña mal entendido (véase pág. 306 y págs. 329-332).

GLOSARIO

Este glosario está destinado a las personas que no navegan y quieren leer este relato. Lo redacté de la manera más sencilla que pude. Los marinos no lo necesitarán; espero, pues, que me perdonen las explicaciones un poco superfluas o escritas en términos no siempre muy náuticos.

AFERRAR. Cabo que se utiliza para mantener en su puesto de trabajo el tangón, y en ocasiones la botavara.

AMANTILLO. Cabo que se utiliza para mantener en su puesto de trabajo el tangón, y en ocasiones la botavara.

AMURA. Las amuras comprenden las zonas más curvadas de proa. Existe una amura de babor y una amura de estribor, lo mismo ocurre con las aletas pero en la parte de popa. Amurado a babor es navegar recibiendo el viento por el costado de babor. Amurado a estribor es navegar recibiendo el viento por la banda de estribor.

APAREJO. Conjunto de palos, vergas, jarcias y velas de una embarcación.

ARRIBAR. Virar a sotavento o aumentar el ángulo de proa con el viento; es lo contrario de orzar.

BABOR. Banda izquierda del barco en el sentido de la marcha.

BAÑERA. Especie de caja abierta en cubierta, y detrás de la cabina, donde se puede estar sin exponerse demasiado al peligro. Desde aquí se lleva el timón.

BARLOVENTO. Es el costado por donde viene el viento. El otro costado se llama sotavento.

BONETA. Vela suplementaria que se puede poner bajo otra vela con buen tiempo cuando se quiere aumentar la superficie vélica.

BOTAVARA. La botavara es un palo horizontal que soporta el borde inferior de la vela mayor. En general, los foques y la trinqueta no tienen botavara. Una botavara puede ser de madera o de aleación de aluminio, como los palos.

CALAFATEAR. Sellar con estopa y brea las juntas de madera en las embarcaciones para impermeabilizarlas.

CAPEAR. Estar a la capa. Es difícil de explicar en pocas líneas. Es una maniobra con mal tiempo, que permite dejar al barco arreglárselas solo cuando el mar está muy grueso. Hay diferentes métodos: se pueden arriar todas las velas y amarrar la caña del timón a sotavento (a estribor si el viento es de babor) e ir a descansar. El barco hará de flotador, sin avanzar, esperando el final del mal tiempo. Pero a veces es peligroso no llevar vela capeando. Entonces se iza un poco la vela mayor, y la trinqueta cazada del lado por donde viene el viento, la caña del timón amarrada a sotavento con unas gomas. De esta manera, el barco deriva un poco, lo que crea una especie de remolino protector a barlovento. Este remolino impide romper las olas. Pero desde que los barcos navegan se han escrito toneladas de papel sobre la manera de capear, y esto no impide que los barcos vuelquen con mar arbolada. Pero si el barco tiene una quilla lastrada se alzará solo antes de llenarse de agua; es lo esencial.

CARENA. La parte sumergida del barco. También se le llama obra viva. Carenar significa limpiar la carena de un barco.

CARTAS. Son los planos o mapas especiales para navegar.

CAZAR. Cobrar las escotas de las velas para que estas queden orientadas al viento.

CEÑIR. Se dice que un barco ciñe cuando navega en la dirección hacia donde viene el viento. Como quiera que avanzar en la dirección exacta del viento es imposible, debe contentarse con formar con este un ángulo de unos 45° e ir haciendo bordos. Según el estado de la mar, a veces es más ventajoso hacer un rumbo algo más abierto (ceñir menos), para ganar velocidad y seguridad al pasar las olas, aunque tengamos que recorrer un camino más largo.

COMPÁS. En los barcos se llama así a la brújula o aguja magnética.

CORREDERA. Aparato para registrar la distancia recorrida y que funciona sin duda poco más o menos como el cuentakilómetros de un coche. En la corredera, una pequeña hélice remolcada por una cuerda acciona el contador, que está fijo en la cubierta en la popa del barco.

CRUCETA. Travesaño que tiene el palo a media altura y que se apoya en los obenques. Sirve para dar rigidez al palo.

DRIZA. Cabo (o cable flexible de acero) que pasa por una polea arriba del palo y que sirve para izar las velas. Hay una driza para cada vela.

ESCOTA. Cabo utilizado para orientar las velas en relación con el viento y situado en la extremidad inferior de la vela (puño de escota). Se dice que se caza la vela (o la escota) cuando se tira la escota hacia el interior del barco. Se lasca o amolla la vela (o la escota) cuando se suelta la escota hacia el exterior. Es más fácil lascar que cazar, ya que para lascar una vela basta con soltar la escota; la fuerza del viento se encarga del resto. Para cazar se necesitan músculos o un chigre (o un aparejo).

ESTAY. El o los cables que sujetan el palo por la proa.

ESTRIBOR. Banda derecha del barco en el sentido de la marcha.

FONDEAR. Echar un ancla.

FOQUE. Vela triangular situada en la parte delantera de la embarcación.

GÉNOVA. Es un foque grande. Se utilizará, pues, cuando el viento no sea demasiado fuerte; de lo contrario, podría romperse el palo. El tormentín, o foque de capa, es también un foque, pero muy pequeño; se utiliza cuando el viento sopla fuerte.

GUIÑADAS. Desviaciones en el rumbo, generalmente producidas por el oleaje.

JARCIA. Conjunto de cables y cabos que forman parte del aparejo.

LASTRE. En un velero, es el peso situado para contrarrestar la escora. Normalmente este peso se situa en la quilla.

MATAFIONES. Cabos delgados que se hacen firmes a cada lado de la vela constituyendo la mano de rizos.

MESANA. El palo de mesana es el de la parte trasera. La vela de mesana es la puesta en el palo de mesana. Se emplea la palabra «mesana» para designar la vela de mesana, por contracción.

MOLINETE. Especie de cabrestante que sirve para subir la cadena del ancla. Cuanto más pequeño es un barco, menos necesario resulta el molinete, puesto que se puede levar el ancla tirando de la cadena con la mano. Muchas embarcaciones de regata prefieren prescindir del molinete, ya que la tripulación es numerosa y el molinete pesa mucho y molesta en las maniobras con las velas. Tratándose de una travesía, ya es otro asunto.

NUDO. Unidad de velocidad, correspondiente a una milla náutica (1852 m) por hora.

OBENQUES. Cables de acero que sirven para sostener los mástiles lateralmente.

OBRA VIVA / OBRA MUERTA. La obra viva es la parte del barco que esta sumergida. Obra muerta es la parte del casco que está fuera del agua, de forma permanente, cuando el barco está a plena carga.

ORZAR. Cambiar el rumbo dirigiéndolo hacia el lugar del que sopla el viento; es lo contrario de arribar.

PAIRO. Ponerse al pairo significa colocar las velas de tal manera que el barco quede prácticamente parado. Esta maniobra suele hacerse cuando hemos de detenernos momentáneamente y no vale la pena o no es posible fondear.

RECALADA. Pasar a avistar tierra, un faro, una isla. Los marineros están siempre muy nerviosos durante el período anterior a una recalada; tienen un poco de miedo de haberse equivocado en los cálculos.

RELINGADO. Es la tensión que damos a la vela al sujetarla a la botavara o al izarla. Relingar significa tensar la vela.

RIZO (o fajas de rizo). Pequeños agujeros hechos en la vela en bandas horizontales, los cuales están reforzados con ojales (como los de un traje), con cuerdecitas fijadas en ellos, que sirven para reducir la tela según la fuerza del viento.

RODA. Es la pieza que forma la proa del barco.

ROLAR. Cambiar paulatinamente la dirección del viento.

SEXTANTE. Instrumento que permite medir la separación angular entre dos objetos, tales como dos puntos de una costa o un astro, generalmente el Sol, y el horizonte.

TANGÓN. Percha móvil que sirve para mantener el foque y el balón o *spinnaker* fuera de la borda cuando navegamos en popa.

TRASLUCHAR. Pasar voluntaria o accidentalmente las velas de un costado al otro, viento en popa. Cuando el viento es fuerte, esto puede provocar la rotura de la botavara, si el barco lleva demasiada superficie vélica para ese viento.

TRINQUETA. Vela delantera situada entre la mayor y el foque. Los barcos pequeños se contentan generalmente con el foque y evitan la trinqueta. Pero para una travesía, los marinos prefieren lo que se llama doble aparejo, es decir, foque y trinqueta, que permiten reglajes más fáciles, con velas menos grandes y, por lo tanto, más manejables. Por supuesto, las pequeñas embarcaciones que se pueden ver en algunas bahías no tienen trinqueta; resultaría inútil y molesta, dado el tamaño de dichas embarcaciones.

VIRAR. Cambiar de amura, cruzando la dirección del viento.

WINCHE. Especie de pequeño cabrestante que permite tirar de las escotas sin demasiada fatiga y también realizar unos reglajes muy precisos; de ahí que se vean winches incluso en barcos bastante pequeños. Se les llama winches por adopción del vocablo inglés. Cuando no se cuenta con un winche se utiliza un aparejo, pero es mucho más complicado.

ÍNDICE DE FIGURAS

ÍNDICE DE FOTOGRAFÍAS

ÍNDICE

Cuarta parte

Apéndice

Próximos títulos de la colección

Cabo de Hornos a la vela, Bernard Moitessier
Navegando en solitario alrededor del mundo, Joshua Slocum
La vuelta al mundo del Gipsy Moth, Francis Chichester
El crucero del Snark, Jack London
La expedición de la Kon-Tiki, Thor Heyerdahl
Memorias de alta mar, Éric Tabarly
Mi propio mundo, Robin Knox-Johnston
Una regata de locos, Peter Nichols
El Sheila *en viento,* Adrian Hayter